両極化時代のデジタル経営

――ポストコロナを生き抜くビジネスの未来図

はじめに

両極化の時代を
新たな飛躍と繁栄の時代にするために

企業経営を取り巻く不確実性が、昨今ますます増大していると言われる。その背景には、単なる直線的な経済社会の変化の加速だけではなく、「グローバル」と「ローカル」、「リアル」と「バーチャル」、「AI」と「人間」、「経済価値」と「社会価値」など、一見相反する事象や価値観が衝突しながらも互いにその勢いを増幅させる「両極化」とでも言うべき複雑かつ重層的な動きが、経済社会のさまざまな領域で急速に台頭してきていることがあると考える。しかも、現下のコロナショックの影響で、人々の意識が生命や安全に関わる、より本源的な課題やテーマに向けられ、中途半端なものがそぎ落とされる一方で、両極に位置する一見相反する事象や価値観がますます顕在化して、よりいっそうの勢いを増しつつあるように見受けられる。

そして、このような状況下でこそ、一見相反する「両極的なるもの」を分断させずにつなぎ合わせ、より大局的な視点から多面的・重層的なつながりを構築し、さらに新たな価値を生み出していけるかどうかが、企業経営の成否を分ける重要な鍵となる。両極化の動きが増幅する一方で、デジタル・テクノロジーの目覚ましい進展は、あらゆる境界線を飛び越えて新たなつながりを加速度的に生み出すことを可能にし、データを介した「つながりのマネジメント」がビジネスの価値創出の源泉になりつつある。日本企業の経営者はいまこそこうした両極化の時代の本質を見据え、デジタル・テクノロジーを手段として徹底的に活用しつつ、異なるものや相反するものをつなぎ合わせることを通じて新たな価値を生み出し、経営モデル全体のあり方を根本的に変革していく「“dX”＝Business Transformation with Digital」を覚悟を持って実行していくべきである。

本書は、このような課題意識を共有するデロイト トーマツ グループの各分野のプロフェッショナルメンバーの共同作業を通じて生み出されたものである。デロイト トーマツ グループは、日本で最大級のプロフェッショナルファームとして有する幅広く深い専門性を個々の専門領域の枠を超えて結集し、経済社会や産業の将来像を大胆に構想し、その実現に必要な変革を促すための「カタリスト（触媒）」の役割を積極的に果たしたいと考えている。

本書のなかで「“dX”＝Business Transformation with Digital」として取り上げられる

デジタル関連領域においても、従来から、テクノロジーやアナリティクスを専門とするメンバーに加え、経営戦略、M&A、税務・法務、監査・保証業務、リスクマネジメント、イノベーション、マーケティング、サプライチェーン、サイバーセキュリティ、組織・人事など、幅広い専門領域のメンバーが個々の専門性を活かしながら密接に連携して取り組みを進めてきた。デジタル・テクノロジーがつくり出す未来の本質を読み解きながら、人間中心主義に根差したデータの利活用のあり方を追求するとともに、デジタル・テクノロジーの活用がさまざまな社会課題の解決に関わる経済社会システム全体のイノベーションに結びつくことを目指して、異なる領域で活躍する企業、人材、知識やデータを縦横無尽につなぎ合わせ、必要とされる変革を構想から実行まで全方位的に支援してきている。

本書は、こうした多様なメンバーの有する知見を集め、両極化する時代のなかで持続的な成長を達成するうえで必要とされる新たな経営モデルを提示するとともに、dXを通じていかにして一見相反する両極的なものをつなぎ合わせ、経営モデル変革を進めていくべきかについての見取り図を示そうという試みである。国内外の最先端の事例などを盛り込みつつ、企業経営に携わる読者の皆さんに実践的な示唆を提供し得るよう最善を尽くしたつもりだ。

本書の「終章」でも言及しているが、私たちは、一見混沌として困難に満ち溢れる両極化の時代こそ、日本企業や日本社会が持つ固有の強みを、あらためて戦略的に具現化する大きなチャンスであると考えている。そして、ｄＸを通じた日本企業の経営モデルの自己変革こそが、そうしたチャンスを最大限に活かし、両極化の時代を新たな飛躍と繁栄の時代にしていくうえで必要不可欠なものであると確信している。

本書が、こうした変革を力強く推進し、新たな時代を切り拓いていくための一助となることを心から願っている。

２０２０年７月

デロイト トーマツ グループ ＣＥＯ　永田 高士

両極化時代のデジタル経営
contents

Chapter 2

両極化の時代に求められる新たな経営モデルの構え

Chapter 3

Chapter 1

両極化の時代が迫る経営モデルの大転換

2020年1月、中国湖北省武漢市から始まった新型コロナウイルスによるパンデミック。コロナショックは世界中の工場停止を招き、サプライチェーンを分断し、景気を失速させている。世界銀行は6月に、2020年の世界経済の成長率がマイナス5・2%になるとの予測を発表した。これは、2008年のリーマンショックのときよりも深刻で、1930年代に発生した世界恐慌に匹敵する。この未曾有の危機は既存の経営モデルでは乗り切れない。コロナショックが、後述する「両極化」の影響による経営環境の不確実性拡大の流れを一気に極限まで増幅させていくなかで、企業は巨大津波級の変化への対応に迫られるからだ。日本企業が生き残るには、いまこそ、デジタルを駆使してビジネス自体を根本的に変革するBusiness Transformation with Digital="dX"を断行し、新たな経営モデルへの構造転換を加速させることが必要だ。

Section 1

両極化の時代とは

両極化の背景にある「3つの潮流」

米中貿易戦争の勃発、デジタルエコノミーの到来、地球温暖化の進展。近年、日本企業を取り巻く外部経営環境はますます不確実性を高めてきた。その背景には、「グローバル化」「デジタル化」「ソーシャル化」の３つの潮流がある。そのいずれにおいても、近年、「一見相反するように思える事象や価値観が衝突しながらも、互いにその勢いを増幅させる」という両極化の構造がますます顕著になってきている。

「グローバル化」という点においては、第二次世界大戦後一貫して拡大してきた国家間のヒト、モノ、カネ、情報の流れの自由化に対する反動が起きている。米国は「米国第一主義」を掲げ、欧州各国ではポピュリズム旋風が吹き荒れ、英国は欧州連合（ＥＵ）離脱を決めた。米中貿易戦争は深刻化する一方だ。つまり、従来のグローバル化とは正反対の「反グローバル化」の動きが顕在化してきている。

「デジタル化」の潮流に着目すると、ＧＡＦＡ（グーグル・アップル・フェイスブック・アマゾン）の台頭が象徴するように、データを握るグローバルプラットフォーマーが国家や業種といった枠組みを超えて圧倒的な支配力を保持するようになる一方で、個人のデータプライバシー保護に関する意識の高まりや法規制の強化に伴い、巨大プラットフォーマーによるデータ支配の集中化の流れに一定の歯止めをかける動きが勢いを増してきている。さらに一歩進んで、テクノロジー関連業界やスタートアップ企業の関係者の間においても「ＧＡＦＡ分割論」が勢いを増すなど[1]、巨大プラットフォーマーへの集中化の対極を成す動きが顕在化してきている。

そして、「ソーシャル化」の文脈においては、地球温暖化やプラスチックによる海洋汚染などに代表される国際的な社会課題が深刻さを増すなかで、国連による「ＳＤＧｓ（持続可能な開発目標）」の制定やグローバル資本市場での「ＥＳＧ（環境・社会・ガバナンス）投資」の隆盛なども相まって、企業が事業活動を通じて社会価値を創出し、社会課題解決に貢献することがいっそう強く求められるようになってきている。その一方で、投資家や株主による資本効率（ＲＯＥ等）や株主価値向上を求める圧力は強まるばかりだ。経済価値と社会価値のバランスを取りながら持続可能な成長を実現することは、一企業のレベルでも、経済社会全体としても、ますます大きなチャレンジを伴うものになりつつある。

コロナショックにより増幅される両極化の流れ

コロナショックはグローバル規模で経済社会全体に甚大な影響をおよぼしている。多くの識者や経営者が指摘するように、コロナ終息後の世界（ポストコロナ）は従来とはまったく異なる社会的景観や価値観が台頭してくるであろう。その全貌が明らかになるのはこれからだが、両極化という視点から展望することで、大きな変化の方向性をつかみ取ることは可能だ。

ひと言でいえば、コロナショックによって、さまざまな領域において、両極化の流れがますます加速し顕著になっていくということだ。では、なぜコロナショックが両極化の加速につながるのか。

新型コロナウイルスの感染拡大は、組織と個々人に生存の危機という切実な課題を突きつけた。こうした切迫した状況は、人々の意識を、自分と家族の生命と安全を守ることを起点とする、より本源的な課題やテーマに振り向ける契機となった。中途半端なものは淘汰され、平時において「あってもよかったもの」は、「なくてもよいもの」に変わり、その状態に慣れると「ないことが当たり前」になっていく。こうしたなかで、両極に位置する一見相反するように思える事象や価値観がますます顕在化し、よりいっそうその勢いを増していく。これらは、「グローバル」と「ローカル」に代表されるように、一見相反しているように見えつつも、共に意味あるものとして両極を成している以上、単純な「二者択一」で片づけるわけにはいかないテーマである。したがって、それらを矛盾なくつなぎ合わせ、調和させる能力・スキル・行動と、それを可能にする仕組みとしての経営モデルの重要性が、これまで以上にクローズアップされていくものと考えられる。

グローバル化

コロナショックは、あらためてグローバル経済が密接不可分につながり合ったグローバルサプライチェーンの上に成り立っていることを、世界中の人々に知らしめる結果となった。コロナショックの影響でグローバルサプライチェーンが分断されたことを受けて、今後は自国に生産拠点や供給網を戻す動きが加速するだろうと見る向きもある。しかしながら、実際のグローバル企業の最新の経営動向に関してデロイト トーマツが世界規模で集約しているインサイトなどから見えてくるのは、中国に過度に依存したサプライチェーンの構造を見直し、他の国・地域への供給網の多様化を通じたリスク分散を加速する動きである。その意味で、コロナショックは、従来のグローバル化の限界を見せつける一方で、多くの企業にさらなるグローバル化の深化を促す契機となるのは確実である。

新型コロナウイルス感染症の震源地の中国・武漢には、「フォーチュン」誌の「グローバル500」にランクインするグローバル大手企業500社のうち200社以上が事業拠点を構えていたという事実に示されるように、これまでのグローバルサプライチェーンは、実際には「チャイニーズ・サプライチェーン」と言ってもよいほど中国に過度に依存する形で構築されていたのも事実である。こうした「歪み」を是正し、よりバランスの取れた真のグローバル化を加速させる動きが、サプライチェーンマネジメントの領域を軸にして、企業経営全般にわたって加速されていくことだろう。また、国際政治や外交の場においても、感染症を終息させるうえでの国際協力の必要性が認識されるなかで、自国第一主義から国際協調主義に傾く流れが勢いを増すものと考えられる。

その一方で、新型コロナウイルスの感染拡大を封じ込めるうえにおいては、地域社会を起点とする身近なコミュニティの重要性もますます高まる。国レベルでも、国民の安全確保の観点から、輸出入規制や外国人の入国規制などの動きが一定期間は維持・継続され、反グローバリズム的な政策が支持を集めやすい土壌が強まるであろう。まさに、自国優先主義と国際協調主義という両極での動きが、ますます増幅していくのである。したがって、こうした各国・地域での動きに配慮を示し、それらに俊敏に対応しつつ、グローバル規模でサプライチェーンや事業モデルそのものを、柔軟かつ機動的に調整・最適化していくことを可能にする、非常に高度な経営の舵取りが求められることになる。

デジタル化

コロナショックにより人々の移動や接触が大幅に制限された結果、ビジネスの世界では「リモートワーク」や「リモート会議」が一気に普及し、また、人々の日常生活のなかでは、オンラインショッピングを通じた商品・サービスの購入頻度が大幅に高まり、購入可能な商品・サービスの幅も広がった。各種のデジタルコミュニケーション・ツールやＶＲ／ＡＲなどの発達、さらに今後加速する５Ｇの普及などにより、これまで対面（リアル）で行うことが必要かつ当たり前と考えられていたことのかなりの部分が非対面（バーチャル）で実現し得ることを、多くの人々が実体験を通じて理解する結果となった。コロナショックは、技術的にはすでに実現可能とされていた数々の「変革」に立ちはだかる人々の意識の壁を一気に突き崩し、バーチャルでできるものはバーチャルでいいじゃないか、という新たな常識（ネクストノーマル）が醸成されるきっかけをつくったのだ。

これは、企業の側から見れば、地理的な隔たりを顧慮することなく、より多くの優秀な人材を柔軟に活用・組織化し、より多くの顧客・ユーザーに対してビジネスを展開する可能性をさらに強力に押し広げる契機となり得る。デジタル・テクノロジーを駆使し、こうした可能性を果敢に切り拓く企業は、人材、顧客、関連データなどの集中化のメリットを享受することができるようになるであろう。

他面において、こうした新たな環境の下で、働き手の間では、オフィスや勤務時間などの制約からの自由度が急速に増すことから、ギグエコノミーの拡大と相まって、副業に従事したり、複数の企業から同時に仕事を請け負ったりするような多様な働き方が広まっていく可能性がある。また、消費者の間でも、商品の購買チャネルやブランドのスイッチングがますます容易になる。その意味で、集中化とは真逆の分散化の流れも、否応なく加速されていくに違いない。デジタル・テクノロジーの進展により、あらゆる境界線を飛び越えて新たなつながりが加速度的に生み出され、新たな現象が瞬く間に世界中に拡散・共有されることで、さまざまな領域で「中抜き」が進み、中途半端な存在が排除される両極化がさらに加速されていくのである。

また、バーチャルの世界の比重が拡大するなかで、リアル（対面）の世界の経験に関しては、企業内のイベントから、買い物やエンターテインメントに至るまで、リアルでなければ実現できない「何か」を具備することが、より色濃く求められるようになる。したがって、企業活動においても、リアルとバーチャルの2つの世界をメリハリある形で使い分けつつ、デジタル化によりもたらされる求心力（集中化）と遠心力（分散化）の双方のパワーをバランスよくつなぎ合わせ、統御していく経営が求められる時代が到来したと言えるだろう。

さらに、中国などで新型コロナウイルスに対する感染拡大防止の取り組みの一環として、デジタル・テクノロジーを活用した感染者情報や健康情報の政府による一元管理強化が進められるなかで、社会的な安全性・効率性の追求と個人のプライバシー保護との間のバランスをどう考えるべきかという議論が先鋭さを増してきている。こうした議論を契機として、今後、デジタル社会における「データ独裁主義」と「個人に依拠したデータ民主主義」の両極の対抗軸が高まり、その相克を乗り越える新たな発想や考え方がますます問われるようになるであろう。

ソーシャル化

コロナショックは、個々の企業に自らの社会的存在としての役割や存在意義を問い直す契機を与えた。たとえば、日本電産の永守重信会長兼CEOは「（全世界に12万人いる従業員とその家族の）人命についてこれほど真剣に考えたことはない」と述べ、「利益を追求するだけでなく、自然と共存する考え方に変えるべきだ。地球温暖化がウイルス感染に影響をおよぼすとの説もある。自然に逆らう経営はいけない。今回は戒めになったはずだ」と語っている。[2] 多くのグローバル企業の経営者は、コロナショックの影響を目の当たりにして、あらためて、安定したグローバル公共インフラとそれを支える健全な地球環境やコミュニティの存在なしには事業の存続・成功はあり得ないことを思い知らされた。そして、自社の目先の利益追求だけにとらわれるのではなく、より長期的な視野に立って従業員の雇用の維持や健康・安全はもとより、地球環境の保全、医療・公衆衛生の改善、教育・経済格差の解消などにさらに積極的に貢献する必要があることがあらためて認識されたのだ。

折しも、コロナショックの拡大に先立ち、世界経済フォーラムは、今年（2020年）の年次総会（ダボス会議）で「ステークホルダー資本主義」を重要テーマに掲げ、「企業は顧客、従業員、地域社会、そして株主などあらゆる利害関係者の役に立つ存在であるべきだ」とする理念を打ち出した。[3] いまや、社会価値を犠牲にして経済価値（短期的な企業利益）のみを追い続ける企業は、株主、従業員、顧客などから支持を失い淘汰される時代になったのだ。企業は、これまでのように、経済価値と社会価値を相反する「二者択一」的なものと捉えたり、社会価値を社会貢献活動の延長線上での「余技的な」取り組みのレベルで考えたりする発想から完全に脱却し、経済価値と社会価値の創出を完全に一体的につなぎ合わせて捉える経営モデルへの転換を推し進める必要がある。

Section 2

新たな経営モデル構築の必要性

両極化で不可避となる真のデジタル経営変革

前節で垣間見たように、コロナショックで両極化の流れがさらに増幅されていく時代の企業経営を考えるうえにおいて、「つなぐ」、あるいは「つながり」という言葉が最も重要なキーワードとして浮上してくるのではないだろうか。「グローバル」と「ローカル」、「リアル」と「バーチャル」、「ヒト」と「AI」、「短期」と「長期」、「経済価値」と「社会価値」など、一見相反する「両極的なるもの」を分断させずにつなぎ合わせ、より大局的な視点から多面的・重層的なつながりを構築していくことが、新たな価値を生み出し、高度化・複雑化するステークホルダーからの期待に応えていくうえでますます重要性を増してくると考えられるからだ。

そして、こうした視点に立つならば、現在経営者が最も高い関心を寄せるテーマの一つとされている「デジタルトランスフォーメーション」についても、多面的・重層的なつながりを構築することを可能にする新たな経営モデルを目指した抜本的な自己変革の取り組みとして捉え直す必要がある、というのが本書を貫く我々の基本的な考え方である。デジタル・テクノロジーの本質がデータを介して異なる何かをつなぐことにある以上、デジタル化の流れを味方につけようと考える経営者は、経営の全体観のなかで何と何をつないでどのように新たなつながりや価値を生み出すか、という点に常に鋭敏に思考を巡らせなければならない。それを抜きにして、個別テーマ領域ごとに部分最適的なデジタル・テクノロジーの導入を進めてみても、大きな経営上のインパクトなど望むべくもない。

本書において、デジタルトランスフォーメーションの略語を、巷間広く使われている「DX」ではなく、あえて「dX」としている理由も、この点と密接に関わっている。いま求められているのは、デジタルを導入することを主目的（＝大文字「D」）とした変革（DX）ではなく、デジタルをあくまでも手段（＝小文字「d」）として徹底的に活用し、異なるものや相反するものを多面的・重層的につなぎ合わせることで、ビジネスと経営のあり方自体を根本的に変革していくBusiness Transformation with Digital＝"dX"であると考えるからである。

データ資本主義の興隆と「つながりのマネジメント」の重要性

「つながり」という視点からdXを捉え直すことの必要性を、今後の経済社会のあり方を展望しながら、もう少し詳しく見てみたい。

デジタル化の進展は、ビッグデータが容易に収集・分析され、それが価値の源泉として市場で取引される「データ資本主義」の興隆を招来し、質の高いデータを大量に蓄積したプレーヤーが市場での存在感や影響力を急速に拡大させている。そこには、ユニコーンと呼ばれる新興系企業も数多く含まれているが、これらの企業の急成長の原動力になっているのは、ＡＰＩ（アプリケーション・プログラミング・インターフェース）を徹底活用した「つながりのマネジメント」にほかならない。[4]

たとえば、配車アプリのウーバーのサービスは、地図情報であればグーグルマップ、利用者へのメッセージングはTwilio、決済はBraintreeといったように、外部の既存のサービスをＡＰＩでつなぐことで実現されている。ＡＰＩを活用することで、世の中にあるニーズとシーズの流れをつかんでヒト・モノ・場所を素早く「つなぎ込み」、想像し得なかったスケールでマッチングして、すべてを自前で揃えていては到底実現し得なかった驚異的なスピード感で破壊的なビジネスを生み出したのである。Airbnbなども同様の事例であり、APIを通じて既存の成熟した技術やインフラを「使いこなし」、機動力を持った経営を実現している。

APIはもともと、「アプリケーションやシステムをつなぐためのインターフェース」という技術的な意味に限定して使われてきた用語だったが、前述したウーバーやAirbnbの成功事例が明らかになるなかで、APIを通じて既存のサービスやデータがつながることで、新たな経済圏（エコシステム）である「APIエコノミー」を構築するという文脈で、経営戦略や事業モデルを構想する際の重要テーマの一つとして、あらためて注目されてきている。

さらに、他社の技術やサービスを一方的に「使いこなす」だけでなく、自社の技術をオープンAPIとして公開し、「使いこなされる」ことで、APIエコシステムのなかで情報の流れをつかむポジションを取ることの戦略的な重要性が、既存の大手企業などの間でも、次第に認識されるようになってきた。

このように、欧米を中心とする有力グローバル企業の間では、APIを「使いこなす力」と「使いこなされる力」を合わせたものとしての「APIマネジメント力」、すなわち、APIに基づく「つながりのマネジメント」の力を徹底的に磨き上げることが、今後の競争力の源泉になるという見方が定着してきているのである。

背景にあるのは、今後に予想されるデータ資本主義のいっそうの加速・拡大だ。インターネットに接続するデータ端末（ノード）の数は、携帯電話などの従来型端末では世界の人口規模を上限とする成長カーブを描いてきた。しかし、今後、ＩｏＴが生産、流通、消費のあらゆる場面に普及するなかで、インターネット接続端末の数が世界人口というこれまでの「上限値」をはるかに凌駕するレベルにまで爆発的に増大することは確実である。しかも、これによって利用可能となるデータの量も凄まじい勢いで増殖し、その活用を促進するうえから、公開されるＡＰＩやアルゴリズムの数も急速に増えていくと予想される。

こうしたなかで、ＡＰＩに基づく「つながりのマネジメント」の力を駆使して、経営の機動力を上げること、そして、情報の流れをつかみ、良質のデータを獲得して価値に変えるエコシステムの要のポジションを確立することが、経営の巧拙と成否を分ける重要な要因としてクローズアップされてきているのは当然の流れと言えるだろう。

日本企業は両極化の時代の本質を理解できているか？

コロナショックの影響で両極化の流れがさらに増幅するなかで、一見相反する「両極的なるもの」から多面的・重層的なつながりを構築していくことが経営上ますます重要になってくること、そして、「つながり」という視点からdXを捉え直し、APIに基づく「つながりのマネジメント」を軸として、新たな経営モデルを目指した自己変革の取り組みとしてのdXを加速する必要があることを概観してきた。それでは、日本企業は現在、こうした両極化時代の本質をどの程度理解し、それを踏まえて今後の変化への準備を進めていると言えるのだろうか？　この点について、デロイトが本年（2020年）1月の世界経済フォーラム年次総会（ダボス会議）に合わせて発表した「第四次産業革命における世界の経営者の意識調査（2020年版）[5]」のなかから、特に日本の経営者による回答結果とグローバル全体の結果の比較に焦点を当てながら考察していきたい。

経済価値と社会価値の創出を同時に追求する姿勢で世界に見劣りする日本の経営者

まず、日本およびグローバルの経営者に、第四次産業革命への関与を通じて得られる望ましい成果について尋ね、上位5つの回答を集計したところ（図表1-1）、「収益拡大」「生産性・効率性向上」「顧客との関係強化」「社内／業務コスト削減」「リスク管理向上」といった項目を挙げた経営者の割合がおしなべて高く、特に日本の経営者は、これらの項目についてグローバル平均よりも高い期待を抱いていることが示された。一方、世界全体

図表1-1　第四次産業革命から得られる望ましい成果（上位5つの割合）

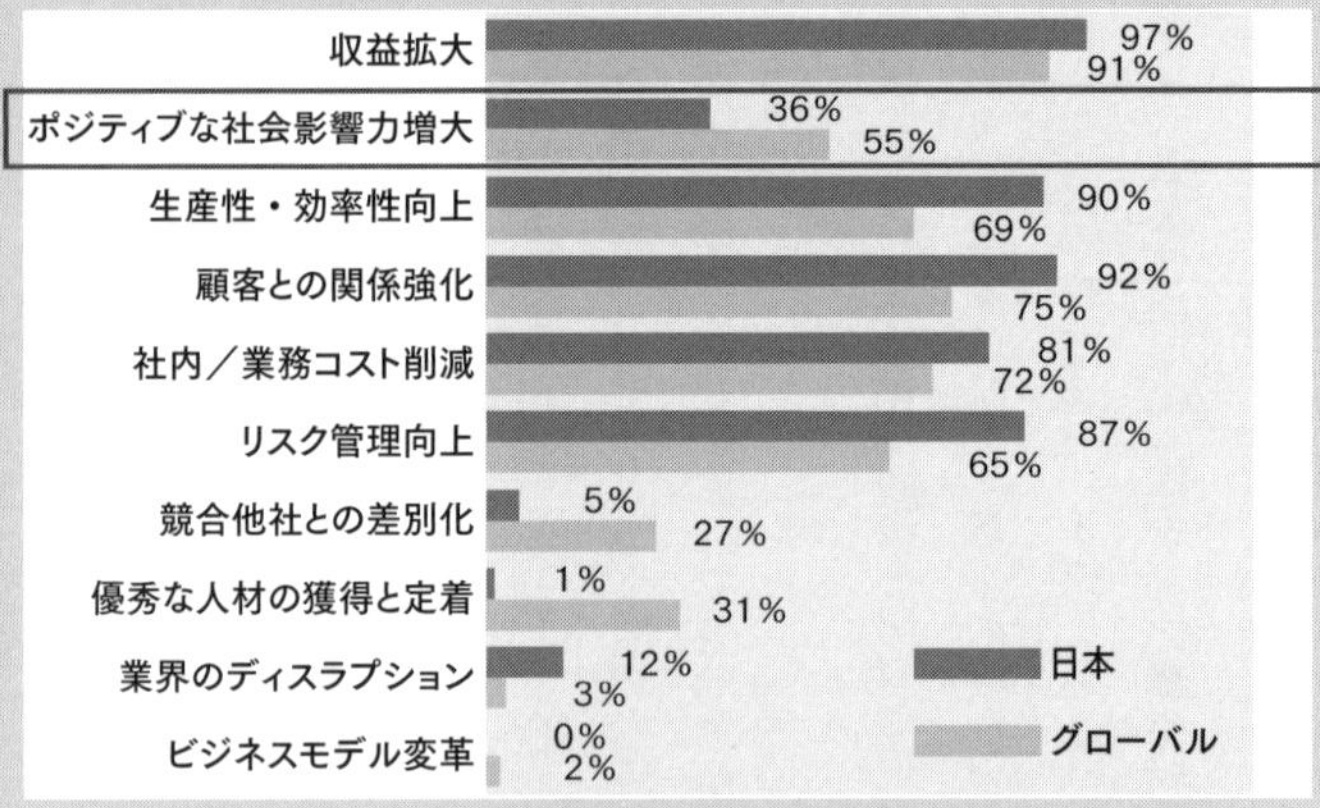

出所：「第四次産業革命における世界の経営者の意識調査（2020年版）」（デロイト トーマツ グループ）

図表1-2　最も注力・対応している社会課題（当てはまるものすべてを選択）

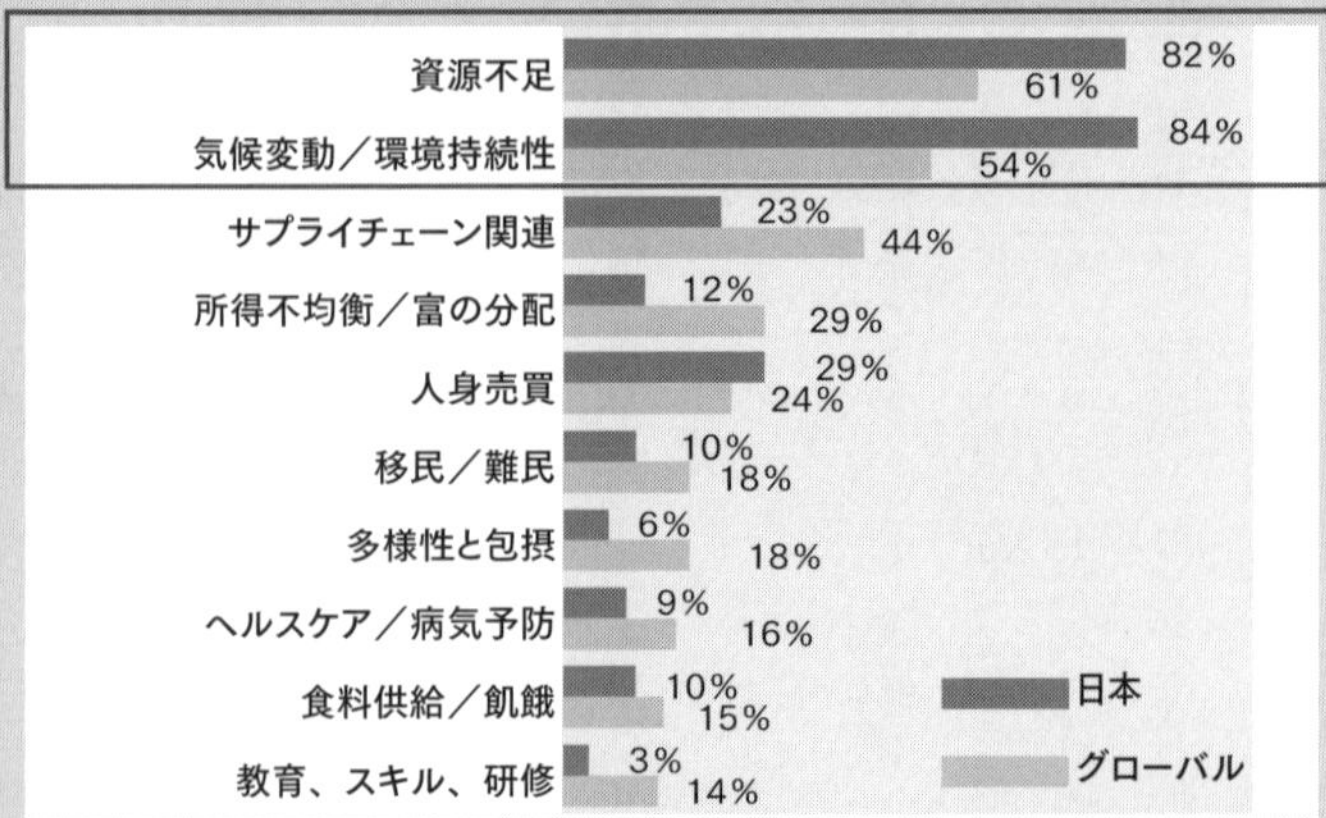

出所：「第四次産業革命における世界の経営者の意識調査（2020年版）」（デロイト トーマツ グループ）

では、約6割の経営者の回答が「ポジティブな社会影響力増大」に集まっており、第四次産業革命を通じて経済価値と社会価値の創出を同時に追求する傾向が高まっていることが示唆されたが、日本では同項目に回答した経営者は4割弱にとどまる結果となった。経済価値と社会価値を一体的なつながりとして捉え、それらの創出を同時に追求する姿勢の浸透度・定着度という点において、日本の経営者は世界に見劣りする傾向があることが示唆された。

社会課題解決を事業機会と捉える戦略的発想での立ち遅れ

日本の経営者が経済価値と社会価値を一体的なつながりで捉える姿勢が弱いことは、社会課題への取り組みに関わる質問への回答にも表れている。自社が最も注力する、または対応している社会課題を尋ねたところ（図表1-2）、日本の経営者の回答は「資源不足」と「気候変動／環境持続性」に集中した。グローバル全体の回答でもこれら2項目には多くの経営者の回答が集まったが、グローバルでは、「サプライチェーン関連」や「所得不均衡／富の分配」など、他の項目にもバランスよく回答が集まり、事業の社会的なインパクトのおよぶ範囲をより広く捉えて包括的に対応しようとしている姿勢がうかがわれた。

また、社会課題解決の取り組みに注力する理由を尋ねたところ（図表1-3）、グローバ

図表1-3　社会課題解決の取り組みに注力する理由（上位2つを選択）

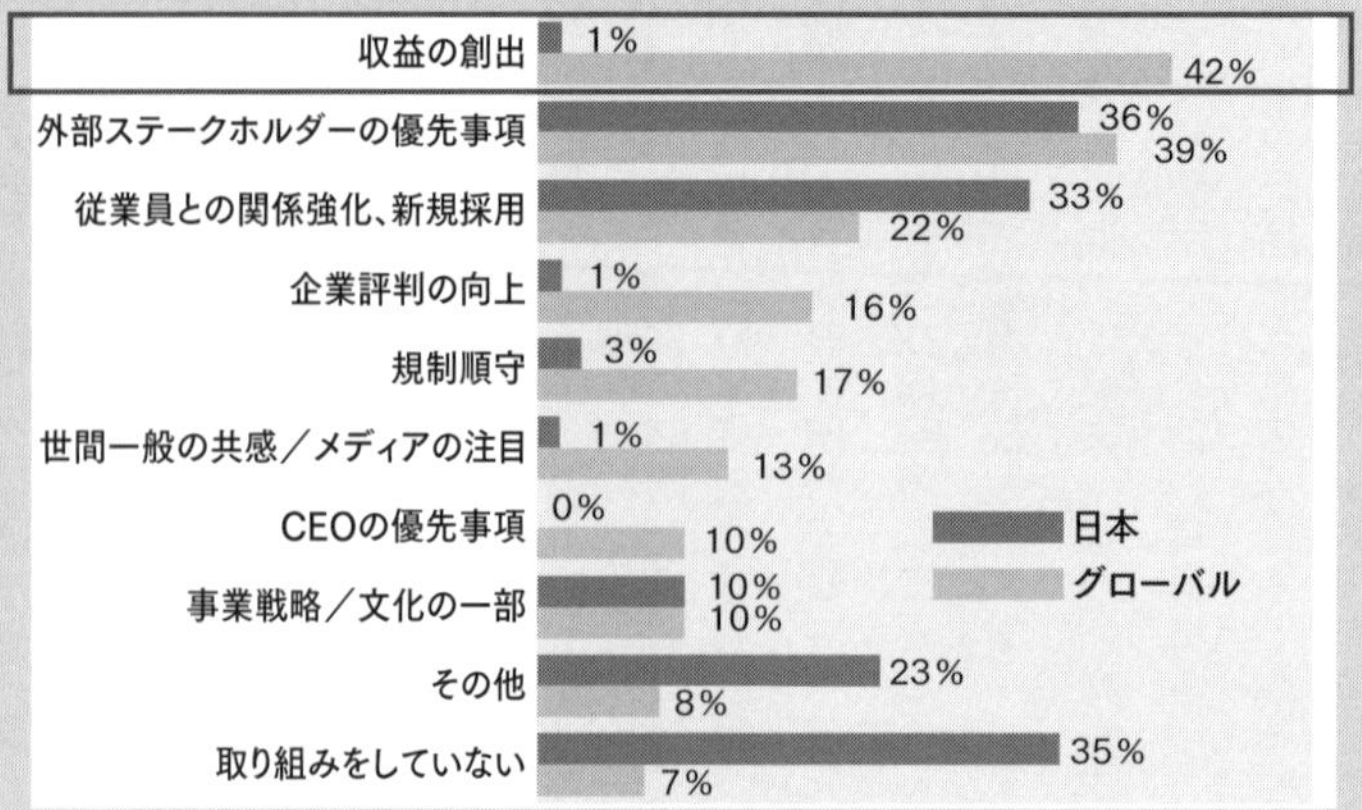

出所：「第四次産業革命における世界の経営者の意識調査（2020年版）」（デロイト トーマツ グループ）

ル全体で最も多くの回答を集めた「収益の創出」（42%）について、日本の経営者からの回答は1%と極端に低いレベルにとどまった。日本の経営者は、社会課題解決を収益創出の機会という観点で経済価値の追求とつなげて捉える戦略的発想において、グローバル水準に比較して大きく立ち遅れていることが浮き彫りになった。

社会課題解決の取り組みに注力する理由に関して詳しく見てみると、グローバル全体では、自社の収益創出を筆頭に、外部ステークホルダーや従業員等への対応、規制順守、企業としてのレピュテーションの向上、事業戦略・文化の一部など、多様な項目が挙げられており、経営者が、多様なステークホルダーの利害や関心に配慮しながら、社会課題解決を経営戦略の一環として取り組もうとしていることが示された。これに対して、日本の経営者は、社会課題解決への取り組みの理由として「外部ステークホルダーの優先事項」「従業員との関係強化、新規採用」に回答が集中し、グローバル全体に比べ、直接的な利害関係者からの要請や期待への「対応」に重きを置く傾向が強いことがうかがわれる結果となった。

包括的・統合的な戦略の欠如

さらに、第四次産業革命に関する戦略策定状況について尋ねたところ（図表1-4）、日本の経営者の回答は「必要に応じた特定分野・目的ごとの戦略がある」と「正式な戦略はない」で占められ、より包括的・統合的な戦略の策定や、その本格展開に踏み込む傾向を増しつつあるグローバル全体の動きとの格差が如実に示された。

こうした調査結果から見えてくるのは、両極化の時代が迫る本質的な変革の必要性から目をそむけ、短期的な効率化・コスト削減や部分最適的な改善施策の実行などに躍起となる日本企業の姿である。「デジタルトランスフォーメーション」という冠がつくことで、いかにも抜本的な変革を目指した取り組みが展開されているように聞こえても、実際に行われているのは、「2025年問題」を回避するためのシステムの更新、RPA導入によるコ

図表1-4　第四次産業革命における戦略策定状況（1つ選択）

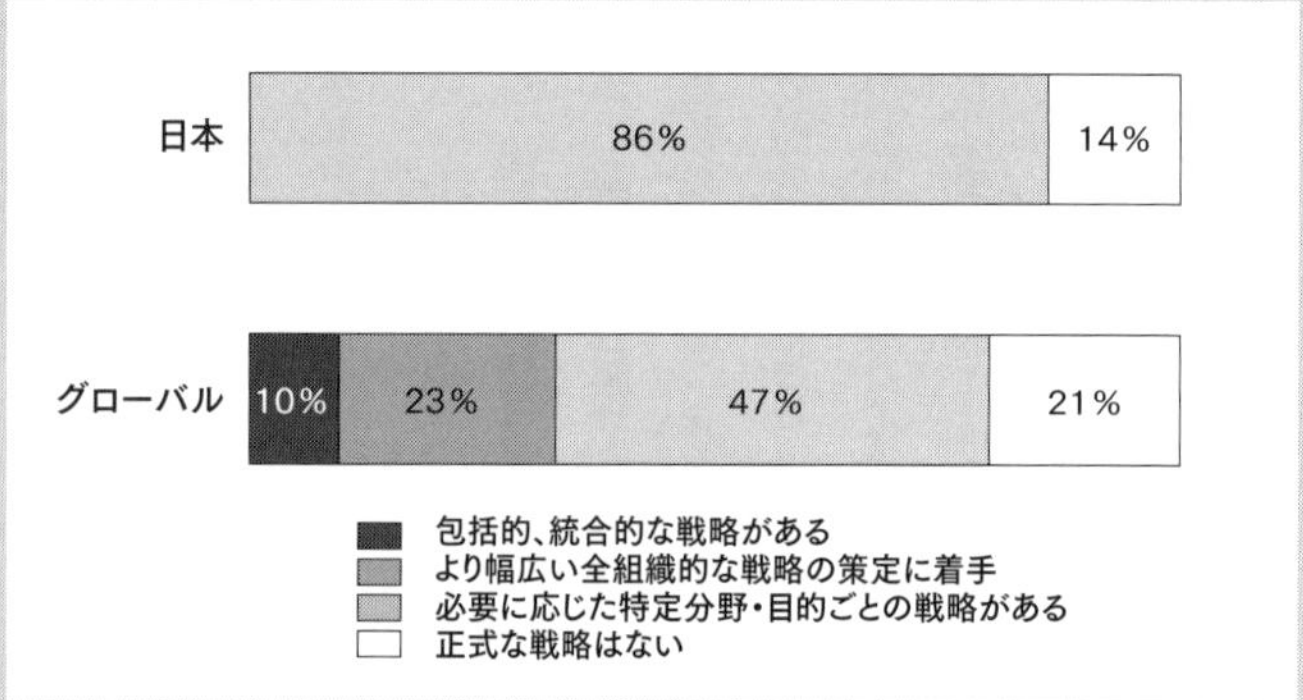

出所：「第四次産業革命における世界の経営者の意識調査（2020年版）」（デロイト トーマツ グループ ）
※図表は四捨五入により合計が100%にならない部分がある

スト削減、デジタルマーケティングと称した一部営業プロセスの合理化など、部分最適施策の寄せ集めにすぎないケースが多いのではないか。

今後両極化がますます加速するなかで、本来求められているのは、経済価値と社会価値に代表されるような一見相反するものを一体的につなぎ合わせて捉える経営モデルへの転換である。その一環として、社会課題解決を収益創出の機会という観点で経済価値の追求とつなげて捉える戦略的発想を、組織全体に行きわたらせることも不可欠だ。また、社会課題解決を経営モデルに組み込んでいくうえでは、従業員や顧客といった直接的な利害関係者に加え、より幅広いステークホルダーや、場合によっては競合企業などとも連携・協力を行えるような、多面的・重層的なつながりをマネジメントする体制を整えることが求められる。そして、両極的なるものをつなぎ合わせ、こうした多面的・重層的なつながりをマネジメントしていくことを可能にする新たな経営モデルへの転換を進めるという明確な目的意識の下に、組織全体を巻き込んだ自己変革プログラムとしてのｄＸ（Business Transformation with Digital）を、いまこそ力強く推進していくことが求められるのだ。

Chapter 2

両極化の時代に求められる新たな経営モデルの構え

前章で見たように、両極化の時代が企業の経営モデルに大きな転換を迫るなかにあって、日本企業の対応は、グローバル規模のリーディング・カンパニーとの比較において大きく立ち遅れている。こうした遅れを取り戻すには、一見相反するものを一体的につなぎ合わせて捉える経営モデルへの転換を加速する必要があり、そのために、dX（Business Transformation with Digital）を通じた自己変革を推進することが求められている。

このような経営モデルの転換には、当然ながら、単なるテクノロジーの導入にとどまらない本質的な発想の転換が避けて通れない。経営者の頭のなかにある経営モデルの「構え」と、それに基づく思考のフレームワーク自体を総入れ替えするくらいの覚悟が必要だ。

そこで、本章では、両極化の時代に求められる新たな経営モデルの構えについて、経営の時間軸、ステークホルダーとの関係性、求心力の源泉としての組織の存在意義という3つの切り口から検討することで、経営者の本質的な発想や思考のフレームワークにどのような転換が必要とされるのかを示していく。

Section 1

新たな経営の時間軸：ズームアウト・ズームイン

中期経営計画という「時間軸の呪縛」

多くの日本企業において、経営モデルの抜本的な転換の必要性に対する理解・関心は大いに高まってきているものの、実際の取り組みが期待された成果につながらず、閉塞感ばかりが漂っているように見えるのはなぜだろうか？　その最大の原因の一つは、3年から5年の期間を定めて策定される「中期経営計画」に象徴される、これまでの経営の時間軸の取り方にあるのではないか。

3年から5年という時間軸は、従来の直線的な変化を前提とした時代には、それなりに有効であっただろう。しかし、不確実性が増すこれからの企業経営において、3年から5年という時間軸を中心に考えることは、逆に経営の足枷となりかねないからだ。

両極化の時代のなかで生き残るために、いま企業に求められているのは、これまでの延長線上にない本質的な変革だ。それを実現して具体的な成果に結びつけるには、3年から5年という時間軸は短すぎる。壮大な変革ビジョンを掲げてから成果を刈り取るには、どうしても10年、20年という長期の時間軸で考えることが必要だ。

たとえば、サブスクリプション型のサービスを含む、デジタル関連の事業を新たに立ち上げる場合を考えてみよう。こうした事業では、ユーザー数やそこから得られるデータの蓄積量がある一定の水準を超えたところから指数関数的な成長が加速され、事業価値も一気に高まると言われている。しかし、こうした事業の投資の採算性を3年から5年の時間軸で判断しようとすると、多くの将来性ある取り組みを放棄せざるを得なくなるのである。

よく知られているように、アマゾンは創業から黒字に転換するまでに10年近くの歳月を要しており、創業から25年余りが経過した現在においても、「無配」を続けている。アマゾンの経営が、3年から5年という時間軸に基づいて展開されているとは、おそらく誰も思っていないはずだ。

その一方で、あらゆる分野で両極化の流れが増幅されていくなかにあって、足元の市場環境は非連続的に変化する傾向を強めており、3年から5年後の市場を正しく予想することは、いかなる業種・業界においても至難の業となりつつある。こうした環境下で、足元の変化に俊敏に対応するには、逆に3年から5年という時間軸は長すぎるのだ。

コロナショックのようなクライシスはいつどこで起きるかわからない。そうした不確実性に的確に対処していくには、経営サイクルを思い切って短縮化し、より柔軟で機動的な舵取りを行う必要がある。すなわち、企業が両極化の時代を生き延びるためには、3年から5年という時間軸でものを見る習慣を断ち切り、その代わりに、「長期」と「短期」という、一見まったく異質な2つの時間軸を経営の中心に据えなければならないと考えられる。

ズームアウト(長期)・ズームイン(短期)という複眼思考

「長期」と「短期」という異なる時間軸を用いて経営の舵取りを行うなどということが本当に可能なのか？　と思われるかもしれない。だが、これは、米国デロイトのシンクタンクであるDeloitte Center for the Edgeが、シリコンバレーに本拠を置く先進的なIT企業の経営実態に関する研究を通じて導き出した経営モデルの考え方である。[1] 実際に調べてみると、こうした先進的なIT企業は、世界を一変させるようなアイデアを具現化するために、10年単位の長期の研究開発や事業開発に経営としてコミットしつつ、足元では日進月歩で変わる技術トレンドや市場環境に柔軟に対応しながら経営の舵取りをしていることがわかってきた。すなわち、「10年超」と「1年未満」というまったく異なる2つのレンズ

図表2-1 「ズームアウト(Zoom out:長期)・ズームイン(Zoom in:短期)」の経営モデル

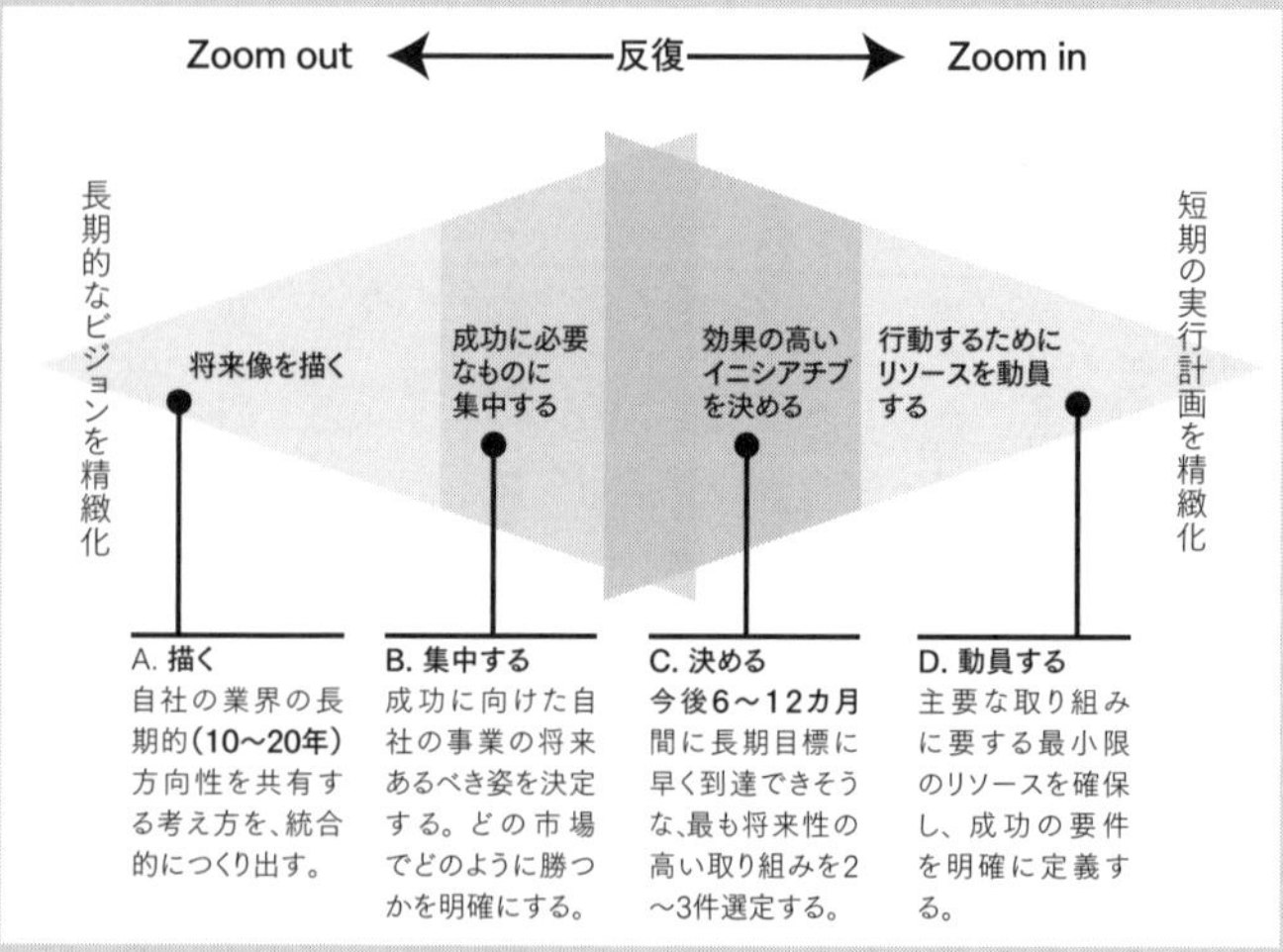
Zoom out
反復
Zoom in
長期的なビジョンを精緻化
将来像を描く
成功に必要なものに集中する
効果の高いイニシアチブを決める
行動するためにリソースを動員する
短期の実行計画を精緻化
A. 描く
自社の業界の長期的(10〜20年)方向性を共有する考え方を、統合的につくり出す。
B. 集中する
成功に向けた自社の事業の将来あるべき姿を決定する。どの市場でどのように勝つかを明確にする。
C. 決める
今後6〜12カ月間に長期目標に早く到達できそうな、最も将来性の高い取り組みを2〜3件選定する。
D. 動員する
主要な取り組みに要する最小限のリソースを確保し、成功の要件を明確に定義する。

出所：Deloitte Center for the Edge

で経営サイクルを見ていることが明らかになってきたのだ。Deloitte Center for the Edgeでは、こうした経営モデルを、「ズームアウト(Zoom out：長期)・ズームイン(Zoom in：短期)」と名づけ、増大する不確実性に対応した新たな時間軸の考え方に基づく経営モデルとして広く提唱しているのである。

長期と短期：2つの時間軸を相互反復してつなぐ

ズームアウト・ズームインを基軸にして、「長期」と「短期」という異なる時間軸を同時に用いて経営の舵取りを行う具体的なイメージは、次のようなものだ（図表2‐1参照）。まず、ズームアウト（長期）の視点に立って、自社を含む業界や社会全体の将来あるべき姿（10～20年の長期ビジョン）を定める。そして、そのビジョン達成のために自社として取り組むべき最も有望な事業領域や戦略を特定し、長期視点での研究開発や事業開発を明確にプライオリティづけされた形で計画・展開する。

一方、ズームイン（短期）の視点では、長期で掲げるビジョンや戦略の実現に対して最もインパクトを与え得ると考えられる取り組みを厳選し、それらに関する向こう6カ月～1年の実行計画を精緻化するとともに、その実行に必要とされる最小限のリソースを確保し、明確なＫＰＩ（業績評価指標）の下で計画を実行に移す。

重要なのは、この長期と短期という2つの異なる時間軸に基づく経営サイクルをつなぎ合わせ、相互に反復させることだ。短期の取り組みを通じて得られた成果やインサイトを基にして、長期で掲げるビジョンや戦略とそれらに基づく行動計画に随時軌道修正を重ね、その結果を短期で焦点を当てる取り組みの計画・実行にもリアルタイムで反映させていく、という具合である。こうした相互反復のプロセスを埋め込むことで、不確実な環境下で大義ある長期ビジョンを実現する経営サイクルを機能させることが可能となるのである。

これまで3年から5年の中期経営計画を軸に経営サイクルを回すことに慣れてきた日本企業にとって、長期と短期という2つの時間軸をつなぎ合わせて、柔軟かつ高スピードで経営サイクルを回すモデルに転換することは容易ではないだろう。時間軸の切り替えは、投資や経営計画だけでなく、人事制度や組織カルチャーなどを含め、企業のあらゆる面に影響をおよぼすものでもある以上、経営トップが覚悟を持って取り組む必要がある。

特に、長期の時間軸を意味あるものにするには、自社の成長・発展という「自社本位」の視座を超克して、向こう10年、20年といった大きな時間の流れのなかで「自社が社会にどのように働きかけ、どのような社会の実現を目指すのか」という大局観を、経営モデルの構えのなかにしっかりと組み込むことが不可欠だ。同時に、こうした大局観を、足元で起きているさまざまな事象や短期の時間軸のなかで進められている取り組みの成果などに即して、たえず検証し鍛え直していくうえにおいて、最新のデジタル・テクノロジーを活用したシナリオプランニングや各種のモニタリングの技法を、経営意思決定プロセスのなかに積極的に採り入れることが肝要である。[2]

Section 2

ステークホルダーとの関係性の再定義：エコシステム

見えてきた新たな競争（共創）平面

第1章第2節で、ＡＰＩに基づく「つながりのマネジメント」の力を徹底的に磨き上げることが今後の企業の競争力の源泉として重要性を増すこと、そして、その背景にはデータ資本主義の興隆があることを見てきた。こうした流れがさらに加速・拡大することにより、データを価値の源泉とした新たなビジネスが、国境や業種・業界の壁を超えて次々と生み出され、急速に既存の業界地図を塗り替えていくことだろう。ひと言でいえば、あらゆるヒト、モノ、場所がつながる「コネクテッド・ワールド」が実現し、そこで形成される既存業種・業界の壁を超えたエコシステムが、今後の巨大イノベーションと新規ビジネスの機会創出の主戦場となることが予想される（図表2‐2参照）。

こうした構造変化は、デジタル化の進展に伴い、ビジネスによる価値提供のあり方自体

図表2-2　新たな競争平面

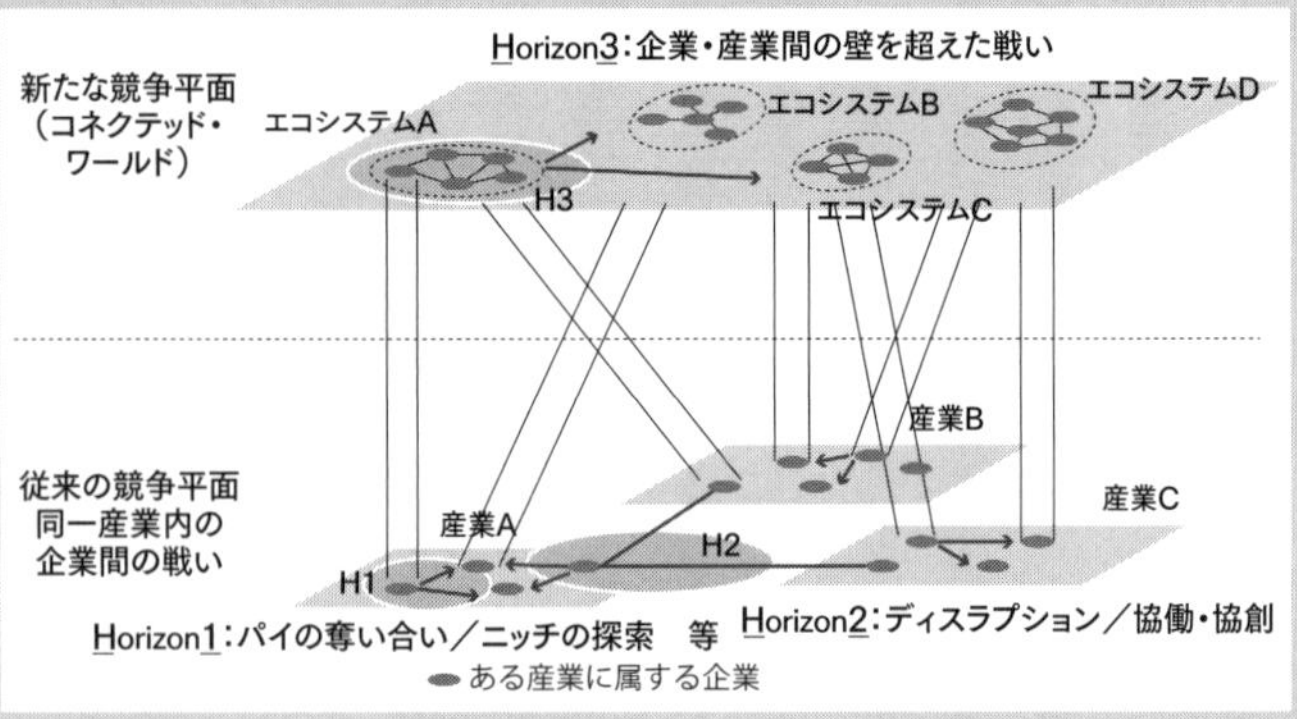

が根本的に変わりつつあることにも密接に関わる話だ。誰もが常時インターネットに接続されたコネクテッド・ワールドが実現されることで、個別の商品・サービスのスペックや価格に基づく一過性の取引によりもたらされる個々の機能的価値よりも、それらを組み合わせて継続的に得られる一連の経験価値のほうが、顧客・ユーザー側にとってますます重要性を増してきているからである。今後、商品・サービスの買い手である顧客・ユーザーの主たる関心は、個々の医薬品や医療サービスから健康維持につながる生活体験へ、モノとしての自動車や電車から快適で効率的なモビリティ体験へというふうに、一連のトータルな経験価値のほうに急速にシフトしていく。

　これまでは、提供する機能的価値ごとに仕

切られた個別産業の枠のなかで、同業者間で「よいモノ（サービス）を、より安く大量に」提供することに焦点を当てて展開される競争が、ビジネス活動の中心を占めてきた。しかし、トータルな経験価値の提供を実現するためには、個別産業の枠を超えた複数のプレーヤーの連携・協力が不可避となる。

最近注目されている「ＭａａＳ（Mobility as a Service：マース）」に関する動きは、その典型例だ。本格的なＭａａＳの実現には、自動車メーカーや自治体に加え、電車・バス等の公共交通サービス機関、決済を担う金融機関や各種制御デバイスメーカーなどの関与が不可欠であり、さらに追加のサービスとして小売業や保険業などの参画まで視野に入れた議論がなされている。

まさに、共通のエコシステム形成を目指して多様なプレーヤーが産業横断的につながり合って展開される「共創」が、個別産業内での競争に代わって、今後の巨大イノベーションと新規ビジネスの機会創出の主戦場になろうとしているのである。トヨタ自動車から発表された同社代表取締役社長・豊田章男氏のメッセージ[3]に含まれる次のステートメントは、このことを見事に言い当てている。

「これまでの発想を転換し、より幅広く、よりオープンに、より良い社会への貢献を追求することが、新しいビジネスモデルにつながるのではないか、との考えに至りました」

「これから先は人々の暮らしを支えるすべてのモノ、サービスが情報でつながり、クルマを含めた町全体、社会全体という大きな視野で考えること、すなわち、『コネクティッド・シティ』という発想が必要となります」

「『コネクティッド・シティ』の発想で考えたとき、これからの時代、トヨタ単独、クルマ単体では生きていけません。強みを持ち寄り、ともに競争力を高め合いながら協調できる『仲間』が必要です」

さまざまな企業間の「つながり」の形

企業間の「つながり」は、これまでもさまざまな形で存在してきた。伝統的には、日本の製造業における「ケイレツ」に象徴される垂直統合の仕組みが、自動車産業をはじめとする巨大ビジネスのバリューチェーンの中核を成していた。1990年代以降には、さまざまな業界でグローバル規模でのビジネスの再編に伴い、同一業種間の水平統合が広く行われるようになってきた。

これらの従来型の「つながり」に共通するのは、企業間の関係が排他的であることだ。系列のなかの企業、あるいは協力関係にある企業は「仲間」だが、その外にいる企業は「敵」であるという、明確な区分けが根底にあったと言える。

また、この10年ほどの間に、いわゆる「GAFA」(グーグル、アップル、フェイスブック、アマゾン)、および「BAT」(バイドゥ、アリババ、テンセント)と称されるプラットフォーマー群が、世界のビジネスの頂点に君臨するようになった。プラットフォーマーは、自社のプラットフォームに参画するビジネスや消費者に対してさまざまな機会や便益を提供する一方で、膨大なデータを一手に集中させることで、社会全体に強大な影響力を行使する存在になった。その反動として、特にプラットフォームに蓄積される膨大な個人情報の扱いについて、世界の各国・地域において大きな議論を引き起こしているのは周知の通りである。

新しい「つながり」としての社会課題解決型エコシステム

では、事業を取り巻く環境の両極化がますます加速するこれからの時代のなかで、dXを通じて一見相反するものを一体的につなぎ合わせて価値を生み出し、多様なステークホルダーの期待に応える新たな経営モデルを実現するうえで、企業が追求すべき「つながり」

の形とはどういうものであろうか？

より良い社会への貢献という観点から、「コネクティッド・シティ」の創造を目指して仲間づくりを進める前述のトヨタ自動車の取り組みは、よい手本の一つとなる可能性を秘めている。トヨタ自動車は、その後この取り組みを一歩進め、２０２０年３月には、ＮＴＴ（日本電信電話）との資本業務提携を発表した。[4] 両社は共同で、ヒト・クルマ・イエ、また住民・企業・自治体等に係る生活、ビジネスおよびインフラ・公共サービス等のすべての領域への価値提供を行う「スマートシティプラットフォーム」を構築し、これを核にして、さまざまな企業・組織とオープンに連携していく方針を打ち出している。

本提携に関する記者会見の際に、スマートシティ領域で先行するグーグル等との違いについて尋ねられた豊田章男氏は、「我々がこだわりたいのは人が中心であることとデータの使い方。データは使っていただく方が幸せになる方法を考えていきたい。いろいろな価値観、考え方があるが、そこがいちばん両社（トヨタ自動車とＮＴＴ）の関係を縮めた点だ」と語り、同席したＮＴＴ代表取締役社長の澤田純氏も「データは街の人を含め共通的なもの。我々自身、囲い込まずにオープンマインドで進めたい」と述べている。[5]

そして、もう一つ紹介したいのが、ユニリーバ、プロクター・アンド・ギャンブル（P&G）、ネスレ、ダノン、ペプシコなどの大手消費財メーカーと米国のリサイクル企業であるテラサイクル、物流大手のＵＰＳなどが共同で立ち上げた「ループ」（Ｌｏｏｐ）と呼ばれる取り組みだ。ループは、「使い捨て包装材ゼロ時代のＥコマース」のモデルをいち早く体現するサブスクリプション制宅配サービスとして、２０１９年の世界経済フォーラム年次総会（ダボス会議）で発表され、現在世界各国への展開が進められている。

２０２０年秋からは東京での試験運用も開始される予定になっている。[6] すでに、味の素、Ｉ・ｎｅ（アイエヌイー）、イオン、エステー、大塚製薬、キッコーマン、キヤノン、キリンビール、サントリー、資生堂、Ｐ＆Ｇジャパン、ユニ・チャーム、ロッテなどの民間企業のほか、東京都が世界で初めて行政として参画を表明している。

飲料や洗剤、おむつ、シャンプーなど、多岐にわたる参加企業の対象製品は、消費者がループの専用サイトから注文すると、再利用可能な詰め替え容器で宅配され、使用済み容器はすべて回収・洗浄を経て再利用に回される。配達の際に使用される外箱も特別にデザインされた「ループトート」と呼ばれる専用バッグを用いることで、使い捨ての段ボールのようなゴミが出ない仕組みになっている。彼らは、今後の参加企業の拡大も視野に入れて、空き容器の回収・再利用に関する基準づくりを含めたルール形成にも取り組んでいると言われている。

こうした新たに勃興しつつある「つながり」には、従来型のものには見られない以下のような特徴があると考えられる。

●**大義ある目的**：社会的に深刻で重要と考えられる課題の解決を共通目的に掲げる。

●**つながりの多面性・重層性**：多様な分野のプレーヤーの参画によるオープンな連携を前提とし、大義の下に、競合（同業種）企業の参画も受容する。

●**データの公共利用**：特定の企業がデータを手にするのではなく、エンドユーザーが安心できる形で集約されたデータを、構成メンバー、顧客・ユーザー、社会一般のために広く活用することを促す。

こうした特徴を有する新たなつながりの形を、「社会課題解決型エコシステム」と呼ぶならば、それは、デジタル・テクノロジーやデータの利活用という点については先進的なプラットフォーマー等の優れた点に倣いつつも、よりいっそう多様なプレーヤーの間の重層的なつながりを可能にし、相互学習とイノベーションを通じて社会課題解決と新たな価値創出を加速する存在となり得る。

これまでは、個別産業の枠のなかにおいて同業他社に対する競争優位をいかに維持・強化するかが経営の中心テーマであった。しかし、今後は、こうした社会課題解決型のエコシステムを自ら構築したり、そこに積極的に関与したりすることを通じて、これまで無縁と思われていた異業種の企業や、さらに政府・自治体、NGOなどとも新たなつながりを戦略的につくり出すことが、よりいっそう重要な経営テーマになるものと考えられる。

しかも、APIの活用により、エコシステムを新たにつくることも、そこに関与することも、ますます容易になっている。逆にそのスピード感についていけなければ、「誰にも相手にされなくなる」リスクを背負いかねない。したがって、経営者は、常により多面的・重層的な観点から自社を取り巻くステークホルダーの動きや、その周囲で起きている事象などに目を配り、新たに関与すべきつながり（あるいはまた、忌避すべきつながり）の所在を瞬時に見抜く感性と判断力を養う必要がある。

Section 3

新たな求心力の源泉：パーパス

「つながり」の軸となるパーパス

前節までで見てきた両極化の時代に求められる新たな経営モデルの構えは、これまでの経営者の思考のフレームワーク自体に、抜本的な転換を迫るものである。経営の時間軸という点では、10年超の長期（平均的な社長であれば、自分の在任期間を超えている！）と1年未満の短期という2つの異なる時間軸に基づいて経営サイクルを同時に回しつつ、それらをつなぎ合わせて相互反復を行うという高度な複眼思考が求められる。また、ビジネスパートナーを含むステークホルダーとの関係性という点においても、社会課題解決を目的とする産業横断型のエコシステムの形成を前提に、個別の産業の枠を超えて多様なプレーヤーとの重層的で開かれたつながりをマネジメントしていくことの重要性が高まる。

時間軸のスコープという点でも、また、対応すべきステークホルダーの範囲という点から見ても、これまでの経営が明確な境目によって画定された「閉鎖系」のなかで行われていたのに対して、これからの経営の対象は境目がほとんど意味を成さないダイナミックな「開放系」を前提にするものへと急速にシフトしていくとも言えるだろう。しかも、さまざまな分野で両極化が加速し、また、ＡＰＩを使いこなすプレーヤーによって新たなエコシステムがつくられ産業地図が塗り替えられていく速度も増していく。

このような状況のなかで、一貫性のある経営意思決定を行うとともに、従業員だけでなく、これまで以上に広範囲にわたるステークホルダーに対して求心力をおよぼし、彼らとのつながりを活性化させながら俊敏かつ継続的な価値創造に結びつけていくには、経営の核心にも「ぶれない軸＝大義」を据えておく必要がある。企業にとっての、こうした「ぶれない軸＝大義」に相当するものが、「パーパス」である。

パーパスは、「存在意義」と訳されることが多い。これまでも企業は、ミッションや経営理念（その呼称は企業によってさまざまであるが）などという形で企業としての大義を示してきた。しかし、従来示されてきた大義は、予測される変化に対して、あくまで「私（自社）はこうしたい」「私（自社）はこうありたい」という一人称の方向性や状態を示すものにとどまる傾向が強かった。[7]

これに対してパーパスは、ステークホルダーや社会全体といった第三者的視点から自社の果たすべき役割を俯瞰しつつ、「自社が社会にどのように働きかけ、どのような社会の実現を目指すのか」という行動面に焦点を当てて言語化したものと言える。たとえばユニリーバは、「持続可能なライフスタイルが当たり前の社会を実現する」[8]という非常に大胆なパーパスを掲げている。

このように、パーパスを通じて、目指すべき社会の姿とその実現に向けた自社の行動のあり方を明確に提示することは、従業員だけでなく、社外のビジネスパートナーやステークホルダーを巻き込む求心力を発揮するうえで効果が高い。また、長期（ズームアウト）で達成すべき目標を具体的に掲げつつ、短期（ズームイン）で何を優先して取り組むべきかを明確化する際の指針としても有効だ。

実際、ユニリーバは、２０１０年以来、前述のパーパスを起点として、事業成長と環境・社会への貢献の完全な両立を目指す「ユニリーバ・サステナブル・リビング・プラン」という取り組みを進めてきた。２０２０年までに「事業規模を2倍」にしながら、同時に、「環境負荷の半減」「10億人のすこやかな暮らしの支援」「数百万人の暮らしの向上」の３つを達成するという大きな目標を掲げ、サプライヤーをはじめとする幅広いステークホルダーを巻き込んで、50項目以上にわたる数値目標を立てて着実に実績を上げてきている。この背景には、経営トップがパーパスの伝道者として「ぶれない軸＝大義」を堅持し、その下で企業全体としての旗印が鮮明になり、企業としての求心力が着実に高められてきたことがあると言える。

パーパスが新たなエコシステムの求心力となる

本章第2節で紹介した「ループ」の運営の中心的な存在である、米国リサイクル企業テラサイクルも、「捨てるという概念を捨てよう」[9]という極めて野心的なパーパスを前面に打ち出す企業だ。ループ自体は、多数の消費財メーカーや小売業なども参加するエコシステムであり、テラサイクルのパーパスがそのままループのパーパスに置き換えられるわけではない。しかし、こうした野心的で、しかも先見性と社会性の高い、エッジの効いたパーパスを掲げるテラサイクルが触媒的な役割を果たすことで、Ｐ＆Ｇとユニリーバなどのように互いに競合関係にある企業を含む多様な企業の参画が得られ、環境志向を強める消費者からの幅広い支持にもつながって、ごく短期間にループの多国籍展開が実現したと考えるのは妥当だろう。

ループの事例からもわかるように、社会課題解決を掲げた〝大義力〟ある共通のパーパスと、データという共通言語を基軸とするつながりは、デジタル化の加速による急速な情報の伝播やＡＰＩの活用とも相まって、極めて短期間に求心力を高めてグローバル規模で支持者・協力者を増やし、エコシステムを一気に拡張させることを可能にするものだ。デジタル化の進展により既存の組織や産業の間を隔てていた壁がどんどん低くなるなかで、長期と短期という2つの時間軸を往還しながら巧みにメッセージを発信して仲間を増やすことで、現時点での企業規模にかかわらず、指数関数的な事業成長を実現することは夢ではない。その意味で、パーパスをどのように設定するか、ということの戦略的意義は極めて大きくなっていると言わざるを得ない。

自社のパーパスを再定義する

日本企業の多くは、従来、「私（自社）はこうしたい」「私（自社）はこうありたい」という一人称の方向性や状態を示すミッション・経営理念等を掲げる傾向にあった。個別産業の枠内に閉じた競争がビジネスの中心であった時代には、こうしたミッション・理念がステークホルダー間のつながり（絆）を強めたり、帰属意識を高めたりするうえで、一定の意味を持っていたと考えられる。

しかし、本章で見てきたように、新たな経営モデルの構えの下で、社会課題解決型エコシステムの構築を前提に、産業横断的に多様なプレーヤーと重層的な連携・協力を機動的に進めていくことが経営の中心テーマになっていくことを考えると、従来型のミッションや経営理念を、パーパスとして再定義することで、より広範囲のステークホルダーに求心力を発揮し得る基盤を用意するべき時期に来ているのではないだろうか。

最近こうした再定義を実際に行った企業の一つに、ソニーがある。同社は、2018年4月にCEOに就任した吉田憲一郎氏の指揮の下で、半年以上の時間をかけて社員などから広く意見を募り、2019年1月に「クリエイティビティとテクノロジーの力で、世界を感動で満たす」というパーパスを新たに策定・公表した。2019年5月に開催された同社の経営方針説明会のなかで吉田氏は、「(CEO就任からの)この一年に手がけたことで、最も重要なことは〝存在意義(パーパス)〟を定義したこと」と話しており[10]、経営トップとしてパーパスの策定に自ら深く関わってきたことが示された。

では、なぜソニーはCEOの陣頭指揮の下でパーパスの策定に踏み切ったのか。それまでのソニーにおいて、パーパスに最も近いものとして存在したのは、1946年の設立当時に創業者の井深大氏が起草した設立趣意書のなかにある「真面目なる技術者の技能を、最高度に発揮せしむべき自由闊達にして愉快なる理想工場の建設」に始まる8項目の「会社設立の目的」という文言であった。少し長いので、「愉快なる理想工場の建設」というフレーズのところがつままれて、ソニーといえば「愉快なる理想工場の建設」という感じで語られることも多かった。

しかし、創業から70年余りを経て、ソニーを取り巻く環境は大きく変わり、全世界で約12万人の社員が多様な事業に携わる企業体に成長した。さらに、たとえば、ゲーム、映画、音楽などのエンターテインメント関連の事業領域では、クリエイター、ミュージシャンなど、幅広い分野の社外の協力者との多面的かつ重層的なつながりが、ますます重要性を帯びるようになってきている。まさに、こうした多様なステークホルダーに対してより高いレベルで求心力をおよぼし、彼らとのつながりから継続的に価値を創出するための「ぶれない軸＝大義」としてのパーパスが必要不可欠な状態になっていたと考えられる。[11]

新たに策定されたパーパス「クリエイティビティとテクノロジーの力で、世界を感動で満たす」は、「愉快なる理想工場の建設」に代表される設立趣意書の理念を継承しつつ、「ソニーが70年ずっとやってきたことは、技術力とクリエイティビティで世の中に感動を与え、人々の心を明るくすること」という社員の想いをしっかり受け止めながら、これからの社会のなかでソニーが果たすべき行動と役割という視点に立って真摯に紡がれた言葉から構成されている。おそらく、今後のソニーのさらなる変革と成長を支える強力な礎石となることだろう。

グローバル化、デジタル化、ソーシャル化という3つの大変化の潮流が、両極化の構造を持って不確実性を増し、コロナショックによってそうした両極化の流れがさらに増幅するなかにあって、「ぶれない軸＝大義」としてのパーパスを確固たるものとして再定義することは、新たな経営モデルの構えの根幹部分をしっかりと確立するうえで避けては通れないものと考えるべきだろう。

＊　＊　＊

次章では、本章で概観した「新たな経営モデルの構え」を踏まえながら、企業経営に関わる主要なテーマ・領域において、ｄＸを通じていかにして一見相反する両極的なものをつなぎ合わせ、新たな価値創出を実現するかについて、節に分けて詳述する。新たな経営モデルを実現するうえで、経営戦略、イノベーション、マーケティング、データマネジメント、サプライチェーンマネジメント、ＩＴアーキテクチャ、サイバーセキュリティ、ガバナンス、人事・組織などに関わる経営機能を、ｄＸを積極的に活用しながらどのように本質的に変革し高度化していく必要があるのかを、さらに具体的に見ていくことにしたい。

Chapter 3

新たな経営モデルを実現する「つながり」の創造

Section 1

Strategy——異なる未来と戦略をつなぐ

不確実性を所与とする動的経営への転換

経営戦略の役割は、刻々と変化する足元の経営環境を的確に把握しながら、10年、20年先の未来を見据え、企業価値を継続的に向上させることにある。経営の時間軸をつなぎ、有効性の高い戦略を構想・実行するためには、想定する未来（シナリオ）を可変的なものと捉え、想定シナリオや戦略の見直しをかけながら、機動的にオプションを入れ替えていく発想が不可欠になる。3年から5年の中期経営計画に縛られていては、不確実性の高い時代を生き残ることはできない。

異なる未来を戦略でつなぐ——今後はデータ分析を高度化し、それをシナリオ思考とつなぎ合わせることで、柔軟かつ機動的な戦略展開を行えるような態勢づくりが求められる。そこで必要になるのが、シナリオベースの戦略的思考と最先端の人工知能（AI）を組み合わせたアプローチである。

1　シナリオ思考に基づく戦略策定

シナリオプランニングは経営の羅針盤

そもそも「シナリオプランニング」とは何か。多くの企業では、シナリオとは自分たちの将来に向けたトレンドやストーリーであると誤解されがちだ。既知の情報や知識を基にした見込み予測があり、ベストになればこうなるだろう、ワーストになればこうなるだろうと、現在の地点から延長線的にアプローチする。しかし、従来のこのやり方では目線が過去・現在・未来の一直線にしか配られず、斬新な気づきが生じにくい。

本来のシナリオの役割とは、既知の情報や知識だけでなく、長期的な視点でインパクトが大きい不確定要素も考慮し、より多くの選択肢を想定しておくことだ。つまり、大きな戦略的転換を迫られる複数の可能性（複数の異なる未来）を、言語化・構造化してあらかじめ定めるのである。そうすれば、不測の事態やインパクトに対して、用意しておいた選択肢からより最適なものを選択して意思決定することができる（図表3 - 1）。

図表3-1　シナリオ思考のメリット

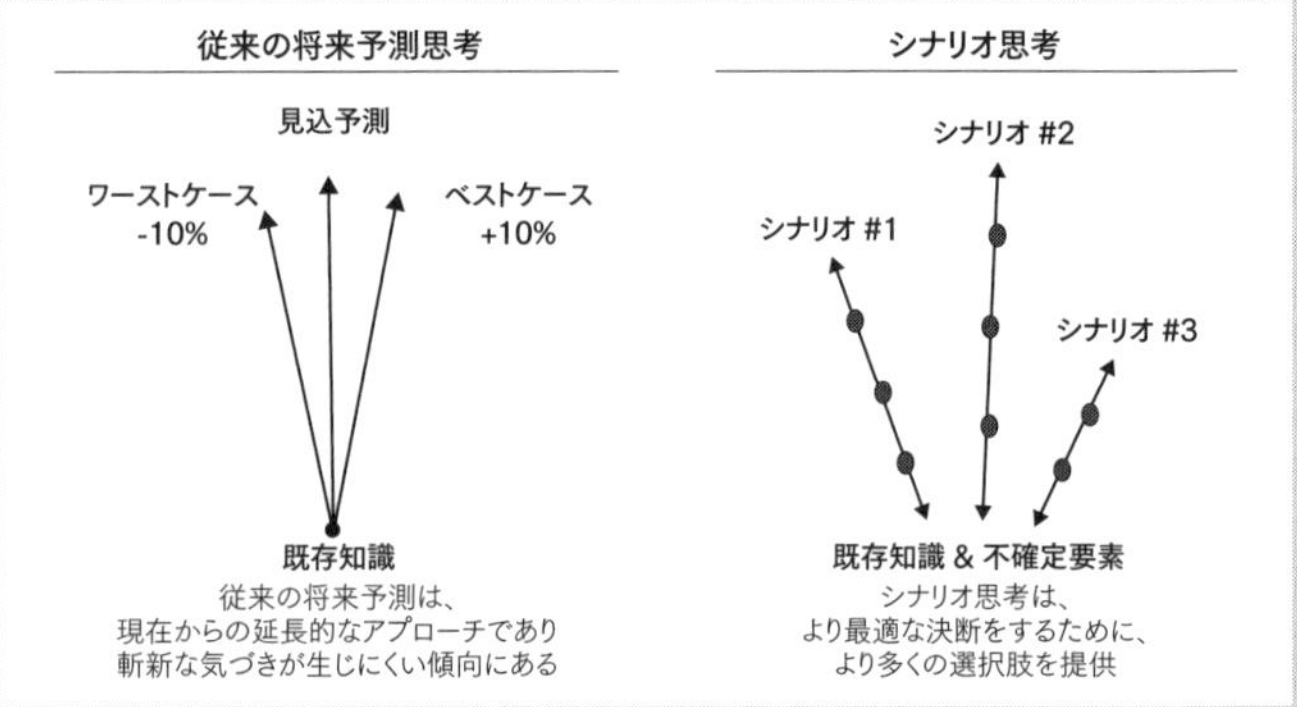

中期経営計画ありきの戦略策定を脱却する

経営の持続性を高めるための戦略を立てたり、企業価値を継続的に向上させていくためにシナリオを策定している企業は少なくない。しかし、その深度や実行において、不十分な部分があるのは否めないだろう。

- そもそもここで定義する「シナリオプランニング」を実行していない（レベル0）
- シナリオプランニングをしていても、それを戦略や組織の検討に活かしきれていない（レベル1）
- ベースシナリオへの戦略的な対応は検討しているものの、それ以外のシナリオへの戦略的な対応、投資を検討、実行していない（レベル2）

・ベースシナリオだけではなく、その他のシナリオへの備えも検討、実行している(レベル3)

経営の時間軸をつなぎ、有効性の高い経営戦略を構想・実行していくためには、想定するベースシナリオ自体を可変的なものと捉え、世界の変化に対して機動的に戦略オプションを入れ替えていく発想が不可欠となる。これは、従来の日本企業に見られる中期経営計画ありきの戦略立案とは異なるアプローチだ。3年から5年の期間で策定する中期経営計画に縛られていては、この不確実性の高い時代を生き残ることはできない。

長期的シナリオ思考と短期的なデータ分析を有機的につなぎ合わせ、策定したシナリオに沿って戦略を構想・実行する。実行を開始したら、ビジネス環境変化に基づき、シナリオの実現性を継続的にモニタリングする。そして、想定されるシナリオに合わせ、戦略や組織自体も変えていく。

従来のシナリオプランニングのいちばんの問題点は、この部分がきちんとできていなかったことだ。これまでの日本企業ではたとえ自分たちの戦略のベースとなるビジネス環境やシナリオが変わっても、中期経営計画の途中だからと、アジャストしないケースが散見された。しかし、両極化の時代は10年先を睨みつつ、アジャイルに動き続けなければならない。

シナリオの戦略的活用

ベースシナリオ以外のシナリオの戦略的活用には大きく2つある。一つは、ある大きなインパクトを受けて自社の立ち位置が危ぶまれ、いまのままの戦略では生き残れないというような違う世界を描いておくこと。これは何らかの事態が起こったとき、迅速に戦略を見直し、事業ポートフォリオを組み替えられるよう備えるためである。自社にない技術を持つベンチャー企業に対してスモールインベストメントをしておくこと等もこれに当たる。

たとえば富士フイルムは、写真フィルムがなくなった世界に備えて異なる領域に投資をしたり、フィルム関連のテクノロジーを別の事業に応用したりしてきた。そうしていまでは、製薬、化粧品、医療機器、オフィス機器などを手がけている。[1] ブラザー工業も世の中の変化、事業環境の変化に合わせて、事業ポートフォリオを柔軟かつ積極的に転換してきた企業の代表例と言える。ミシン中心の会社からプリンター大手へと変貌を遂げ、またBtoC事業中心の事業構造を産業用機器などのBtoBに転換することを目指している。[2]

この場合、あらゆるファクターから複数のシナリオをあらかじめ考えておくのが重要なポイントだ。何かが起こったときに急に対応しようとしても間に合わないからである。実際、「いま」という時点だけを切り取れば意図が読めないような投資であっても、将来的には綿密なシナリオに沿ったものであったということは少なくない。

もう一つは、状況に応じて現在ベースとしているシナリオAから、より有利なシナリオBに移行していくための道筋を描き、自社がシナリオの転換にインパクトを与える戦略だ。この戦略としては、たとえば自社の経営戦略実行に有利な環境を整えるためのロビイング活動や規格の標準化への取り組み、テクノロジーの開発投資等がこれに当たる。規格の標準化の事例としては、QRコード[3]におけるデンソーの事例や自動車部品によるトヨタの取り組み[4]などが挙げられる。いずれも、企業にとっての財である特許を公開することで世の中への普及を優先し、その技術活用に必要な別な領域で商機を得る戦略を取ってきた。

シナリオに応じて、戦略を可変的なものとして捉える

シナリオの具体的な策定プロセスについては後ほど解説するが、複数のシナリオ（異なる世界、未来像）ができたら、各々に基づいて戦略を評価する。戦略策定においては、いくつかの視点がある（図表3‐2）。1つ目は「何を目指して変革を進めるか（Goal & Aspiration）」。これは、どこを目指していくのかというビジョンや社会的大義、戦略的な

図表3-2　戦略検討フレーム Cascade Choice

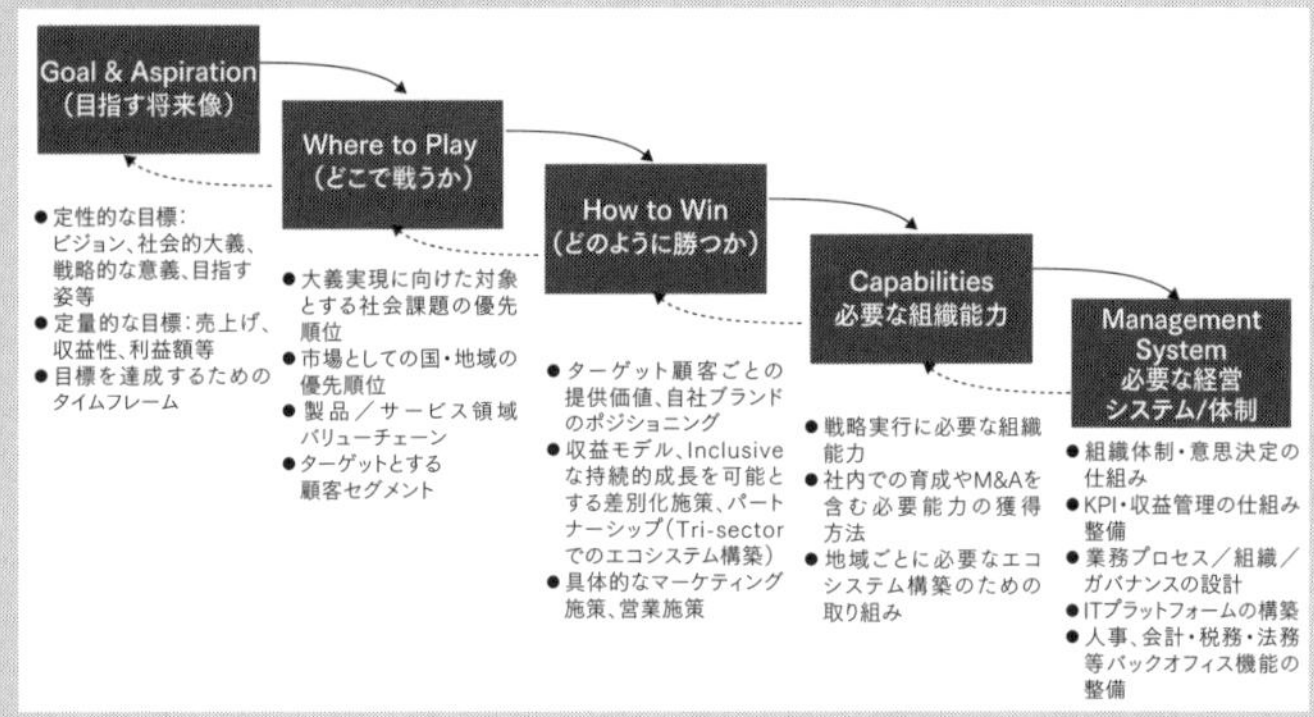

意義等の定性目標であるとともに、定量的な目標、売上高や利益の水準、達成するためのタイムフレーム等も伴った経営目標である。

2つ目は「どこで戦うか（Where to Play）」。これは、大義の実現に向けた対象とする社会課題の優先順位、地域・国、製品・サービスやバリューチェーン、顧客セグメントといった分類から自社の戦場（事業領域）を特定する。

3つ目は「どのように勝つか（How to Win）」。顧客ごとの提供価値や持続的成長を可能にする差別化施策、パートナーシップを含めて検討する。この他にも、戦略実行に必要な組織能力、Ｍ＆Ａや社内の人材育成を含めた必要な能力の獲得方法の検討、それに基づく組織体制・意思決定の仕組み、ＫＰＩや集積管理の仕組み、ＩＴインフラの構築といった必要なマネジメントシステムについて、検討しなければならない。こうした戦略は、いったん決めて終わりではなく、シナリオを可変的なものと捉え、見直しをかけながら機動的に戦略オプションを入れ替えていく発想が不可欠になる。

2 シナリオ思考とＡＩで未来をつなぐ戦略的アプローチの実践

未来を左右する重要なドライバーを明確化する

両極化の時代を生き残るために、我々はモニター デロイト ドイツの「The Center for the Long View」のチームが主導している「ダイナミック戦略アプローチ」を提案している。これは、世界的に有名な米国のフューチャリスト、イノベーターであるピーター・シュワルツのシナリオプランニングの手法に、ＡＩツールを組み合わせ発展させたものだ。

このアプローチでは、まず、将来に向けて最適な意思決定をするための前提として、市場の現状把握、競合他社の理解、重要なドライバーの明確化を行う。このときＡＩツールを用いれば省力化となり、リサーチの客観性や包括性も担保される。データマイニングや

図表3-3　EDGE-PRISMの関連性

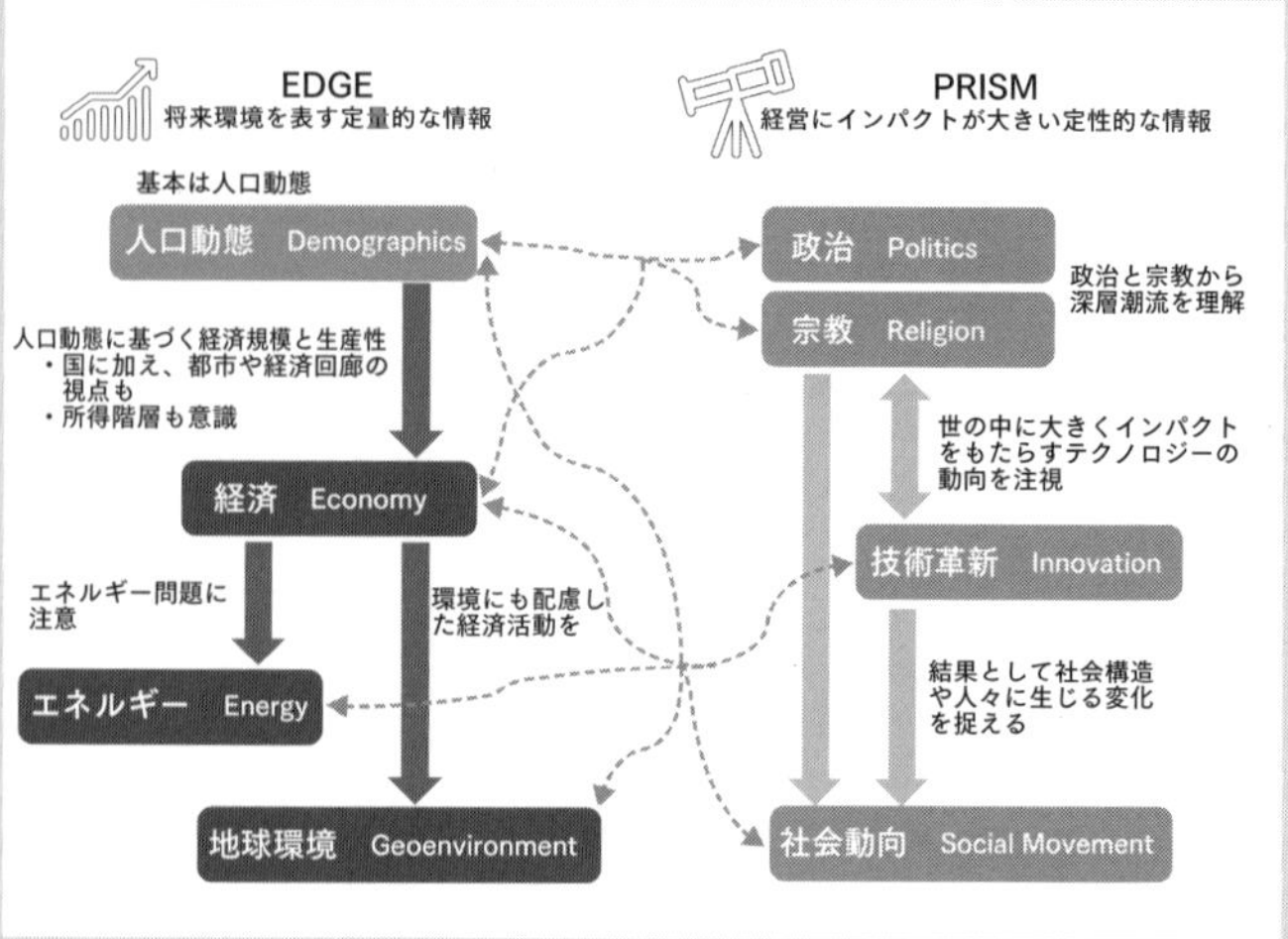

テキストマイニングなどによって、どんな業界にどんな不確実性があるかなどの情報を効率的に収集・分析し、情報をクラスタリングすることができる。

ドライバーの洗い出しをする際のフレームワークには、一般的にPEST分析が用いられている。PESTとは、Politics（政治）、Economy（経済）、Society（社会）、Technology（技術）のことだ。またはFive Forces（売り手の交渉力、買い手の交渉力、代替品や代替サービスの脅威、競合関係、新規参入の脅威という5つの競争要因）などが使われることもある。

このベースとなるフレームワークとして、我々は「ＥＤＧＥ」と「ＰＲＩＳＭ」という概念を用いている。「ＥＤＧＥ」とは、数字で表せるもの、データを読み解くためのフレームワークのことで、Economy（経済）、Demographics（人口動態）、Geoenvironment（地球環境）、Energy（エネルギー）の頭文字から名づけられた。ＥＤＧＥにより、たとえばインドやアフリカの人口がこれから増加する、地球が何度温暖化する、といった定量的で確実性が高いものを捉えていく。

一方、「ＰＲＩＳＭ」は、Politics（政治）、Religion（宗教）、Innovation（技術革新）、Social Movement（社会動向）といった定性的な事象・環境を整理するためのフレームワークだ。政治がどうなるか、技術革新がいつ起こるか、社会動向がどうかなどを捉えていく。これらはＥＤＧＥよりも不確実性が高く、見通しを立てることが難しいが、ＥＤＧＥと組み合わせることにより、重層的な将来予測を浮かび上がらせることができる（図表3-3）。

特に重視しなければならない「Zone of Interest」

重要なドライバーには、経済的なもの、社会的なもの、政治的なもの、テクノロジーに関するもの、環境に関するものがある。そこで、特定されたドライバーを企業内で議論したり、専門家にアンケートを取ったりするなどして、インパクトと不確実性の度合いを評価・整理する。そして、インパクトと発現可能性によって「インパクトが大きい／確実性が高い」「インパクトが大きい／不確実性が高い」「インパクトが小さい／確実性が高い」「インパクトが小さい／不確実性が高い」の4つに分類する。

「インパクトが大きい／確実性が高い」ものは、「その事象の前後で世界がこう変わるだろう」ということがある程度予測できるので、いちばんに備えておかなければならないという考え方もある。いわゆるトレンド的な動きだ。これをベースシナリオとして定義するのも一つの考え方だ。しかし、シナリオプランニングで最も注視しなければならないのは、「インパクトが大きい／不確実性が高い」ものだ。これを「Zone of Interest」と呼ぶ。新型コロナウイルスによるパンデミックなどはここに入る。

Zone of Interestに含まれる事象の動向によっては、大きな戦略的転換や事業ポートフォリオの組み替えを迫られる可能性がある。それはいつ降りかかってくるかわからない。だから、いざというとき、手遅れになる前に迅速に対応できるように整理しておく必要がある。これがForesight（先見性）だ。

そうやってマッピングしていくと、「インパクトが大きい／不確実性が高い」ドライバーは20から30個程度に集約される。これだけの数になると、すべてを一度に認識することは難しい。そこで、それらのドライバーを背景や相互の因果関係を基に分類する。そして、重要な不確実性を特定して2軸に落とし込み、4つの異なる未来のシナリオを形成する。

従来、多くの場合、シナリオは見込み予測がプラスに動くか、マイナスに動くかでしか考えられてこなかった。未来を確実に予見することは不可能であっても、最適な決断をするための選択肢を複数持てることは、異なる未来への戦略的な備えとして価値があることだ。ただし、必ずしも4つである必要はない。選択肢が複数あり、そのシナリオをベースにいまこういう事業ポートフォリオを考えているということを棚卸ししたうえで、新たな戦略を立案することが重要なのだ。

シナリオを基に、戦略オプションを議論する

いくつかのシナリオができたら次に、ベースとするシナリオを決める。そして、既存戦略を棚卸しし、評価していき、戦略の要素がそれぞれのシナリオにとって適切であるか、調整・見直しまたは削除の必要があるかを判断する。シナリオを考えるうえでの重要なポイントは、ある程度ファクトベースで議論すること、バイアスを取り除くこと、企業とし

ての視点も重視しながら客観的な視点を入れることである。ただし、より重要なことはシナリオを前提に戦略を検討、議論することであり、経営陣がシナリオを理解し、それをベースに議論するという共通認識を持つことが肝要だ。

シナリオの構築やこうした戦略立案のディスカッションには、目的によっては経営トップも含めた経営層、事業の責任者、経営企画室などが参画する。将来の見通しであるから、若手や近い将来の経営を担う中堅を中心に戦略を考えさせることもある。コンサルティングファームのメンバーが入ってファシリテーションを行ったり、より客観的かつ視野を広げてドライバーを整理できるよう外部の専門家を呼んだりするケースもある。

ディスカッションの前提として重要なポイントは、「どのシナリオをベースに議論をしているか」「事業ポートフォリオを適切に評価して、組み替えていこう」という意識を参加者全員が共有することだ。10年後、20年後の将来はこうで、自分たちはどういう立場で、何を目指しているか。その認識やベクトルが揃わないまま議論を進めても、話が収束しなくなってしまう。

それぞれの要素の評価をまとめたら、そのシナリオをベースにすると自分たちの戦略がいまどうなのかを考える。戦略では、資源・投資配分や事業ポートフォリオをどう持つかが重要となる。この段階で、現状維持でいい事業、もっと注力しなければいけない分野、

図表3-4　シナリオ策定と戦略の検討

既存戦略の要素分析・評価

- 4つのシナリオすべてに対し、既存戦略をブレークダウンし、各戦略の要素をシナリオごとに、適切であるか、調整の必要があるか、または完全に削除もしくは見直す必要があるかを判断する

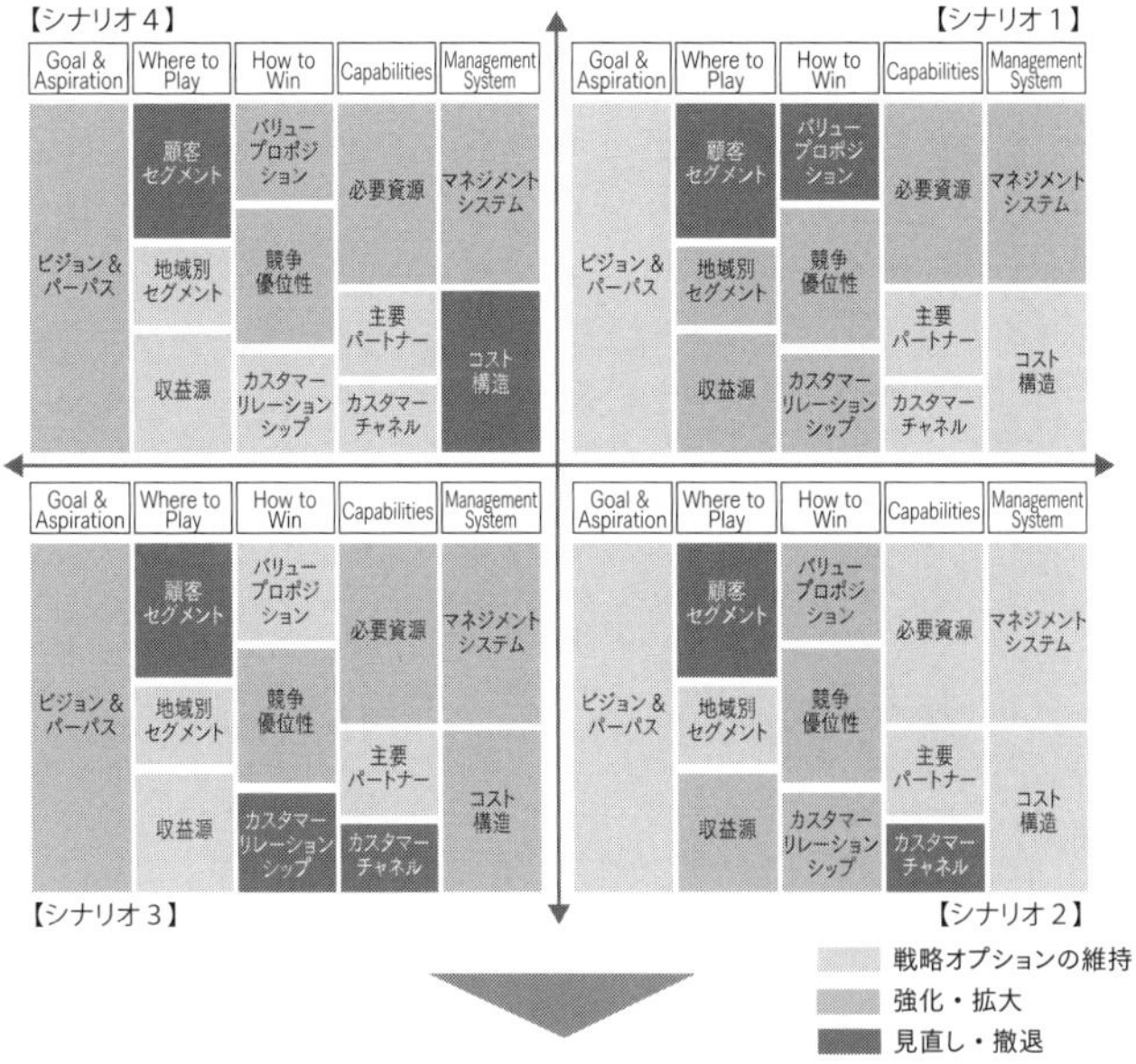

各シナリオに対するアクションプランの整理

- シナリオごとに戦略オプションとアクションを洗い出す
- どのシナリオでも共通にとるべきアクションはすぐに準備・対応する
  - ✓戦略オプションの維持
  - ✓強化・拡大
  - ✓見直し・撤退
- ベースシナリオに向けた戦略オプションとアクションを実行に移す
- 想定シナリオが変化したときには実行する戦略を見直す

切り捨てるべきものが何かが見えてくるだろう。それらを棚卸しし、新たな戦略を立案していく。

そして、各戦略においてどのようなアクションを取るべきかを整理する。取るべきアクションがすべてのシナリオにおいて共通であれば、すぐにでも準備・対応すべきだ。もしそれができなくても、未来の環境変化に対してタイムリーに対応できるよう、事前に各シナリオに対して順応性の高い戦略的オプションを策定するのが望ましい（図表3‐4）。

AIを活用し、未来を継続的にモニタリングする

両極化の時代を見通すには、膨大なデータの整理・分析が重要となる。だが、人の認知能力や捉えられる情報には限界がある。また、認知バイアスがかかっていたり、一度下された決定に固執したりしてしまうこともある。そのため、シナリオを策定し、戦略を策定・実行していくにあたっては、シナリオ分析に携わってきたエキスパートの経験知とともに、定量的な事実をデータとして分析するＡＩやデジタルツールを融合し、価値を創出していくことが求められるようになる。

ダイナミック戦略アプローチでは、ＡＩを活用してどのシナリオの実現可能性が高いか

を継続的にモニタリングし、想定するシナリオを変更すべきときには変更し、戦略を見直す。これはいままで多くの企業で実現できてこなかったことであり、継続的にモニタリングができるようになったことはテクノロジーやＡＩの恩恵と言えるであろう。

代表的なのは、最初に20くらいのインディケーターを設定して、ロジックを組むことだ。ロジックを組むには多くの場合2～3カ月かかるが、1回組めば世界中からそのシナリオに関連する特許や投資、規制、競合の活動などの情報を集め、常にアップデートすることができる。そうした情報によって、自分たちの戦略が正しい方向に向いているのかどうかを継続的にモニタリングすることができる。ＡＩツールはシナリオから逸脱するような潮流を検出することもある。世界がどのように動きつつあり、それがシナリオにどのような影響を与えるか、警告を出すのだ。その背景に明確な根拠やロジックがある。そのときには、警告にどのような意味があるのか、戦略的な対応が必要かを、人間が判断する。

重要なことは、ＡＩや各種デジタルツールで代替できるところは自動化し、もっと先の戦略、もっと価値のある作業に人間の知恵を使うということだ。ＡＩや各種デジタルツールは経営の強い味方だが、あくまでもサポートであり、意思決定をするのは人間の仕事だからだ。

3　ポストコロナ時代の経営戦略――日本企業は何をすべきか

これまで多くの日本企業が現状の延長を想定した成長戦略を描いてきたが、不確実性が高まる世界で戦っていくためには、複数のシナリオ（異なる世界観）を描いたうえで、バックキャストで戦略オプションを洗い出し、戦略を臨機応変に変更していく経営が求められる。今回のような危機に際しては、事業ビジョンや目指す姿そのものが変わってしまう企業もあるだろうし、事業ポートフォリオや事業モデル、戦い方を大きく変えることを求められる企業もある。危機が起こってから、あるいは結果が見えてから対応したのでは遅すぎる。ポストコロナの世界がどのようになるかは世界の誰にもわからない。しかしながら複数のシナリオを前提に備えることは可能だ。異なるシナリオが起こったときにも対応できる戦略オプションを洗い出し、どのような投資を行っていくのか。それを考えられる企業が勝者となるだろう。先に述べたように、ＡＩやデジタルツールを駆使して、情報収集に係る工数やスピードを代替し、未来を継続的にモニタリングしていくことも有効だ。経営者がシナリオプランニングを経営に活かすことで、複雑性や不確実性を乗り越え、それらに迅速に対応できるよう今後も支援していく。

本節の
Key Takeaways

異なる未来と戦略をつなぐために

▼3年から5年の中期経営計画を脱却し、長期と短期の時間軸をつなぐ

▼想定する未来（シナリオ）を可変的なものと捉え、世界の変化に対応し機動的に戦略オプションを入れ替えていく

▼AIやデジタルツールを活用し、シナリオや経営環境の変化を継続的にモニタリングする

Section 2

Innovation──多様なプレーヤーをつなぐ

イノベーション・エコシステムの構築に向けて

ｄＸを通じて社会課題解決と事業成長を両立させるようなイノベーション機会を創出していくためには、共通の目的意識のもとに多様なプレーヤーをつなぎ合わせ、Ｗｉｎ－Ｗｉｎの関係で協働できる、高い求心力を持ったイノベーション・エコシステムを構築し、社内的にもそれを支えるイノベーションエンジンを組み込んでいくことが求められる。

背景にあるのは、デジタル・テクノロジーの進展に伴う既存の業種や業界の壁の融解であり、それが引き起こす不確実性や複雑性の増大だ。こうしたなかで、既知の領域に軸足を置いて直線的な変化に対応する経営から、非連続な変化を前提として未知の領域に戦略的に関わっていく経営への転換が求められている。

未知の領域においてイノベーションを起こしていくために、ｄＸを推進しつつどのように新たなつながりを創出し活用していくべきなのかという視点に立つことで、新規事業創造やＭ＆Ａに対する新たなアプローチや取り組み方が明らかになってくる。

1　燃えたぎるイノベーションのエンジンを社内に組み込む（Business Produce）

なぜ日本の大企業ではイノベーション創出が難しいのか

意欲はあっても権限を持たない若手任せになりがちであった新規事業開発を、「本業をつくり出すチャレンジ」として経営トップ以下ＣｘＯがコミットメントし、経営のメインテーマに据える大企業が増えてきている。社内外から優秀な人材を集め、以前では考えられない規模の投資で推進する例も出てきている。ＪＲ東日本スタートアップとサインポストとのジョイントベンチャー「TOUCH TO GO」では、ＪＲ東日本出身の30代のメンバーが社長に抜擢され、人手不足を解消するため無人ＡＩ決済店舗のソリューションの拡大に取り組んでいる。

しかし、依然として日本の大企業では、スタートアップやベンチャーという「異分子」を受け入れ、彼らとシナジーを発揮し、人材として成長させていくことは神業的に難しい。既存事業を回すことには長けていても、不確実性が極めて高い新規事業をゼロから組み立て、スピード感を持って実行できる人材はこの10年続いていたベンチャーブームで大企業内では絶滅危惧種となってしまった。つまり、多くの野心家は大企業を去ってしまった。そこで、新規事業開発を専門とする外部コンサルタントをコーチ的に起用したり、有望なベンチャーを買収したりするといった対策も講じられてはいるが、これも十分に機能しているとは言えない。むしろ、手段が目的化して、戦略的意図が不明瞭なベンチャー投資ばかりが増えてしまった。なぜかみ合わないのか。スタートアップと一緒にゼロから創業し、事業を拡大させた経験や、トラディショナルな組織の意思決定構造を深く理解できる人材やチームが大企業だけでなく、専門家であるはずのコンサルティング会社においても欠乏しているからだ。

また、コロナショックによる影響も避けては通れない。デロイト トーマツ ベンチャーサポートが2020年4月に日本企業、ベンチャーキャピタル（ＶＣ）約300社を対象に実施したオープンイノベーションに関するアンケート調査によると、オープンイノベーション活動（含むスタートアップ投資活動）を昨年比30％以上減少させると回答した企業は約半数を超えている。こうした状況において、大企業のオープンイノベーションには、活動全体の「高ＲＯＩ化」の実現が急務になってくるのは間違いない。投資すべき新規事業の選択と集中、そして集中すべき事業をベストチームで推進・マネジメントすることが重要になってくるだろう。

次世代の本業を生み出すための〝聖域なき〟ビジネスプロデュース

デロイトには、「Scaling the edge（新規事業＝EdgeがScaleして次代の本業になる）」というコンセプトがある。大企業にとっての新規事業は短期的に収益を追求するためのものだけでなく、10年後の自社のあるべき姿を先取りするものという考え方だ。先に述べた日本企業の課題を踏まえて、デロイト トーマツでは、従来型の新規事業支援やベンチャー企業と大企業のマッチングにとどまらず、我々のような外部人材がむしろイノベーションの担い手（Doer）として事業創造と収益化に挑む「ビジネスプロデュース」というアプローチを数年前より提唱し数多くの先進事例を生み出してきた。しかも、単に新規事業を立ち上げるだけの役割に留まらない。あくまで企業の次なる本業になる領域を戦略的に見極め、同時多発的にビジネスを立ち上げること、組織カルチャーレベルから変革を促すことで、再現性を埋め込むことにこだわっている。

アマゾンCEOのジェフ・ベゾス氏は「君の仕事は、いままでしてきた事業をぶちこわすことだ。物理的な本を売る人間、全員から職を奪うくらいのつもりで取り組んでほしい」と、デジタル部門に異動させた幹部に語ったという。[5] 創業社長は徹底して未来の顧客

図表3-5　これまでのイノベーションの取り組みは反面教師

	これまでのオープンイノベーション（定説/一般解）		ビジネスプロデュースのポイント
目的	既存事業とのシナジーを追求 or 既存事業と遠い（“飛び地”）領域の探索	◀▶	未来の顧客を見据えて、既存事業のDisruptionに向き合う
ヒト	専門家を“スポット的に”活用	◀▶	“聖域なき”社外活用（ex.社外起業家人材活用）
マネジメント	ベンチャー投資と新規事業活動は社内では別物扱い	◀▶	新規事業活動を“VC的思想”でマネジメント
目標	ベンチャーコンタクト/協業件数/投資額（インプットKPI）	◀▶	年間有償β版ローンチ件数（アウトプットKPI）
結果	十分な成果には至らず（92％）（会いっぱなし、Workshopやりっぱなし、投資しっぱなし）		1年目から目に見える（ex.β版複数件）成果（次なる本業候補が輻輳的に立ち上がっていく）

を志向し、あえて自らの事業の破壊に挑んできた。しかし、組織が大きくなり、ステークホルダーが複雑化し、責任の重みが増してくると、リスクを避けるようになり、新規事業を断行するスピードも落ちてくる。画期的な新規事業もこれまでの自社のカルチャーに照らすと「らしくない」と潰されてしまいがちだ。こうした背景もあり、これまでの日本企業のオープンイノベーションの取り組みは、未来の顧客を見据える視点がおざなりになっているものが結果的に多かった。

つまり、組織的なしがらみと関係なく着手できる領域での新規事業である。しかし、デジタル化のさらなる進展に伴い、既存のルールにとらわれない“Disruptor”が新しい顧客体験やビジネスモデルでイノベーションを創出し、既存企業の牙城を崩し続けているなか、否応なく日本の大企業も未来の顧客を見据え、自ら既存事業のDisruptionに向き合わなければならなくなった。

こうした変革には、「Doer人材」が不可欠だ。Doerとは、大企業の企画部門を中心に増殖したThinkerと違い、上位者や時には経営陣からの批判をものともせず、自ら胆力を持って試行／実践し、新たな解にたどり着くタフネスを有するルールブレイカーのことを言う。前述の通り、このような人材は現在の大企業の多くで欠乏しているため、出身や雇用形態を問わず不可欠な能力を有する人材を外部からも登用する〝聖域なき〟社外活用も成功の要件の一つになる。いまやスタートアップも大企業も同じで、高報酬を用意すればイノベーションを起こせる人材が採用できる時代はとうに終わっている。イノベーション組織は、自らの組織のVisionを掲げ、こうした必要な人材を事業フェーズの進展に伴って口説き落とし、充足させながら確実に事業を立ち上げ、拡大の過程で収益化を狙える体制にシフトしていく。特に、事業ローンチ前のフェーズでは、社内の生え抜きメンバーではリソースおよび能力が充足しないことが多く、外部で起業や大企業での事業開発経験やセンスを有するDoer人材を起用しないとほとんどの場合、頓挫するか、リビングデットプロジェクト化してしまう。複数事業を立ち上げ、事業拡大・収益化フェーズに移行するにしたがって、プロセスの定型化を進め、内製化や相対的に人件費の安価なオペレーション

図表3-6　イノベーション組織の発展イメージ

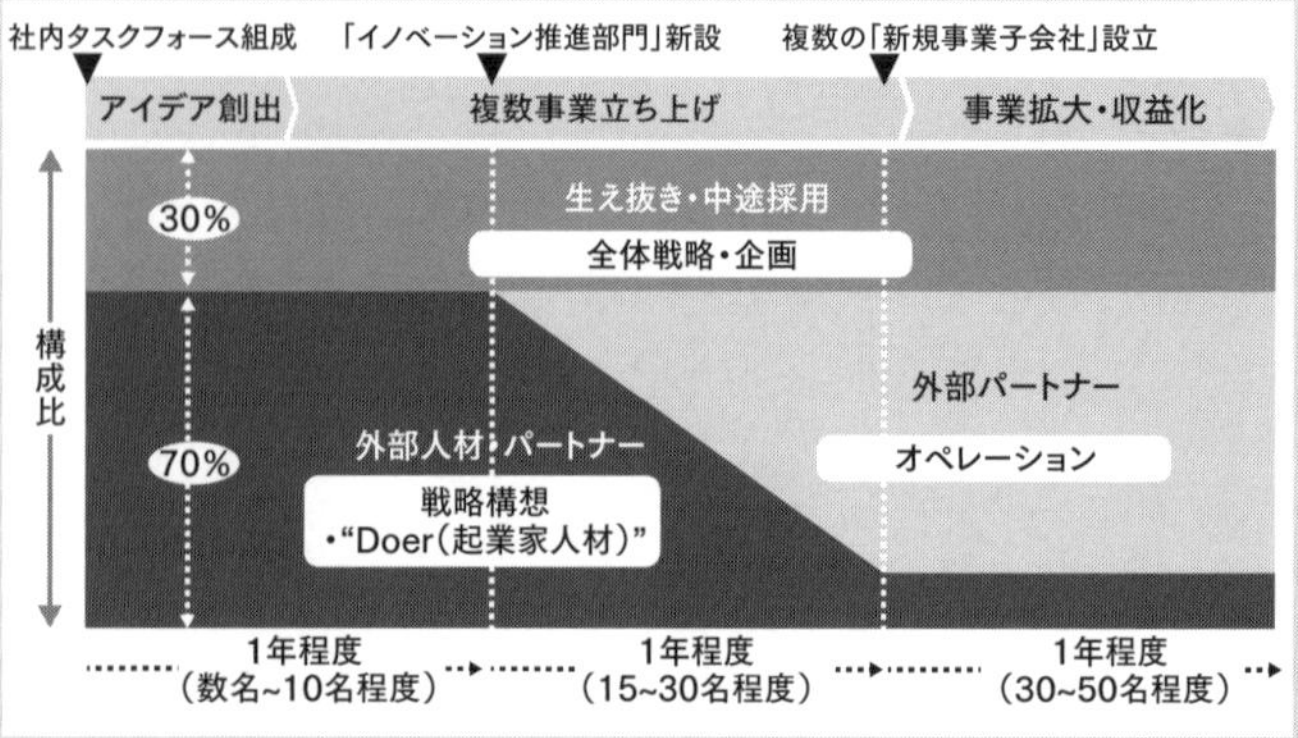

図表3-7　モニター デロイトの新規事業の成熟度診断フレームワーク『11 Stages™』

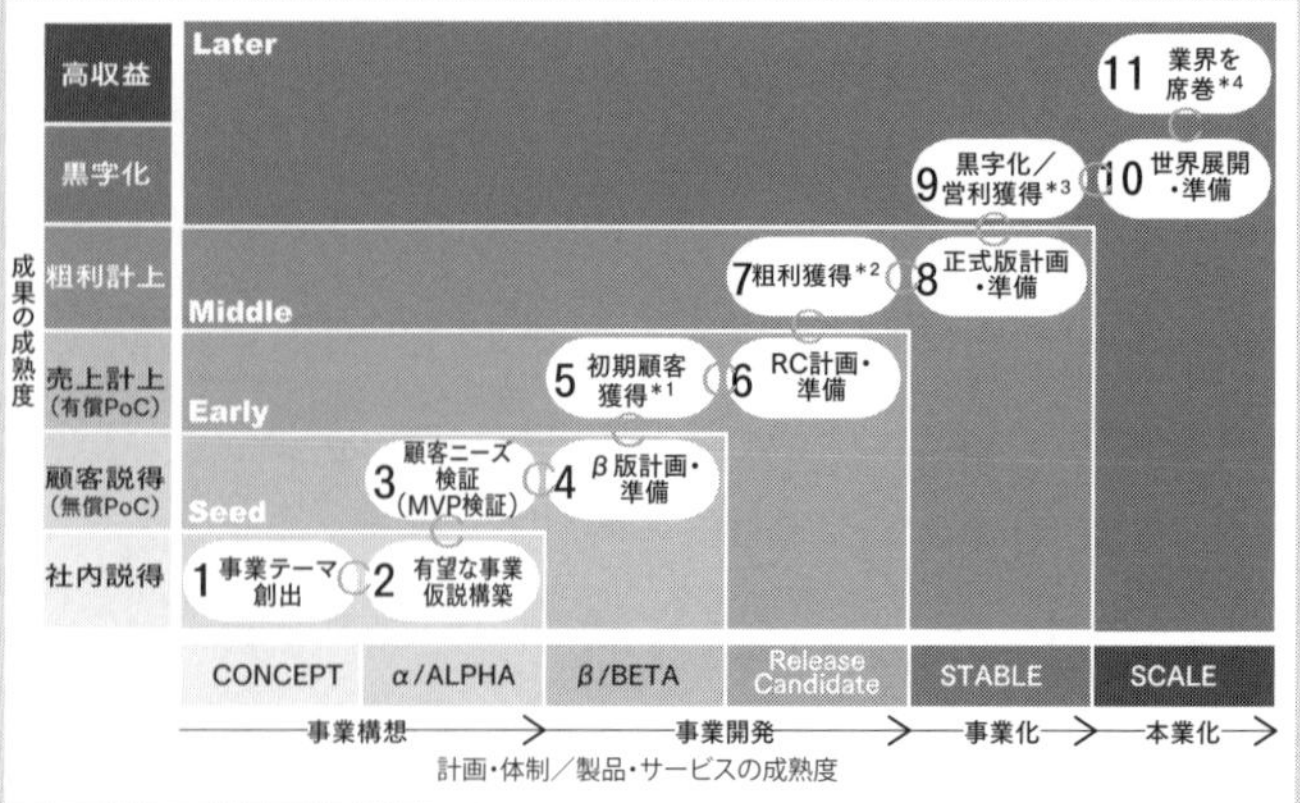

＊1　時価総額数千万円～　＊2　時価総額1億円～　＊3　時価総額10億円～／売上規模数億円～
＊4　時価総額1000億円～／売上規模100億円～

人材の構成比率を上げていくイメージだ。複数の事業の成長を通じて、人材が育ち、結果的に燃えたぎるイノベーションのエンジンが企業内に組み込まれていく。

また、新規事業推進では、手段の目的化も極めて危険である。得てして、人材の評価と紐づいてしまうと、抜け出せなくなりがちであり、初期の段階からスタートアップとのコンタクトや協業件数、投資額といったインプットKPIを目標に据えるのではなく、あくまで収益化を見据えた長期的目標を据えたうえで、短中期の定量目標を設定しマネージしていくことが肝要だ。

コロナショックにおいて、新規事業全体の高ROI化が急務であることは先に述べた通りだが、戦略的な集中と選択の見極めには、各事業の成熟度と活動予算によってポートフォリオを組成する。モニター デロイトは、日本で新規事業の成熟度診断フレームワーク『11 Stages™』を開発して多くの企業のマネジメントにインストールしている（図表3-7）。概して経営層を含めた情報共有が難しい売上げ未計上の多種多様なプロジェクトも含めた全新規事業の成熟度診断やマネジメントが可能となる。

モビリティメーカーのビジネスプロデュースの取り組み

モビリティメーカーA社では、このビジネスプロデュースのアプローチを活用し、サブスクリプション型のシェアリングサービスをわずか1年で立ち上げた。このサービスは、中古車両を中心に、同社の製品だけでなく他メーカー車も広く対象としている。すぐに製品を買えないもしくは遠ざかっていた人に手軽に利用できる環境を提供しようという試みだ。利用者は販売店から乗ってみたい製品を選ぶだけで、保険や税金、メンテナンス料などは一切かからない。販売店は、回転率の上がらなかった中古車両を貸し出すことで利益になる。A社は販売店の在庫をリアルタイムに把握するとともに、デジタルの顧客接点を持つことで、年齢や利用場所といった属性・行動情報を把握することができ、将来の顧客へとつなげることができるというＷｉｎ-Ｗｉｎ-Ｗｉｎのモデルだ。

この取り組みは、事業のアイデア検討を始めてからちょうど1年というスピードで、特定地域で有償の実証実験をスタートした。多くのメディアにも好意的に取り上げられ、成約数が増加したことで、事業を取り巻く「空気」が変わっていった。このシェアリングサービスの成功要因は次の４つだ。

図表3-8　ビジネスプロデュースの実践例

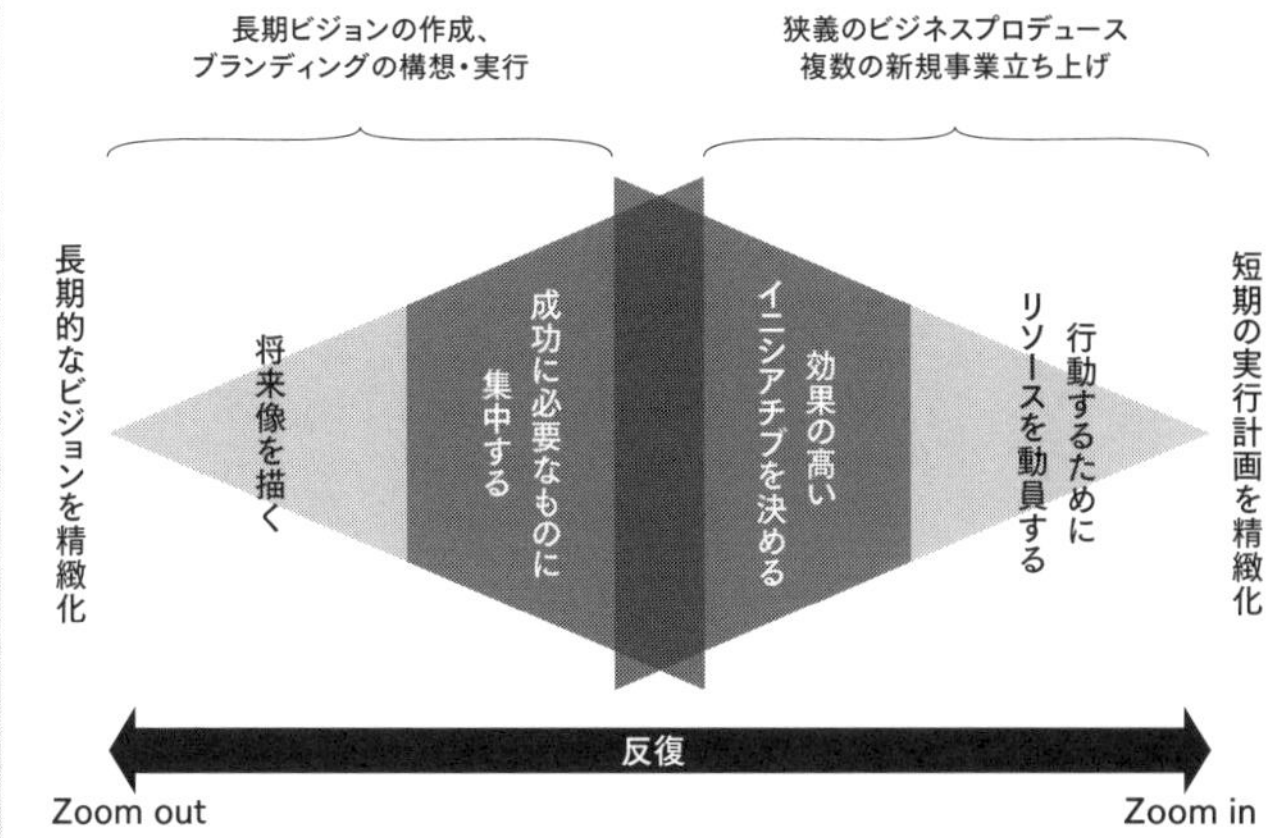

出所：Deloitte Center for the Edgeよりモニター デロイト 作成

- モノ↓モノ＋サービス
- 特定メーカー↓マルチメーカー
- 新車↓中古
- リアル接点中心↓デジタル接点中心

一般的にモビリティ製品は購入してから10年近く乗り続ける。つまり、競合メーカーの製品を選択した顧客に再度検討してもらうチャンスは、10年後になってしまう。当然、なぜ自社メーカーは選ばれなかったのか、競合メーカーの製品のユーザーの声も捕捉が難しい。しかし、このシェアリングサービスはDtoC（Direct to Consumer）

のため、プラットフォーム上ですべてのデータがリアルタイムで手に入る。デジタルの顧客接点を持つことで、たとえば、顧客が車両を選んで決定するまでのプロセスや、なぜその製品を選んだのか、または選ばなかったのか、サイトの滞在時間や離脱箇所までトラッキングすることで、既存事業では気がつくことができなかった顧客のインサイトも見えてくる。同社ではこうした新規事業の取り組みから得られたインサイトを、既存商品の提案や未来の顧客を見据えた製品企画・開発にも活かそうとしている。

新規事業から、長期なあり方を構想する広義のビジネスプロデュース

新規事業は、将来の企業のあり方を体現していなければ、たとえ黒字化してもその存在理由を問われ続けることも少なくない。A社では、短期的（ズームイン）な新規事業の立ち上げという狭義のビジネスプロデュースとともに、そこを通じて得られたインサイトも還元しながら、長期ビジョンを実現するための構想策定という広義のビジネスプロデュースにも取り組んでいる。長期ビジョンを突き詰めるために外部有識者も交えた議論を重ね、そこから出てきたコンセプトやアイデアをブランディングブックや将来のパートナー候補となる国内外企業のカオスマップに落とし込む。さらにはそこで描いた長期的視点からバ

ックキャストして、グローバル組織再編・IT戦略・人事制度改革にも波及させていく。
同社は、世界のプレーヤーとの協働も視野に入れた社内外の仲間づくり＝イノベーション・エコシステムにも今後積極的に取り組んでいく予定だ。

2 M&Aを通じたエコシステム形成でイノベーションを加速する

M&Aに対する考え方を変える

デジタル化がさらに進展し、既存の産業別の縦割りの業界構造が大きく転換するなかで、M&Aに期待すべき機能や役割も、大幅に見直されるべき時期にきているのではないだろうか。つまり、M&Aを単に業界再編や事業のグローバル展開を促すための手段と見るのではなく、dXを組み込んだイノベーション・エコシステムの構築、そして、それによる自社の経営モデルの抜本的な変革の機会として捉えることの重要性がますます増していくと考えられるのだ。

これまでのM&Aであれば、自社が属する産業とその周辺の業界を中心に検討が行われ、産業内での市場シェア向上、未開拓市場への参入、統合による効率化などの観点から買収先を選定するのが常道であった。しかし、第2章で見たように、個別産業内に閉じた競争に代わって、共通のエコシステム形成を目指して多様なプレーヤーが産業横断的につながり合って展開される「共創」が、今後の巨大イノベーションと新規ビジネスの機会創出の主戦場になろうとしている。

このようななかで、M&Aの役割も、こうしたビジネスにおける新たなつながりを加速させる手段としての側面がより色濃くなるものと考えられる。しかも、すでに見てきたように、新たなエコシステム形成の大きな誘因は、さまざまなデータの統合と利活用であったり、そこから得られる新たな価値の具現化であったり、さらにそれらを支えるデジタル・テクノロジー基盤の強化・拡充であったりする。M&A戦略を練るうえにおいても、いままで以上に広視野角から情報を集めることはもちろん、M&Aを通じて実現すべき経営モデル変革やそれにより生み出される付加価値について、高解像度のイメージを描いておく必要があると言える。

ひと言でいうならば、従来型の産業構造を所与とした「実行ありきなM&A」の考え方を脱却し、より大局的な視点に立った「明快な目論見のあるM&A」をじっくり仕掛けていく態勢づくりに軸足を移すべきなのだ。そのためには、第2章で見た新たな経営モデルの構えに即して、次に述べる4つのポイントを十分に考慮に入れることが肝要だ。

長期(ズームアウト)の視点で自社の経営モデル変革を考える

多くの経営者がM&Aの実行に二の足を踏む理由の一つに、M&A後に「買収先の減損」を計上することになるのが怖くて決断できない、ということを挙げるのをよく耳にする。たしかに減損計上は避けるべきだが、そればかり考えていても、まともな意思決定ができないまま時間を空費するばかりだ。もっと言えば、こうした経営者の言葉の裏には、「自分の任期中に巨額の減損を出すようなことはしたくない」という思いがあるのではないか。まさに、第2章で見た中期経営計画の時間軸（3年から5年程度）が呪縛になって、発想と行動の枠を狭めているのである。

一方、M&A巧者と呼ばれる経営者は、一様に極めて長い時間軸で自社のあるべき姿を明確に描き出し、それに基づいてM&Aを経営モデル変革に巧みに活用してきている。M&Aから得るものを長い時間軸で、しかも、数字で計測できないさまざまな要素を含めて考えているから、数年後の減損計上の可能性のみを過度に恐れることもないのだとも言える。

たとえば、富士フイルムホールディングスの代表取締役会長兼ＣＥＯの古森重隆氏は、同社の社長就任直後から写真フィルム需要の急減を予見し、「真のライバルは、コダックではなくデジタル技術だ」という時代認識に基づき、２００４年に、祖業の写真フィルムからヘルスケアを含む複数の新たな重点分野に事業内容を大胆にシフトさせる経営ビジョンを打ち出した。そして、その後、全社の構造改革を進めるとともに、集中的なＭ＆Ａや設備投資を通じて新たな事業分野での基盤構築を加速させてきた[6]。こうしたビジョンに基づき、２００８年に中堅医薬品メーカーの富山化学工業を買収して医療用医薬品分野に進出した。異業種による医薬品企業買収であったが、長期的なビジョンに支えられた決断であったために、その後もぶれることなく事業統合と成長投資が進められた。その一環として、古森氏は「企業はいますぐ役に立たなくても未来のために投資しないといけない」[7]との方針のもと、富山化学によるインフルエンザ治療薬「アビガン」の開発を支えてきた。こうした長期でＭ＆Ａを考え、投資を継続する姿勢がなければ、アビガンが新型コロナウイルス感染症の治療薬の候補として脚光を浴びることもなかったのである。

両極化の時代のなかで、不確実性は高まる一方だ。Ｍ＆Ａ開始時のシナリオがすべてその通りに実現することなどあり得ない以上、多少の想定外の事態にもどっしりと構え、長期の時間軸で取り組む覚悟を持って臨まない限り、Ｍ＆Ａの成功はおぼつかないのだ。

エコシステム構築の発想でM&Aの構想・推進体制を高次化する

M&Aの目的が、dXを組み込んだイノベーション・エコシステムの構築であり、それを通じた経営モデルの変革の加速である以上、実現すべき経営モデル変革やそれにより生み出されるべき付加価値のあり方を、長い時間軸の下で明確化するとともに、そこから逆算して、新たに獲得すべきデータ、テクノロジー、人材、および、それらに随伴して手に入れるべきさまざまなつながりまで視野に入れて、精緻な洗い出しを行っておくことが重要だ。従来型の単純な企業買収の発想から、より高次で複雑なエコシステム構築の発想へと、数段階次元を上げて取り組むことが求められるのである。

したがって、M&Aも一回ごとのディールとして捉えるのではなく、一連の流れとして構想されるものになり、また、その形態も、全株式の取得から、少額出資、スタートアップ企業への投資や、さまざまな資本業務提携まで多種多様なものとなる。さらに、今後は、売り手と買い手という「二社間」でのM&Aだけでなく、複数企業間で資本やデータの連携を視野に入れた多様なM&Aのあり方を構想する力がよりいっそう求められていくであろう（「バイ」から「マルチ」へ）。

そして、ｄＸこそが共通プラットフォームとしてエコシステムを疎結合させ、参画各社に事業の「本分」（自社ならではの提供価値）への集中、それらを束ねての新たな価値の創造を可能ならしめる触媒となる。日本の全企業数のうち99％超を占める中小企業をも巻き込み集約化・効率化を促せば、さらに大きく強固なエコシステムが構築できるだろう。

第2章では、トヨタ自動車によるコネクティッド・シティ創造の取り組みの一環としてのＮＴＴとの資本業務提携について触れた。[8] トヨタ自動車は、これと相前後する形で、パナソニックとの間で、住宅事業の統合を実施し、また、電気自動車などに使われる角形電池事業に関する合弁会社の設立にも踏み切っている。こうした一連の動きは、コネクティッド・シティ創造という大きな社会的テーマの実現に向けた、豊田章男氏の言うところの「仲間づくり」、すなわちエコシステム構築の動きとして読み解くことができるのではないだろうか。

こうしたエコシステム構築を目的にしたＭ＆Ａを推進するうえにおいては、その推進体制も再考が必要だ。これまでであれば、Ｍ＆Ａ担当部門と財務部門、法務部門が中心になって、社外のエキスパートについても、彼らをサポートするファイナンシャルアドバイザリーの専門家や会計士、弁護士が中心的な役割を果たすことが多かったと思われる。しかし、Ｍ＆Ａを通じて新たなデータやテクノロジーを取り込み、まったく新たなエコシステム形成を通じて価値を生み出すことを目指すのであれば、たとえば、データサイエンスのバックグラウンドを持つストラテジストや、サイバーセキュリティの視点からエコシステム全体のリスクを査定しセキュリティ施策を考案できる専門家、トータルな視点でユーザーの経験価値向上を検討できるデザインシンキングのプロなど、多様なメンバーの深い関与が不可欠である。

また、M&Aの投資採算性の考え方も変わりつつある。これまでは、被買収企業の成長を前提にして、そこから生み出されるキャッシュフローに基づいて買収価額を算定・評価するのが主流であった。しかし、これからは、M&Aを通じてエコシステムが新たに形成されたり、既存のエコシステムが拡張されたりすることを視野に入れて、それにより新たに生み出される自社グループとしてのトータルな価値に基づいて評価を行う方向にシフトしていくものと考えられる。

パーパスを掲げて求心力を高める

長い時間軸で自社のあるべき姿を明確に描き出し、それに基づいてM&Aを構想・実行していくうえでも、第2章で見たような「ぶれない軸=大義」としてのパーパスの存在は欠かせない。パーパスが打ち出されていることで、不確実性が増大する環境下において本当に目指すべき成長方向性はどこにあるのか、拠り所とすべきコア・コンピタンスとそれを構成する経営資源は何か、埋めるべきミッシングピースは何か、以上を踏まえて、取り組むべきM&Aは何かという点についての、社内の合意形成の指針が明確になる。

従来型のM&Aと異なり、新たなパーパスに基づきビジネスモデルの変革を企図するM&Aでは、「計画したことをその通りに実行する」進め方にとらわれず、数多くの実験と学習を高速で回しながら、最適解を探り出していく推進アプローチが必要となる。そのため、M&Aの構想・推進体制も、従来の「計画型」から「創発型」へと、その仕組み（人材・プロセス・制度等）を変えていく、または併用する必要がある。

また、より重要なこととして、相手（被買収企業候補）から「選ばれる企業になる」という意味においても、パーパスが重要な役割を果たす。正式なパーパスまでいかなくても、先に紹介したトヨタ自動車代表取締役社長・豊田章男氏の発信[9]のように、企業のトップとしてどのような社会を目指し、何に貢献したいと考えているのか、そのためにどんな仲間と仕事をしていきたいのか、といった明確な考え方を示していれば、それだけで、旗印が鮮明になり、M&Aを提案する際などにも大きな助けになる。

具体名は伏せるが、どんなに高い値段をオファーされたとしても、買われる側から「あの会社に買収されるのだけはご免だ」と言われる企業は少なからず存在する。目先の金銭的な利害を超えた次元で、何のためにM&Aを行うのかということを、相手先企業のステークホルダーにも響く形で訴求できなければ、どんな立派なM&A戦略を立ててみても画に描いた餅になってしまうのである。

M&A後の経営統合(PMI)を加速して企業価値向上につなげる

数々のM&Aを成功させて日本電産を成長に導いた同社会長兼CEO・永守重信氏は「本来、M&Aというのは、全体を100とすると、買収は20くらいなんですよ。残りの80はPMI(Post-merger Integrationの略/買収後の一体化)。買収後の統合が重要なんです。だから、最初からそれを考えて取りかからないと、痛い目に遭うわけです[10]」と述べている。日本電産のように、PMIの重要性を肌身にしみて理解しているトップがいる場合には、十分に勘どころを心得ているので、トップダウンでの着実な買収効果の刈り取りと新たな価値創造を目的とした、「経営目線でのPMI」が一気に進むことになる。

他方、多くの日本企業のM&Aにありがちなのが、これと対照的な「現場目線のPMI」だ。被買収企業を着実に取り込むことが自己目的化し、定量的な効果の刈り取りは後回しにされて、両社の既存制度やシステムの安全かつ無難な統合の実現が最優先される。これでは、統合後の価値向上も限定的なものにならざるを得ない。現場を〝理解〟しておくこと、「現地現物」主義は統合成功の必要条件ではあるが、現場に〝迎合〟しては、統合会社のフルポテンシャルを引き出すことはできないのである。

こうした残念なPMIを避けるためには、経営トップの指揮の下で、データ解析・活用を基軸として企業価値向上策を確実に策定・実行することが求められる。具体的には、統合前のデューデリジェンス段階から、被買収企業のデータ活用度やデジタル化への対応状況を、経理・財務、人事・給与、研究開発、購買・生産、営業・マーケティング、その他業務プロセス全般などの領域にわたって詳細に調べ上げる。どのようなデータを持っているか、自社のデータ基盤とのつなぎ込みは容易か、セキュリティ対策はどうか、といった点まで調査したうえで、こうしたデータの活用を通じた買収効果の創出可能性を多面的かつ精緻に検討するのである。ディール推進時の検討結果も踏まえながら、買収後の初期PMIの計画時には、勘と経験に基づく検討にとどまらず、収集可能なデータを初期的に解析することで、合理的なPMI施策を迅速に導き出すことも可能となる。そして、それを高解像度で現場のKPI（Key Performance Index）に展開して高速にPDCAサイクルを回すプロセスを、統合直後から一気にビルトインすることが不可欠なのだ。

たとえば、日立製作所が２０１７年９月に米国に本拠を置くＩＴ関連子会社２社を統合して日立ヴァンタラを設立した際には、統合の約２年前から開発商品の絞り込みなどを含む構造改革に取り組むとともに、両社の保有する人材やＩＴに関するケイパビリティを調べ上げることで、精緻なＰＭＩ計画を練り上げていたと言われる。こうした周到なプランニングに基づき、日立は統合時から日立ヴァンタラをＩｏＴ事業の世界本社と位置づけ、同社のＩｏＴ基盤「ルマーダ」の海外展開をテコに、ＩＴソリューション事業全体の成長加速を進めている。[11]グループ子会社の統合事例とはいえ、ＰＭＩの好事例と言えるだろう。

また、Ｍ＆Ａ（出資・ＪＶ含む）の検討フェーズで詳細なデータ解析を行い、データ活用によるビジネスモデルの変革可能性を探る場合は、資本取引の交渉と並行して「共同ＰｏＣ」を実施し、その枠組みのなかで検証を進めるスタイルも増えている。

3 ポストコロナ時代のイノベーション戦略——日本企業は何をすべきか

コロナショックを契機とする人々の仕事のやり方やライフスタイル、価値観などの急激な変化は、数多くの企業に、従来型の経営モデルの抜本的な見直しを迫る結果となっている。そして、これまでの業界地図を所与としながらフルラインの品揃えで同業他社と横並びで競争するという図式自体が、急速に意味を失いつつある。

こうした流れのなかで、個々の企業は、個別産業内での優劣の競い合いという次元を超えて、そもそも自分たちはどのような顧客ニーズや社会課題の解決に貢献する存在であるか、という旗印を一段と明確に示す必要に迫られていくことだろう。

自社のパーパス（存在意義）を再認識するとともに、自らのコア・コンピタンスに照準を合わせて、どの事業を伸ばし、逆にどの事業を捨てるのかということを、前例にとらわれない戦略的視点から決断することが求められるのだ。dXを通じた抜本的な経営モデル変革の必要性が叫ばれて久しいが、多くの企業の腰は重かった。しかしいま、コロナショックの影響により、多くの企業がこうした変革の実施を否応なく、しかも一気に迫られていると言うこともできる。

本節で見てきたビジネスプロデュースやM&Aの手法や考え方は、まさに、多様なプレーヤーとのつながりの構築を通じて、こうした経営モデル変革を大きく加速させる触媒となり得るものである。新規事業創出や、スタートアップ投資、M&Aなどの取り組みを自己目的化するのではなく、それらを自社の今後の持続的成長に向けたイノベーションエンジンの強化や、イノベーション・エコシステムの構築という戦略的な視点から捉え、力強く推進していく態勢づくりを急ぐ必要がある。

本節の
Key Takeaways

多様なプレーヤーをつなぐために

- 未知の領域にイノベーションの軸足を移していくうえで必要となる組織や人材のあり方を再検討する
- 社内外を問わず「Doer人材」を集め、組織にイノベーションエンジンを組み込む
- イノベーション・エコシステムの構築という観点から、M&A推進体制を見直し強化する

Section 3

Marketing——パーパスと人間的体験をつなぐ

CX(Customer Experience)からHX(Human Experience)へ——「人間中心」のマーケティング戦略

従来マーケティングはプロモーションに重きが置かれてきたが、その有効性が問われている。デジタル化の進展により、顧客体験のレベルや真贋がWebやSNS上で瞬時に明らかになり拡散されていくからだ。

このような状況下においては、dXを通じて自社のパーパスと商品・サービスに関する顧客体験がつながる世界を実現することがマーケティングの役割として重要性を帯びてくる。企業は「自分たちは何のために存在するのか」という自社のパーパスを先鋭化するとともに、それを具現化した「本物」の製品・サービスを提供していくことがこれまで以上に求められるからだ。このためには、これまでの「Customer Experience（CX）」という機能的な発想から「Human Experience（人間としての経験：以下HX）」の視点で、より統合的でホリスティックな体験をデザインすることも欠かせない。

パーパスと人間的体験をつなぐには、心理・行動特性まで踏み込んだ質の高いデータを活用し、人間に対する解像度を上げていくことが鍵となる。

1 カスタマーエクスペリエンス（CX）からヒューマンエクスペリエンス（HX）の時代へ

従来のマーケティング手法からの脱却

デジタル化の進展によりグローバル規模で情報流通が加速し、顧客接点が急拡大した結果、プロモーション偏重のマーケティングの有効性が問われ始めている。デジタル環境においては、顧客体験のレベルや真贋がＷｅｂやＳＮＳ上で瞬時に明らかになり拡散されていく。この動きは新型コロナウイルスの影響により、顧客接点のデジタル化が進むことで今後さらに加速していくだろう。

こうした状況下において、企業は「自分たちは何のために存在するのか」「何を強化し、何を捨てるのか」、自社のパーパスをさらに先鋭化することが求められる。そして、幅広く共感を呼ぶパーパスに立脚した、人間としての根源的な欲求やニーズを充足させる「本物」の製品・サービスを提供していくことがこれまで以上に重要になる。こうした価値を提供するには、企業は、これまでのＣＸという機能的な発想を超えて、ＨＸという視点に立ち、より統合的でホリスティックな体験価値を徹底して追求し続ける姿勢を示すことが必要になる。そして、顧客にだけ着目するのではなく、顧客と関わりを持つ従業員やビジネスパートナーの経験も織り込んだ、複合的なエコシステム的視点から、エクスペリエンスのデザインを行うことも重要だ。こうした体験を設計するには、属性情報だけではなく、心理・行動特性まで踏み込んだ質の高いデータをより広範囲に収集・分析し、人間に対する解像度を上げていくことが、求められている。

デジタルが当たり前の時代＝プロモーションでは「化粧」できない

日本では従来、ＴＶＣＭで商品の効能を広く伝え、店頭で競合よりも広い棚面積を確保すれば必ず売れるという成功の法則があった。しかし近年では同様の手法は機能しづらくなりつつある。ある化粧品メーカーが売場を定性リサーチしたところ、ＴＶＣＭで商品に興味を持った人々は店頭で商品を手に取ったものの、必ず「スマートフォンで検索する」という行動を取っていた。検索はグーグルやヤフーといった検索エンジンだけではなく、ＳＮＳも含まれる。「商品名×効果」「商品名×口コミ」の検索情報がネット上に溢れ、その先には商品の効果に対するネガティブなコメントや、同様の成分を含んだより安価なネット通販商品が並んでいた――

コミュニケーションの接点がデジタル化するなか、マーケティングにおいて定番のフレームワークである4P（プロダクト、プライス、プレイス、プロモーション）は変化の局面を迎えている。インターネットが普及する前であれば、プレイスやプロモーションの工夫によって、プロダクトの粗をごまかすことができた部分もあっただろう。しかし、いまはそのようなやり方は通用しない。このエピソードからわかるのは、プレイスやプロモーションがどうであれ、SNSやWeb上で商品の評価がいち早く、しかも大量に投稿され、うそはあっという間に見抜かれてしまうということだ。

もう1点は、年代、性別、所得といった属性を基にしたマーケティングだけでは、そのセグメントをいくら細かくしても顧客を捉えきれなくなっているという点だ。マスメディアへの広告出稿で売場への送客に成功したとしても、その後の購買行動や心理特性まで踏み込まなければ顧客のインサイトを抽出することはできない。

「パーパス・ドリブン」な企業が今日のビジネスを本質から変えていく

このようにデジタルの進化によって、顧客の購買活動は変化している。さらに、デジタル技術を活かした異業種からの参入による、競合の極端な量・質双方における影響も増大している。そのなかで、あらためて見直されているのが「パーパス」だ。パーパスとはつまり、「自社が社会にどのように働きかけ、どのような社会の実現を目指すのか」という極めて重要かつシンプルな問いの答えだ。その答えこそ、組織の意思決定のビーコン（発信機）となり得る。そして、組織全体に研ぎ澄まされたパーパスを宿し、あらゆる戦略、商品・サービスにまで浸透させていくためにはパーパス・ドリブン（目的主導型）の組織であることが重要になる。

従来のマーケティングでは、潜在顧客から見込み顧客になり、既存顧客へという流れがあった。もしパーパスを宿した商品・サービスを届けることができれば、昨日までその企業に何の関心もなかった人が、その企業理念に共感し購買行動を起こしたり、熱狂的なファンになったりしてくれることもある。逆に、「自分が何者であり、何を使命としているのか」が研ぎ澄まされていなければ、存在価値を伝えられず、あっという間に敗北してしまうだろう。

デロイトの研究によると、パーパス・ドリブンな企業は長期的なロイヤリティを得たり、顧客とより深い関係性を築いたり、人材を惹きつけたりするプロセスを経て、より大きな成果とインパクトを達成している傾向が見られる。[12]

パーパスをいかに体験させるか：ＣＸからＨＸへ

それでは、パーパスを自社の商品・サービス、さらにはそれらを顧客体験すべてに宿すために、求められるものは何か。それは従来のＣＸからＨＸへの視点の転換と、その徹底した追求である。これまでは、自社の商品・サービスを基点に、顧客がその購入に至るプロセスを分析し、その周辺でやるべきことや必要なものを定義していく道筋をカスタマージャーニー、その体験をＣＸと呼んでいた。しかし、本来のカスタマージャーニーとは、パーパスを宿した自社の商品・サービスを基点に、購買体験にとどまらず、その人の人生のなかで関連する一連の体験がどのような位置づけにあるかを描くことだ。そのためには、顧客（Customer）のみならず、従業員（Workforce）、ビジネスパートナー（Partner）の体験を複合的に捉えたＨＸの視点が重要となる。

2　ＨＸとは何か

パラメータ（変数）を複合的に見る

ＨＸとは、先述の通り、そのブランド、商品・サービスと顧客だけではなく、従業員、ビジネスパートナー、すべてのステークホルダーとの関係性やあらゆるインタラクションにパーパスを織り込んだ体験を設計するというものだ（図表３-９）。ＨＸの重要な特徴は、単なる購買行動を前提としないこと、個々の人間の感性や共感を含めたOne to oneを実現していくことの２つである。

その好例にスターバックスがある。ただコーヒーを提供するだけではなく、アルバイトスタッフを含む従業員一人ひとりが高いレベルの接客を提供する。そのなかで顧客を含めたすべての人たちにとって特別な空間をつくり出す。それがスターバックスというブランドの源泉になっている。その空間づくり、空気感づくりを細部まで浸透させ、さらにグローバルレベルまで広げているのがスターバックスの強みと言える。このように、ＨＸとは企業やブランドをより良い方向に導くため、オペレーションに携わるすべての関係者にと

図表3-9　HXを表現した数式

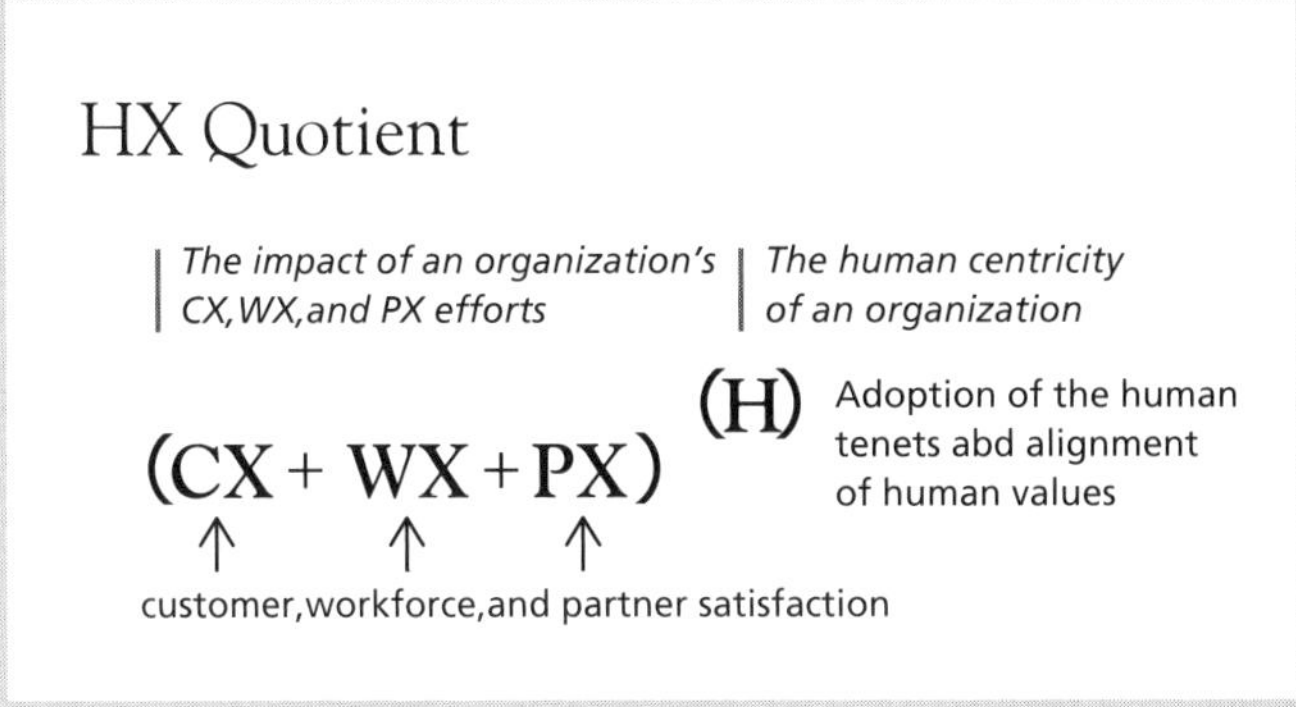

出所："We're only human: Exploring and quantifying the human experience" Deloitte Digital

って欠かせないテーマに他ならない。

また、デジタル化によって、ネットワーク上で顧客や従業員、企業がつながる新たなエコシステムもできつつある。従来は、顧客満足と従業員満足は別々で捉えられていた。しかしいまでは、ビジネスパートナーを含め、いずれも同時に高めることができなければ、価値提供ができない時代になっている。言い換えるならば、どれか一つが下がれば全体も下がることを意味する。さらには、地域、社会まで視野に入れなければならない。関係性がより複雑になっているからこそ、こうした相関関係や個々の情報を、テクノロジーを活用して複合的に把握・可視化していくことが肝要になるだろう。

デジタルの進展で、より人間の根源的欲求を捉えることが重要に

ＡＩが発展し続け、人間の行動やジェスチャーを再現しようとする取り組みが進んでいる。我々はデジタルやテクノロジーによってさまざまなものを手に入れたが、人間的なつながり・共感をそれらが代替することはまだまだ難しいと考えている。一方で、デジタルによるつながりがあるからこそ、人々が孤独を感じたり、過小評価されたりしている、満たされないと感じるといったネガティブな側面も生じている。そのようなマイナスの感情は、近視眼的で手短な選択につながりやすい。それは、人間にとってどのような意味を持つかを考える余裕がなくなるからだ。

急速に進むデジタル化によって、こうした意図しない結果が積み上がっていくことを、我々は「経験負債」と呼んでいる。たとえばメールアドレスを登録すると、商品やサービスを紹介するメールが必要以上に舞い込んでくる。あるキーワードを検索すると、関連する商品の広告ばかりが執拗に目につくようになる――こうした経験負債は、人間的な経験を積み重ねていくことでしか返済できない。

デロイトでは、人間としての経験を定量化し、ポイントとなる価値観を抽出する研究を

図表3-10　価値観のコンパス

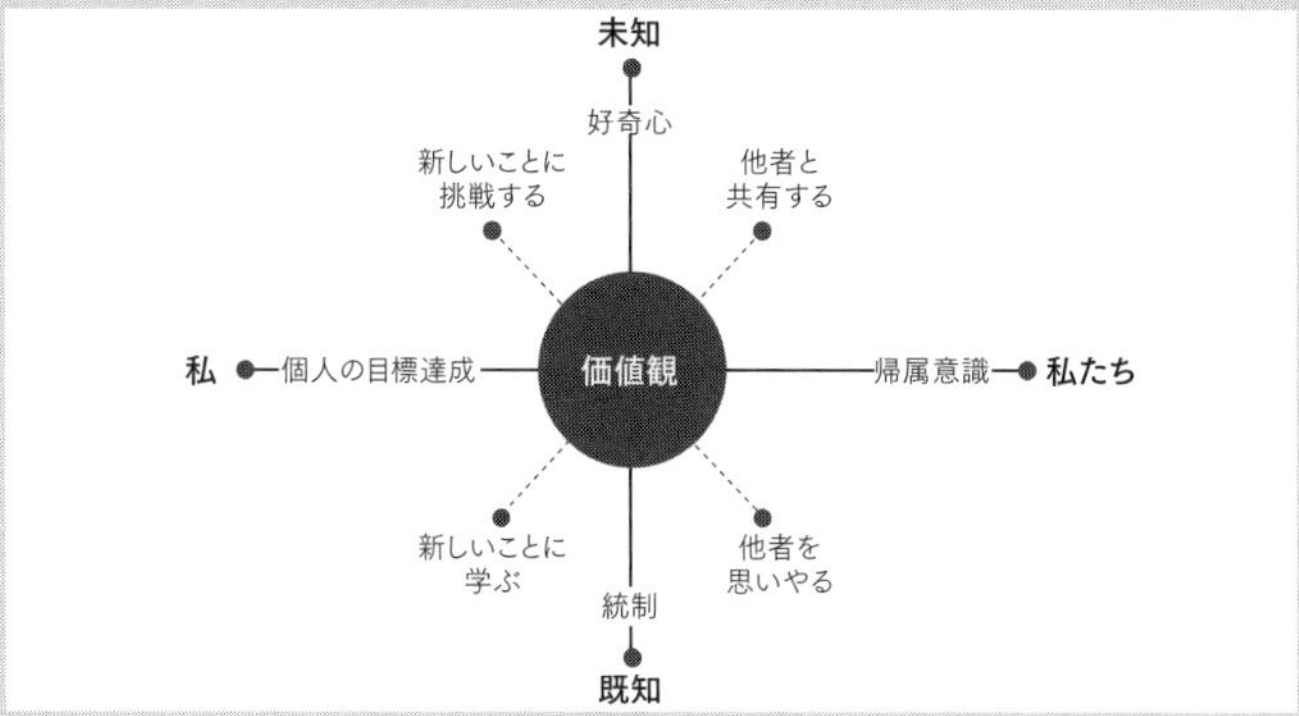

出所：「2020 Global Marketing Trends」日本版(デロイト トーマツ グループ)

行った。そして、人間としての経験を高めることに貢献する5つの要素を次のように特定した。

1　人間特有のあらゆるものに対してこだわりを持つ
2　人間のニーズを積極的に実現する
3　人間性を持って実行する
4　真正性を保つ
5　世界を変えることに取り組む

この研究では、人間の根源的な価値観は、「個人の目標達成（私）」「帰属意識（私たち）」「好奇心（未知）」「統制（既知）」の4つであることを発見した。これらの根源的な価値観が相互作用することで「新しいことに挑戦する」「新しいことを学ぶ」「他者と共有する」「他者を思いやる」という、さらに4つの価値観が生まれる（図表3‐10）。こうした要素や価値観を考慮することで、企業には、顧客、従業員、パートナーへ、自社の商品・サービスを通じたより本質的な部分での共感、すなわちHXを高めることができるだろう。

3 日本企業がHXを高める4つの施策

圧倒的な提供価値を生み出すために

パーパスがあらためて見直される背景や、パーパスとHXを連動していくことの重要性については前項で述べた通りだ。現在はすでに、パーパスを研ぎ澄ませ、自社の商品・サービスに宿していくというフェーズに差しかかっている。しかしながら、特に日本の大企業はよくも悪くも調和を重んじる傾向にある。それは時に強みとなるが、結果として、パーパスが他社とほとんど差別性のない、不明瞭なものになってしまっているケースが残念ながら少なくない。

そこで、ここではあえて“Kill Value Proposition”という言葉を用いたい。Kill Value

Proposition と呼べるような、100社中で筆頭の1社に立つほどの、相手を“Kill”してしまうような圧倒的な提供価値を持つ本物の商品・サービスでなければ、いまの市場では勝つことはできない。その商品・サービスは、単に商品性だけでなく、それを取り囲む顧客体験にまで範囲を広げて考えなければならない。これらをHXの視点、つまりCX＋EX＋PXで徹底追求していくことが必要だ。

ここからはHXを実現するために、特に日本企業が注力すべき4つの施策について、具体例を交えながら紹介したい。

1　デジタル・テクノロジーを活用して、「人間中心的解像度」を上げる
2　顧客の参加によってより消費者に近い声を吸い上げる
3　データを活用し、アジリティ高く意思決定をする
4　顧客体験のエコシステムでは、データが持参金になる

デジタル・テクノロジーを活用して、「人間中心的解像度」を上げる

Kill Value Proposition と呼べる商品・サービスを創出するには、顧客一人ひとりの解像度を上げなければならない。ここでいう「解像度を上げる」とは、人間の根源的な欲求をより深く理解し、商品・サービス、顧客体験を追求していくということだ。今後、仮想

現実やダイナミックプライシングなどによる新体験はより発達する。しかし、それらはあくまでも手法であり、人間の欲求や感情を捉えたものでなければ、そのカスタマージャーニーにはたいした意味をなさないだろう。

現在はデジタル化によって、従来人間では対応できなかったレベルの詳細な顧客インサイトを把握することが可能になった。属性情報によるセグメンテーションだけではなく、心理・行動特性を踏まえた、顧客の価値観に基づく精緻なマーケティングが可能になってきている。

「人間中心的解像度」を上げた例として、あるファッションブランドのＥＣサイトの事例がある。そのＥＣサイトにおいては、ファッション情報や新商品をチェックして相応の時間サイトには滞在しているが、商品の購買には至らないユーザーが少なからずいた。そこで、自然言語処理と行動分析を用いて、ユーザーの閲覧履歴や検索履歴から、本当はどのような商品を探しているのかというニーズを識別し、その詳細化を試みた。それに基づいてファッション情報や商品企画の提供へとサイトを更新したところ、売上げが大きく伸長した。テクノロジーを活用してサイトを訪れた顧客の行動からその欲求をより深く理解したことで、顧客体験を高めることができたのである。

ユニバーサル・スタジオ・ジャパン（以下、ＵＳＪ）は、「地磁気」を活用した「伊能忠敬プロジェクト」で究極の顧客体験を創造しようとしている。ゲストの行動データを徹底的に取得することで、刻々と分単位・秒単位で変わるパーク内の顧客の行動・心理を精細に解き明かそうというのだ。これは、デジタル・テクノロジーが高解像度に分析が可能ないまだからこそできる取り組みだ。今後は、ネットワークの高速化やＩｏＴ技術の高度化により、さらに高い次元での実装とさらなる顧客の細分化が可能となるだろう。

インターネットの最大の功績は、「情報を民主化」したことにあると言われている。顧客の消費行動が空間的・時間的制約に縛られなくなり、その認知力は広範囲に拡散し、世界中の消費者に影響を与える。しかし、従来の手法や人間個々人の認識できる範囲では、細分化された顧客の解像度を上げることが難しい。それを、デジタル・テクノロジーを活用することで補う。楽天技術研究所ではビッグデータとＡＩを活用し、人手ではお金も時間もかかりすぎる紐解きをＡＩに任せ、人はトレンドの先端キャッチアップにより専念するという。

顧客の参加によってより消費者に近い声を吸い上げる

解像度向上には、「参加（Participation）」の概念も欠かせない。テクノロジーを用いて人間の欲求に対する解像度を極限まで上げることで米「Time」誌に「世界一快適な靴」とまで称されたのは、サンフランシスコ発のシューズブランドAllbirdsだ。20代から30代の「ミレニアル世代」からの熱い支持を受けている理由は、顧客の声を常に取り込み、デザインやシューズのつくりを常に細かくアップデートしていることにある。DtoC（Direct to Customer）モデルであることも相まって、その頻度は2年で30回近くにおよぶという。

カナダ発のヨガウェアアパレルブランドlululemonは、有名人ではなく地元のヨガインストラクター、トレーナー、アスリートなどを「アンバサダー」として起用している。無料で商品を提供する代わりに、商品のフィードバックや定期的に開催するヨガイベント等にも参加してもらう。Instagramのフォロワー数が330万を超えるなど、その人気を活かし、コロナショックにおいてもオンラインで瞑想やワークアウトのクラスを開催して顧客の参加を促している。当然ながら、オンラインイベントでも、参加した顧客はそこで商品を購入できる。このように、顧客参加型の企画によって、顧客とのつながりを絶やさないようにしているのである。

彼らの強みは、オフラインとオンラインの顧客データをカスタマー・データ・プラットホーム（以下CDP）に集約し、的確なデータマーケティングをしていることだ。データを活用することにより、個別にカスタマイズされたサービスを提供できているからこそ、高価格帯にもかかわらず熱心なファンやリピーターを獲得できるのである。

データを活用し、アジリティ高く意思決定をする

Allbirdsのように、人間中心的解像度を上げた先には、尖った商品・サービスが見えてくる。それは先述のKill Value Propositionにほかならない。しかし、調和が重んじられる傾向のある日本企業において、こうした商品・サービスに対し、社内の合意を取りまとめるのは容易なことではないだろう。この難問を解くには、パーパスを基にして長期的視点（ズームアウト）で推進しながらも、足元でデータを活用し、アジリティ高く意思決定・実行していく（ズームイン）ことだ。

好例は、新エリア「ハリー・ポッター」を導入したＵＳＪの著名なエピソード「２０１４年のＵＳＪ」だ。当時、ＵＳＪの年間売上げは約８００億円という規模ながら、新たに建設したハリー・ポッターエリアの総工費は約４５０億円におよんだ。その投資を実現させるため、少額投資施策を行いつつ、実データを示して投資の妥当性を証明。関西のテーマパークにとどまっていたＵＳＪを日本全国区、そしてアジアに通用するエンターテインメント空間にブレイクさせた。

本物の顧客体験を実現するためには、日本企業の社内承認の壁はどうしても超えなければならない。データやリアルタイムに顧客の声を捉えることこそ、コンセンサスの取りづらい意思決定をスピーディに実行させる可能性がある。

顧客体験のエコシステムでは、データが持参金になる

パーパスとHXを連動させた体験を実現するために1社でできることは限られている。真の目的達成には「融合（Fusion）」、すなわち体験をエコシステムで捉えることも外せない概念だ。たとえばショッピング一つとっても、複数店舗での調べものや予約などの事前体験、向かう道中や買い物中での衣食住・移動の体験、ペイメント、帰路での振り返り等の後体験といった具合に、長い時間軸そして幅広い分野の体験すべてが連続的な「顧客体験」となる。それを1社ですべて提供することは難しい。関係プレーヤーと協働しながら、互いの施策効果を最大化するべく顧客体験を設計する必要がある。

また、解像度向上のためのデータ取得においても同じだ。自動車業界を中心に街全体を構想するようなビジネスモデルを、根幹からリデザインするような取り組みも本格化している。そういった連携の際に「データを持参金」とできるのが新しいマーケティングスタイルである。特にCDPなどのデータエクスチェンジを活用すれば、データ交換は比較的簡単に実現できるため、緩やかな融合はすぐにでも始められるだろう。

4 ポストコロナ時代のマーケティング戦略――日本企業は何をすべきか

現在、新型コロナウイルス感染症が人命と経済に全世界的な影響をおよぼしているが、人類はこの状況を必ず克服し、もう一度トップラインを上げていくフェーズが来る。デジタルがより「当たり前」になった世界では、人と人との絆やリアルな体験がより重要性を増す。企業は「顧客」から、よりいっそう「人間」に焦点を当てた価値提供が求められ、またその準備が必要になるだろう。

そのためには、企業の存在意義であるパーパスをいっそう洗練させること、デジタル・テクノロジーを活用して人間の根源的欲求を追求する「本物」の商品・サービスに宿すこと、さらにそれを顧客のみならず、従業員、ビジネスパートナー一人ひとりの体験にまでつなげていくHXを実現することだ。またこうしたコロナショックのような不確実性に対応できるよう、リアル＋デジタルの複数チャネルの強化、景気連動事業＋景気非連動事業といった分散型ポートフォリオや、リモートに対応できるマーケティング・ワークインフラの強化も必要だろう。HXを高め、世界が嫉妬するような商品・サービスを輩出する日本企業の登場を願ってやまない。

本節の
Key Takeaways

パーパスと人間的体験をつなぐために

▼パーパスを研ぎ澄ませ、商品・サービスとそれを取り囲む顧客体験を「HX」（CX＋EX＋PX）の視点で徹底追求する

▼デジタル・テクノロジーを活用して「人間中心的解像度」を上げる

▼（社内承認の壁を超えるには）データを活用し、アジリティ高く意思決定をする

Column

ＨＸに向けた実験的な取り組み～ＦＣ今治の事例

デジタル・テクノロジーを活用して人間としての体験＝ＨＸを高める。デロイト トーマツは、愛媛県今治市に拠点を置くＪ３所属のＦＣ今治と共にその実験的な取り組みを推進している。ＦＣ今治は、元サッカー日本代表監督の岡田武史氏が２０１４年からオーナーを務めるサッカークラブである。地域リーグである四国リーグからリスタートし、２０１７年にはＪ３対応の５０００人収容のスタジアムが完成、２０２０シーズンからはＪ３に昇格し躍進を続けている。同クラブは、人口15万人の今治市において、平均３０００人のホーム戦観戦者数を誇るまで認知されている。これは、東京都の人口比率に置き換えたら30万人を集客するという驚異の数値だ。

ＦＣ今治は、ホーム戦の観戦体験を、「試合を観てもらうこと」だけとは捉えていない。試合はもちろん、スタジアムに来ると、いろいろなワクワクがあり、人と人のつながりができる「フットボールパーク構想」を掲げている。ＦＣ今治とデロイト トーマツは、その観戦体験を向上させるプロジェクトに２０１８年から取り組んでいる。

図表3-11　スポーツ観戦体験の調査結果

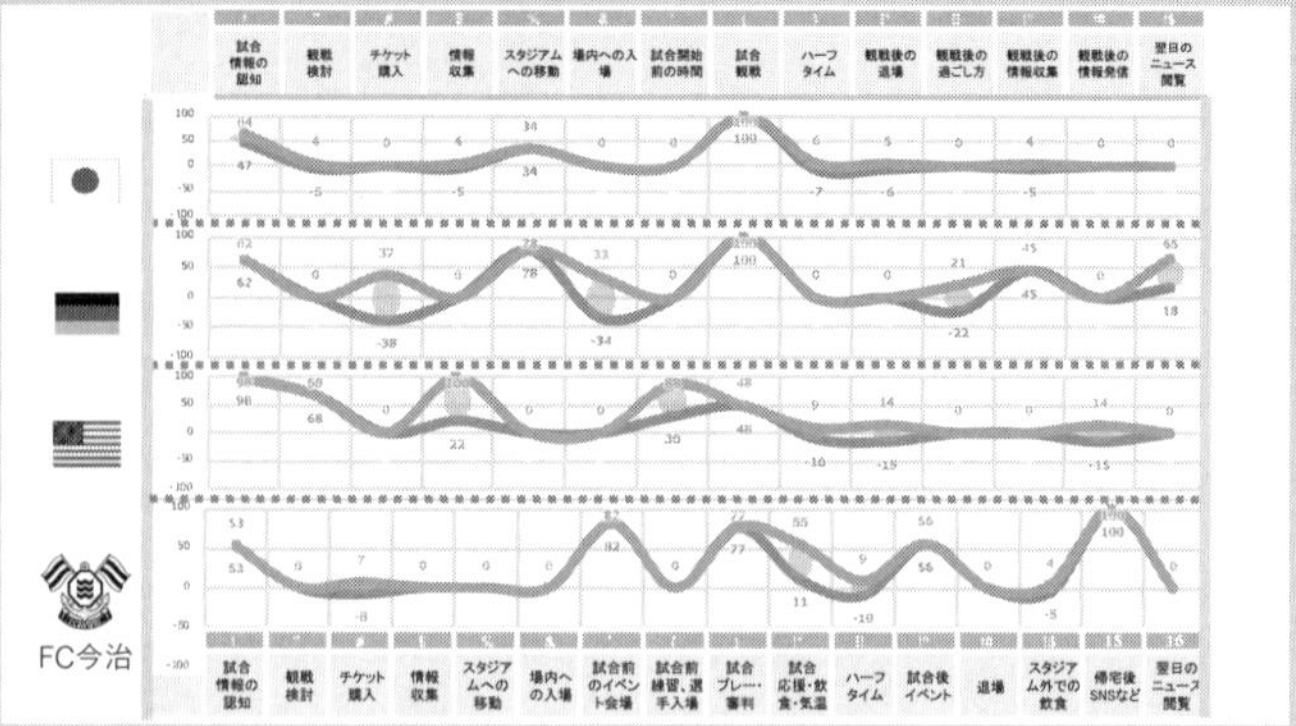

出所：「スポーツ観戦体験グローバル調査レポート」およびFC今治観戦体験調査結果を基にデロイト トーマツ作成

具体的には、試合の情報を知った瞬間に始まり、情報収集、チケットを購入するまでの一連のやりとり、試合当日の競技場までの移動、試合観戦からの帰路ではWebやSNSで感想を共有し、翌日のメディアで選手、チームの情報を確認するに至るまで——すべての流れを「観戦体験」として定義し、その一連の心の動きや行動を、データで可視化し、インサイト分析を行った（図表3－11）。

その結果、FC今治の観戦者は試合観戦そのものだけではなく、会場での体験、試合後のファンサービス、帰宅後の情報収集といった体験が大きな影響を与えているという結果も明らかになった。こうした結果を踏まえ、各施策の改善や観戦体験の設計に活かしている。今後は、ＡＩを活用した顔認証の実証実験も取り入れ、よりきめ細かくＨＸの解像度を上げていく予定だ。

ＦＣ今治（株式会社今治．夢スポーツ）代表取締役会長 岡田武史氏のコメント

これまでは、スタジアムに来た人にいかに満足してもらってリピーターになってもらうかばかり考えていた。今回、デロイト トーマツと協働で実施した観戦体験調査を通じて、よい試合を見せることやスタジアムまわりでの満足度はもちろん大切だが、それ以外の時間・場所での体験が本物のサポーターをつくるうえで欠かせないことがわかってきた。それはいわば、その人の人生のなかにＦＣ今治のポジションをつくるということでもある。そのためには、しっかりとしたビジョンや理念などのストーリーとデジタル・テクノロジーの活用が欠かせないだろう。

Section 4

Analytics ── 組織の壁を超えデータをつなぐ

データを価値あるインサイトに転換する「インサイトドリブン経営」

高度なアナリティクスを戦略的に活用するには、企業内や企業間の組織の壁を超えてデータをつなぎ合わせ、そこから価値あるインサイト（洞察）を汲み取って俊敏な意思決定を実現できる「インサイトドリブン経営」を志向しなければならない。

利用可能なデータや情報が質・量ともに飛躍的に拡大し、データを軸とした業界横断型のエコシステムがイノベーションと新規ビジネス機会創出の主戦場となるなかで、社内の業務プロセスはもとより、顧客やユーザーの体験、サプライチェーンや市場環境、競合の状況などに関する多種多様なデータから人とＡＩが協調してどれだけ価値あるインサイトを導き出せるかが、これからの企業の成長にとって死活的に重要なテーマとなるからだ。こうした取り組みは、戦略、人材・組織、プロセス、データ、テクノロジーなど、マネジメント領域全体を包含する視点から推進する必要がある。

日本企業も、属人的な「ＫＫＤ（勘・経験・度胸）」に依拠した経営から、客観的なデータに基づく意思決定に根差した経営への転換を急ぐべきときだ。

1　データを価値あるインサイトに変換する

インサイトに基づいた意思決定の必要性

第2章で見たように、デジタル化の進展により、これまでの個別産業内での競争に代わって、多様なプレーヤーが業界横断的につながり合って形成されるエコシステムが、今後の巨大イノベーションと新規ビジネス機会創出の主戦場となっていく。それに伴い、企業を取り巻くステークホルダーがいっそう多様化することで、集まるデータの量も質も大量かつ多様なものになっていく。したがって、これらの情報をいかにうまく収集し、つなぎ合わせ、そして、つなぎ合わせたデータをいかに経営や新たな価値創出に活用し得るインサイト（洞察）に変換して戦略的に利活用できるかが、今後の企業の競争力を決定づける最も重要な要因の一つになるであろう。こうした観点に立ち、本節では、いかにしてデータから価値あるインサイトを生み出し、そのようなインサイトに基づいた意思決定を行う組織へと変革を進めていくべきかについて検討する。

データは世界共通言語

データやアナリティクス、ＡＩのビジネスへの活用は、１９９０年以降のグローバル化とデジタル化の進展に伴い拡大の一途をたどってきた。こうしたなかで、データそれ自体が世界共通言語となり、企業経営のあらゆる分野の意思決定に広く活用されるようになってきた。日本企業のなかには、これまで客観的なデータに基づく意思決定を必ずしも重視してこなかった向きもある。しかし、データが業界業種や国境をも容易に超えて瞬時に流通し、企業の競争力の源泉として認識されるまでになった。日本企業だけは別だとか、自社のビジネスドメインが国内中心だとかといった理由で、データ活用に背を向けることは、もはや許されない。

人とAIが協調する社会——The Age of With

データ活用を進めるうえでは、まず良質なデータをいかに手に入れるかがポイントとなる。第1章第2節で述べた通り、両極化の時代においては、インターネット接続端末の数が指数関数的に増大することで、収集可能なデータも瞬時に増大していく。このデータを収集し、そして収集したデータを活用するためには、人だけの対応では追いつかず、AIやデジタル・テクノロジーの活用が欠かせないことは言うまでもない。

しかし、AIやデジタル・テクノロジーを活用してどれだけデータ収集を効率化したり、収集可能なデータ量を増やしたりしても、それだけでは価値創出につながるデータを手に入れることは難しい。なぜならば、人間が持つ想像力、共感、好奇心、創造性、社会的な倫理感などを踏まえた〝リベラルアーツ〟的な素養に基づき、データを整理し取捨選択する視点を持たなければ、関連性を持たない膨大なデータばかりが集まり、本来抽出したかった価値あるインサイトが埋もれてしまうためだ。闇雲にデータ活用を進めようとしても、ビジネスの競争力を高めるどころか、増大するデータがかえって適切な経営の意思決定を阻害することになりかねない。

最初に人間がデータ活用を通じて解決すべき課題を明らかにしたうえで、デジタル・テクノロジーを駆使して効率的かつ網羅的に収集されたデータをAIが人の認知バイアスを取り除いて分析し、その結果を人が解釈して経営の意思決定に活用するというように、人間の主体的な関与が欠かせないのだ。つまり、人間とAIやデジタル・テクノロジーの関係性は、「対立（versus）」の構造（AIが人の仕事を奪う）ではなく、「協調（with）」の構造で捉えられるべき社会に変化しているのである。

データからインサイトを創出するアナリティクスの役割

前述のように、人とAIやデジタル・テクノロジーの関係性を「協調」という構造で捉えたうえで、さまざまな事象やそこに介在する人間の感情や経験、さらにそれらの相互関係までもデータとして可視化し、収集されたデータから経営判断に有用な価値あるインサイトを創出することが、アナリティクスの重要な役割である。

そして、データからインサイトを創出し、価値に変えていくというアナリティクスは、実際のプロセスとしては、一回限りの直線的なものではなく、フィジカル空間とデジタル空間の間を反復し、繰り返し行き来するループを描きながら展開されるものである。つまり、現実世界（フィジカル空間）で収集した各種データをデジタル的に強化または評価し、仮想空間（デジタル空間）上でシミュレーションを行ったうえで、そこで得られた仮説を近未来予測として現実世界にフィードバックするのだ。そして、それを用いて現実世界のオペレーションを高度化し、その結果収集されたデータを、再度仮想空間にフィードバックして、より精緻な仮説構築や予測に役立てる、といった循環構造がビルトインされていな

図表3-12　Cyber Physical Loop

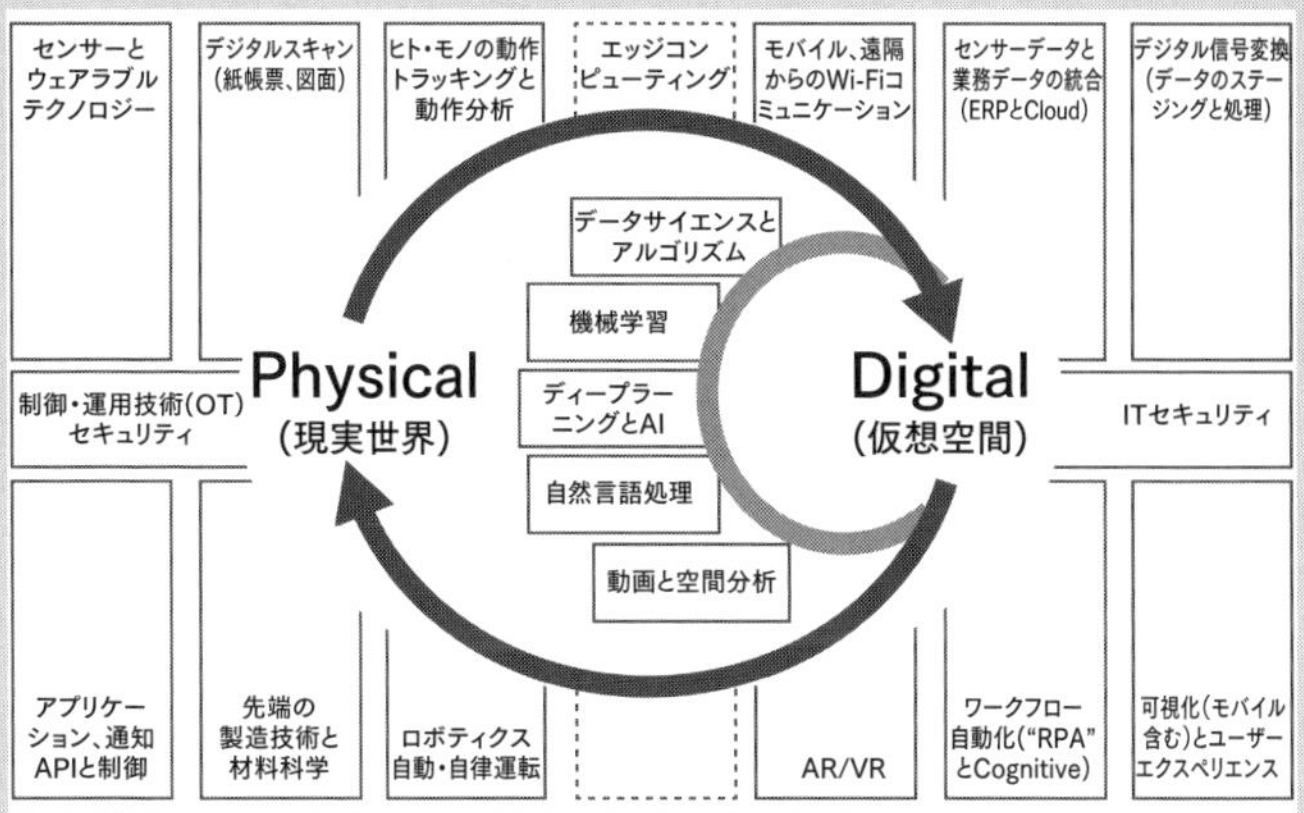

ければならない。

たとえば、自動運転に関わる技術開発においては、自動車のアクセルやブレーキのタイミングといった現実世界で得られるデータに基づいて、仮想空間上で自動運転のシミュレーションをしたり、機械学習したりしてモデルを構築する。そこから得られた結果を、実際の自動運転車に反映させて、所期のパフォーマンスが得られるかを試し、そのパフォーマンスデータを再度仮想空間に返して、シミュレーションを精緻化する、といったプロセスを繰り返すのだ。

創薬においても、「in vivo」（生体内で）や「in vitro」（試験管内で）のフィジカル空間での開発と、「in silico」と呼ばれる

AIやスーパーコンピュータを用い、病気の原因を阻害するような化合物を見つける開発（デジタル空間における開発）を反復しながら新薬の開発につなげるアプローチによって、時間とコストを大幅に削減することが期待されている。これはCOVID‐19のワクチン開発においても注目されている手法であり、デジタル空間だけの開発さえあればよいのではなく、フィジカル空間と反復させることによって、価値がよりいっそう増していくことがポイントである。マテリアルズ・インフォマティクスのアプローチの一つでもあり、データからインサイトを創出すると同時に、人とAIが協調している事例とも言えよう。

このように、データからインサイトを創出し、それに基づく「インサイトドリブン」経営を志向するには、インサイト創出（デジタル空間）と価値実現（フィジカル空間）が、異なる空間で起こることを理解し、この2つの空間にまたがるループをスムーズに回しながら、その過程で得られるインサイトを意思決定や実行推進に活かすことができる態勢づくりが必要になる（図表3‐12）。

2　インサイトドリブン経営を目指して

なぜデータ活用が進まないのか？

多くの日本企業の方から、データを経営に活用しようと取り組んでいるものの「なかなか期待したほどの成果が上がらない」という声をよく聞く。自社のデータ活用の成熟度に関する客観的な理解が不十分なまま、身の丈以上の取り組みに手を出した結果、立ち往生してしまっているケースが見られるのも事実だ。では、なぜそうなるのか？　根本的な原因として考えられるのは、「データ活用やアナリティクスの導入そのものが自己目的化してしまっている」ことだ。

実際に、「取り組み当初に（データ活用を通じて解くべき）課題が十分に特定されていなかった」、そもそも「（データ活用に）過剰な効果を描いていた」、その結果、「（データ活用の）実行の過程でミスマッチが生じた」などといった声が非常によく聞かれる。データ活用はあくまでも課題解決という目的を実現するための手段であるはずなのに、解くべき課題があいまいな状態のままデータ活用に関わる取り組みを自己目的化してスタートさせてしまい、空回ってしまったり、頓挫したりするケースが多く見られるのだ。

インサイトドリブン経営実現のための3つの要諦

このような過ちに陥ることなく、データを価値あるインサイトに転換して経営意思決定に活用する「インサイトドリブン経営」を実現するうえにおいて、絶対に押さえなければならない要諦が3つある。1つ目は、ビジネスプロセス全体の視点から解くべき経営課題を明確にすること、2つ目は、そのなかからデータやアナリティクスを用いて解決すべき課題を見極めること、そして、3つ目は、具体的な課題解決を担うメンバーの適切な役割定義を行い、それに相応しい人材を配置することである。

①ビジネスプロセス全体の視点から経営課題を定義する

先に述べたように、データの活用やアナリティクスの導入は、あくまでもビジネス上の課題を解決する手段であり、それ自体が目的ではない。いったん、データやアナリティクスから離れ、ビジネスプロセス全体のなかで解決すべき最重要の経営課題は何か？　ということを、明確に定義することが大切なのである。その際、データ分析の専門チームに丸投げするのではなく、あくまでもトップマネジメントが中心となって対処すべき経営課題を定義する必要がある。

②データやアナリティクスで解くべき課題を見極める

トップマネジメントによって対処すべき経営課題を定義したら、次のステップは、それらをより具体的な課題に分解し、そのなかでデータやアナリティクスを活用して解くべきものはどれかを見極めることである。たとえば、「コスト削減」や「オペレーションの効率化」「海外法人の業務見える化」といったように、一見データやアナリティクスそのものとは無関係に思える経営課題が与えられた場合、それらをいくつかの構成要素に分け、そのなかから、データやアナリティクスの活用を通じて分析することが解決策を見出すうえで有効と考えられるものが特定できるかどうかを見極めるのである。そのために、たとえば、以下のような着眼点から経営課題の要素分解をしつつ、データやアナリティクスで解くべき課題を絞り込む。

- これまで何が起こっているかわからない状態から現状何が起こっているかを把握したいのか？
- 原因が何かを知りたいのか？
- どちらがよいか比較して一方を選択したいのか？

- 近い将来に何が起こるのか把握したいのか？
- 複数ある組み合わせのなかから適切な方法を選びたいのか？

データやアナリティクスがすべての課題を解決する万能薬というわけではない。経営課題を要素分解していくなかで、たとえば、「売上げが減少している消費者群を特定し適切な商品を提供したい」とか、「脅威となる競合を見極めることで、買収対象企業として検討したい」といった具合に、解くべき課題の範囲や領域を絞り込み、また、導き出されるべきアウトプットのイメージや粒度、それにより期待される効果などをあらかじめ明文化しておくよう心がけるべきである。

③必要な人材を定義する

データやアナリティクスを活用して取り組むべき課題が明確になった後は、推進チームの組成を行う。編成される推進チームは、求められるアウトプットや期待される効果を引き出すうえで最適な能力、スキル、バックグラウンドを持ったメンバーで編成されることが必要となる。このような観点から、推進チームに必要な人材を具体的に定義していくことになる。

人選については、社内のアナリティクスの専門組織に丸投げするのではなく、最適なメンバーを厳選してチームをつくり、一定の実行権限を付与するべきである。こうしたチームの組成は、医師の世界になぞらえると理解しやすいかもしれない。心臓手術を神経内科医に任せることはなく、心臓外科医に骨折の治療を任せることはないだろう。データサイエンティストの場合も事情は同じだ。マーケティング領域のデータサイエンティストにサプライチェーンの最適化は難しく、サプライチェーン領域のデータサイエンティストには、商品開発のための消費者調査設計やその分析、インサイト創出は難しい。また、データ分析スキル（Red）に長けているだけではなく、コミュニケーション能力や関連領域のビジネス感覚（Blue）も持ち合わせた、「Purple People（パープル・ピープル）」と呼ばれるハイブリッド型人材（「Red×Blue=Purple」というハイブリッド）を積極的に登用することも必要になってくるだろう。

自社に必要なデータ活用の成熟段階を的確に捉え、打ち手を検討する

インサイトドリブン経営を推進するには、こうした要諦を押さえながら、自社にとって必要なデータ活用の成熟段階を、データ活用レベルとアナリティクスの複雑性の2軸で捉

図表3-13　データ活用の成熟段階

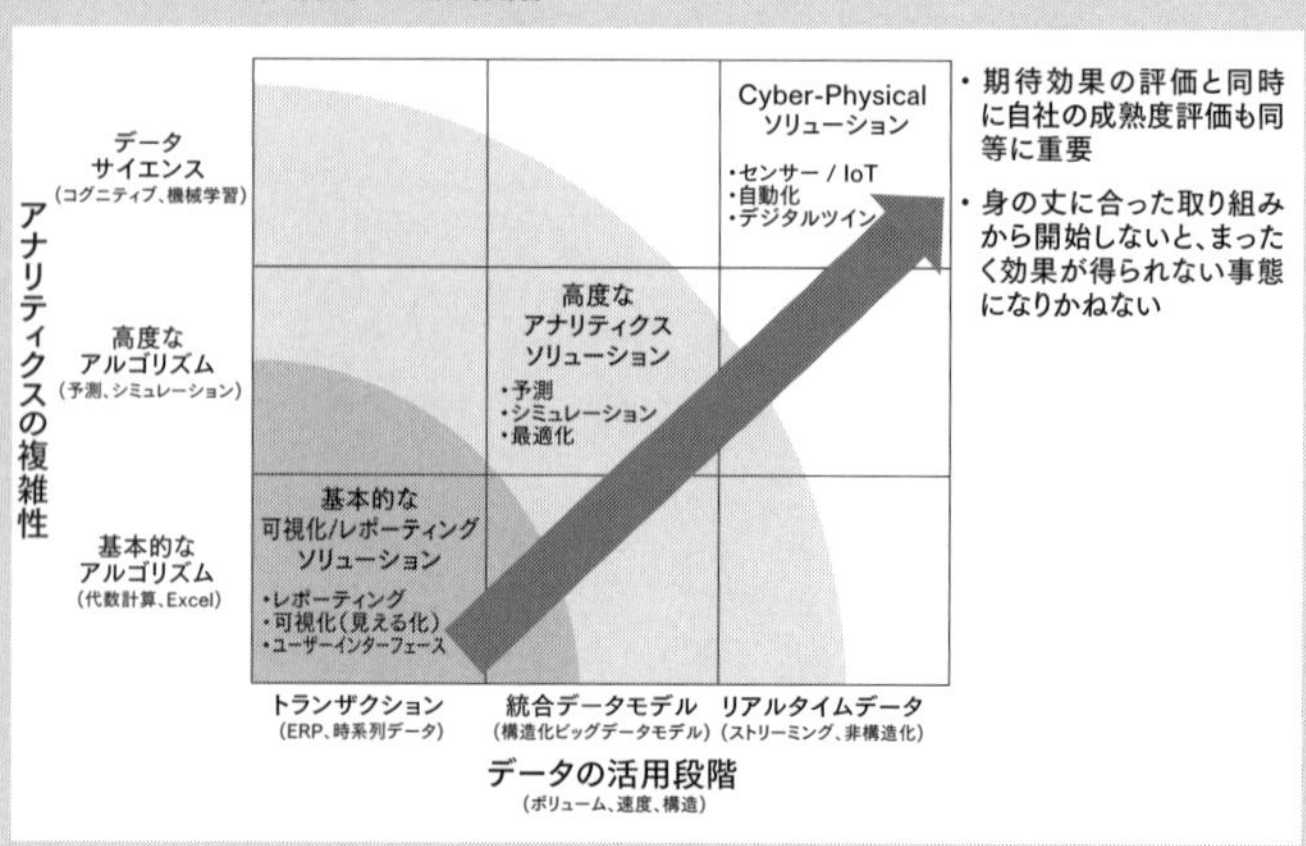

え、それらを踏まえた戦略策定が必要になる（図表3-13）。なぜならば、解決すべき課題や自社の身の丈に合った取り組みをしなければ、期待したような成果が上がらず、取り組み自体が頓挫してしまう可能性があるからだ。

まずデータ活用のレベルにおいては、自社が活用しているデータが、財務情報のように従前からあるデータに限られるのか（トランザクション）、多数のデータを構造化したものになるのか（統合データモデル）、それともニュースやSNSのようなテキストデータに非構造化データを加えた最新のデータまで含めるのか（リアルタイムデータ）を見極める必要がある。そして、アナリティクスの複雑性という視点では、代数計算やエクセルのような基本的なアルゴリズムの活用にとどまるのか、予測やシミュレーションを実現する高度なアルゴリズムまで必要なのか、それとも機械学習等までも活用したデータサイエンスとして構築が必要なのかを見極める。

これら2軸でデータ活用の成熟度を把握することで、具体的な打ち手を検討することが可能になる。たとえば、リアルタイムデータを活用し、高度なデータサイエンスの構築ができている企業であれば、企業グループの海外子会社が持つすべての財務データをタイムリーに取得し、アナリティクスによって子会社ごとのリスクをスコアリングし、リスクの高い会社を瞬時に識別するといった取り組みが可能だ。これにより、内部監査の高度化やガバナンス強化といった経営力強化にもつながっていく。

3　インサイトドリブン経営の具体事例

インサイトドリブン経営を実現したと言える態勢とは？

データを活用した経営は、最終的には、企業経営のあらゆる領域においてインサイトに基づいた意思決定がなされているインサイトドリブン経営に行き着く。インサイトドリブン経営では、経営判断、現場のオペレーション判断、あらゆる意思決定がインサイトに基づいてなされるようになる。必要なデータが組織横断的に共有されており、データ分析から得られたインサイトに基づく合理的判断が、意思決定プロセスの基軸となっている状態だ。

現場から収集した営業情報や調達・生産・在庫などの内部データと、政府公表の統計情報や地理情報などの外部データを統合・分析し、経営判断に資するインサイトに転換することで、刻々と変わる顧客動向や需要予測、競合他社の動向などに対してタイムリーに正しい意思決定を行うことを可能にするものだ。そこでは、データや分析基盤だけでなく、そこから生み出されるインサイトや成果などまで、あらゆるリソースや情報が共有され、個別最適ではなく全体最適の視点での適時的確な経営意思決定を支援する態勢が整えられていなければならない。

このレベルに到達している企業は、まだ極めて限られているものの、インサイトドリブン経営の実現に向けて取り組んでいる先進的な企業の事例をいくつか紹介しよう。

知財戦略を軸とするM&Aの展開

あるテクノロジー企業では、知財戦略を軸として企業買収（M&A）や協業・提携などを効果的に推進するうえで、膨大な特許データの分析から得られたインサイトを組織的に活用する仕組みを導入している。直近においても、重要な戦略テーマ領域に関する数万件の特許出願書類や関連文献を収集し、これらをＡＩによる最新のデータ分析手法（深層学習ＬＳＴＭ）を活用して分析することで、最適な買収候補先企業を割り出すことに役立てている。

ＡＩを活用することで自社および他社に関する膨大な特許データに基づく「特許マップ」を作成することにより、誰がどのような特許技術を持っているかを可視化するとともに、出願年情報などを絡めた分析を通じて当該領域での最新の技術・用途開発のトレンドを把握することが可能になる。さらにこうしたトレンドに照準を合わせて、自社にとって最も相互補完性が高い企業はどこかということまで解析し、M&Aの対象となる企業の絞り込みを行うのだ。

このようにして得られるインサイトを、常に更新しながら、M&A部門だけでなく、経営陣や研究開発部門、知財関連部門などの間でタイムリーに共有することで、競合動向や市場ニーズの変化を見据えながら知財戦略を軸とする経営モデルを継続的にアップデートし高度化することが可能になるのである。

経営方針のアクションプランへの具体化

ある介護事業会社では、「質の高い介護」の提供を目的として、経営トップから現場の関連部門まで一体となって推進する体制を構築するために、データの分析により得られるインサイトを多角的に活用している。従来、介護事業に関わるリアルデータは、事故、栄養、ヘルスケア、人事等の領域ごとに設けられた数百種類以上の項目からなるデータファイルで個別に管理されていた。しかも、それぞれの領域で集められているデータの粒度や品質もバラバラであった。

そこで、この会社では、こうした領域間のデータの過不足や品質差異を是正し標準化を進めるとともに、一人ひとりの顧客（介護サービス利用者）に焦点を当てて複数領域にまたがるデータを横串で連携する仕組みを取り入れた。顧客視点に立って介護サービスを通じて得られるさまざまな体験や健康状態に関するデータを集約・分析した結果、「質の高い介護」とは何か？　ということに関して、データを軸に数万件以上の仮説が導出された。

こうして得られた仮説に対し、データとビジネス視点（前述のPurple Peopleの視点）を織り交ぜつつ、現場のメンバーも交えて深掘りして分析・討議することでデータをインサイトに昇華し、「質の高い介護」を実現するための具体的なアクションプランを組織横断的に策定することが可能になったのだ。異なる領域間・組織間でのデータの共有と一元的な分析・活用が進んだことで、アクションプランの進捗状況の把握や、その背後にある仮説の検証などもリアルタイムで実現できるようになり、前述した「フィジカル空間とデジタル空間にまたがるループ」が円滑に回ることで、継続的なサービス改善や業務効率向上にもつながっているという。

サプライチェーン全体の効率性改善

あるＰＣメーカーでは、これまで使っていなかったデータに着目し、そこから得られるインサイトを営業戦略に活かすとともに、在庫管理や生産計画の最適化を通じてサプライチェーン全体の効率性改善に活用して成果を上げている。これまで、ＰＣは量販店経由で販売される場合、一人ひとりの顧客への販売状況を把握する手立てがなかったため、メーカーとして量販店チャネルの需要予測が容易ではないという難点があった。正確な需要予測が得られなければ、生産計画の精度も高まらず、商機を逸しないことを至上命令とするあまり商品や関連部材などの過剰在庫が常態化する傾向にあった。

こうした課題を解決するために、品質管理用に使用していた起動データに着目し、このデータをメーカー側で独自に収集する仕組みを構築することで、どの機種がいつどこで何台売れたのかをリアルタイムで把握することが可能になったのだ。このようにして得られるようになった確度の高い販売実績データを、その他のさまざまな関連データと統合して分析することで、最適な需要予測につながるインサイトがタイムリーに抽出され、組織横断的に活用されるようになった。特に、こうしたインサイトを生産部門や調達部門などに共有して活用することで、在庫の最適化や部材の最適発注などの取り組みが大きく加速され、サプライチェーン全体の効率性改善と大幅なコストダウンが実現されている。

これらの事例からわかるように、多種多様なデータを組織横断的に活用し、そこから得られたインサイトを全社的な視点から経営判断に活かせるようになれば、これまでは想像できなかったスピードで業務改善を進めたり、複雑な意思決定を下したりすることが可能になり、急速な競争力向上につなげることができる。データ活用の領域においてこのような今後の経営の勝ち筋を見出すためにも、インサイトドリブン経営への転換を急ぐ必要があるのである。

4　ポストコロナ時代のデータ活用戦略——日本企業は何をすべきか

ポストコロナの世界では、デジタル化の進展に拍車がかかり、企業のみならず消費者の行動やライフスタイルにおいても、デジタル空間でも実現可能なものについては、フィジカル空間からデジタル空間に軸足を移す動きが一段と加速すると考えられる。これにより、デジタル空間のなかにより質の高いデータが大量に蓄積される傾向が強まるため、こうしたデータをいち早く収集し、価値あるインサイトに変えることができるかどうかが、企業の競争力確保にとって死活的に重要なテーマになるものと予想される。

その一方で、コロナショックで人々の日々の行動や企業活動が変化したことにより、これまでにつくられた分析モデルが機能しなくなる事象も発生している。たとえば、製造業の需要予測モデルが、顧客マインドの変化や物流の寸断により機能しなくなっている。また、Ｗｅｂマーケティングのリコメンドエンジンにおいては、従来の分析モデルを基にした通勤時間帯やお昼の時間帯中心の配信では効果が発揮されない状況となり、日中にも配信してヒット率を高めるというように、これまでの分析モデルを調整しながら対応することが必要とされるケースが発生している。ミクロレベルでの個人の行動の変化や、それに伴う企業活動の変化に呼応して、データ活用におけるアルゴリズムも継続的かつ機動的に修正していくことが求められているのだ。

中長期的には、企業は今回のコロナショックを教訓としながら、自律的に変化する環境に柔軟に適応できるサプライチェーンの構築や、それを支える需要予測などを可能にしていかなければならない。こうしたプロセスを通じてデータ活用を高度化するなかで、ＡＩアルゴリズムによるアウトプットとそれを使う人間の判断の「協調」がどれだけ効果的に実現できるかが、ポストコロナの世界における企業経営を考えるうえで重要なポイントになることを忘れてはいけない。

日本企業はいまこそ、客観的なデータとそこから生み出されるインサイトを軸にしたインサイトドリブン経営への転換を急ぐべきだ。企業経営へのデータ活用は、過去にも何度かブームを巻き起こしつつ、さまざまな理由で下火になり、日本において本格的な定着を見ないまま現在に至っている。しかし、コロナショックを経てビジネス環境の変化がさらに大きく加速するなかで、これ以上機会を見逃すのは許されることではないだろう。

本節の
Key Takeaways

組織の壁を超えデータをつなぐために

▼ビジネスのプロセス全体の視点から経営課題を定義し、そこからデータやアナリティクスで解くべき課題を見極める

▼データの活用を通じた課題解決を具体化するチームを既存の組織の壁を超えて組成し、全社でその活動をサポートする

▼データ活用を、戦略、人材・組織、プロセス、データ、テクノロジーなど経営の全領域において包括的に推進する

Column

仮想のエージェントと人間が協力したカスタマーサポート

ここでは、人間とAIやデジタル・テクノロジーが協調した事例（The Age of Withの実現例）を紹介したい。

カスタマーセンターやITサポートコールにて、AIベースの仮想エージェント（チャットボット）が幅広い業界の企業で採用されている。チャットボットの活用により、年間数千件の問い合わせを処理することができ、適宜新しいポリシーなどへの適応を行いながら、問い合わせ1件当たりの時間とコストを削減、顧客満足度を向上させている。このように、チャットボットは人間がより価値の高いタスクに取り組むために負担を軽減する手段として活用されているケースが増えてきている。

しかし、チャットボットの応答ループのなかには、人間も関与することがいまでも不可欠だと考えられている。チャットボットが、カスタマーの意図を認識できず、会話に行き詰まった場合や、まだ訓練されていない複雑な問題に直面したりした場合、あるいは苛立ったカスタマーをなだめる場合、人間による対応が欠かせない。これらの場合においては、人間が持つ想像力や共感力といったリベラルアーツが必要となるためだ。

ある調査[13]では、チャットボット所有者の93%が、人間がボットと対話し、検証やキュレーションを行うことがチャットボットのパフォーマンス向上に重要であると回答している。たとえば、ソフトウェア企業LivePersonは、人間がチャットボットの監視をする「ボット管理者」としてトラブルシューティングを行うためのAI搭載ダッシュボードを提供している。感情分析を利用して、ダッシュボードには顧客満足度のスコアがリアルタイムで表示され、スコアが下がり過ぎると、人間のボット管理者が会話をシームレスに引き継ぎ、調整に入ることを可能にしている。さらにLivePersonはディープラーニングを利用して、人間のエージェントに「次に取るべきアクション」を推奨し、チャットボットのインタラクションを継続的に改善している。チャットボットだけにすべてを任せずに、ディープラーニングも含めた形で人間と協調するモデルを構築した一例だ。

Section 5

サプライチェーンからデジタル・サプライ・ネットワーク（DSN）へ

SCM――「現場」と「個客」と経営をつなぐ

伝統的に日本企業は、サプライチェーンを物流コストの低減という観点で捉える傾向が強く、サプライチェーンとバリューチェーンを一体的に捉え、より高い付加価値を創造するという戦略発想が乏しかった。つまり、「現場」と「経営」がつながっていなかったのだ。

他方、有力なグローバル企業は、供給網を直線的な「チェーン思考」で捉えるのではなく、多様なサプライヤーから成るエコシステムを前提とした「ネットワーク思考」に軸足を移し、デジタル化に高度に対応した新たなバリューエンジニアリングに本腰を入れて取り組んでいる。

サプライチェーンからデジタル・サプライ・ネットワーク（DSN）へ、今後は価値創出のプロセスに、デジタルを駆使していかに新たなイノベーションを創出できるかが勝負になる。

1 コロナショックで顕在化したサプライチェーンマネジメントの巧拙

コロナショックによる影響は多岐にわたるが、なかでもグローバル化され水平分業が進んだサプライチェーンへの影響は甚大だ。世界中のサプライチェーンが同時多発的に影響を受ける未曽有の事態。こうした状況下においてアップルは、2020年2月17日（米国時間）時点[14]で業績予測を下方修正し、いち早く発表した。これはグローバル規模でサプライチェーンの情報をリアルタイムに可視化し、把握した情報から経営へのインパクトを導き出す力が備わっているからだ。グローバルに拡大するサプライチェーンの個々の現場から上がってくるデータを経営とつなぎ、企業全体の意思決定に活かすという点において、こうしたアジリティを備えているかどうかは、今後の事業のリカバリースピードにも圧倒的な差をもたらすだろう。

一方、多くの日本企業では、現場の担当者が自部門への影響を把握することに奔走し、企業全体の影響を予測するまでにかなりの時間を要した。2020年4月の月次決算を終えてから具体的なアクションを策定している企業も多い。日本企業では、これまでサプライチェーンをコストの観点で捉える傾向が強く、施策といえば、在庫削減かコスト削減がほとんどだった。サプライチェーンとバリューチェーンを一体的に捉え、より高い付加価値

図表3-14　チェーン（バケツリレー）からネットワーク型への転換

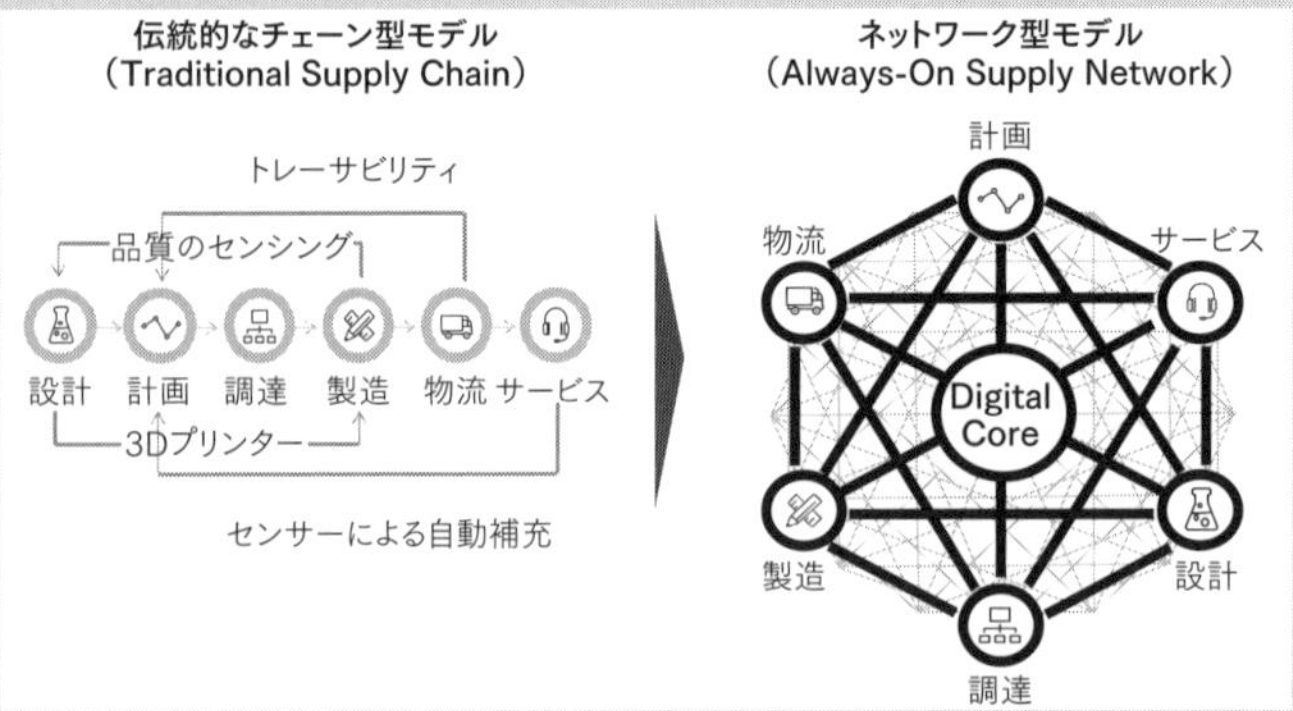

値を創造するという戦略発想に乏しく、経営と距離が遠い存在になってしまっている。

サプライチェーンエクセレンスを代表するようなグローバル企業では、サプライチェーンから付加価値を創出するという考え方は一般的であり、さらに現在は、そのバリューチェーンに参加する多様なプレーヤー（サプライヤー、製造委託業者、代理店等）から成るエコシステムを前提とした「ネットワーク思考」でサプライチェーンを再定義し、デジタルやテクノロジーを積極活用して進化させている。つまり、サプライチェーンを「デジタル・サプライ・ネットワーク（DSN）」と捉え直し、企業にとって新たなバリューエンジニアリング（価値創出プロセスの再構築）に本腰を入れて取り組んでいるのだ。

今後日本企業を含めグローバルで戦う企業には、従来のサプライチェーンからＤＳＮへの転換がいっそう求められるだろう。ＤＳＮは、産業やグループ系列の垣根を超えたエコシステムの形成が前提となるため、従来のサプライチェーンのように特定の部署や現場だけに情報をとどめるのではなく、事業戦略ともいかにアラインし、経営判断に資する情報にできるかがが問われてくる。加えて、デジタルが前提となる競争環境では、顧客や競合の動向もこれまでより目まぐるしく変わるのは間違いない。それらに対応するためには、データを通じて、経営から現場までを「透明化」し、「現場と経営をつなぐ」ことで、いかに質の高い意思決定をスピーディに実施できるかが鍵となる（図表3‐14）。

2　現場と経営をつなぐ、データの「透明化」3段階

データで現場を「透明化」する

サプライチェーンマネジメントの進化の歴史は、デジタル化の歴史とも言える。デジタル化が進んだいま、サプライチェーンはビッグデータの集積場へと変貌した（図表3‐15）。

図表3-15　サプライチェーンマネジメントの進化の歴史は、デジタル化の歴史である

2020年現在 ▼

	1970 Technology core	1980 Technology enablement	1990 Technology collaboration	2000 Technology engagement	2010 Digital	2020 Platform
テクノロジートレンド	・メインフレームコンピューター	・オフィスコンピューター ・ミニコンピューター ・ワープロ ・表計算ソフト ・家庭用コンピューター	・Windowsによるパーソナルコンピューター（一人一台） ・電子メール ・リレーショナルデータベース ・クライアントサーバー型サービス	・インターネットの爆発的普及 ・ブラウザ ・イントラネットの活用 ・ブロードバンド	・モバイルコンピューティング ・タブレット、スマートフォン ・クラウドコンピューティング ・ビッグデータ解析 ・ウェアラブル ・GPS ・ソーシャル	・センシング ・ロボティクス ・電子マネー（ビットコイン） ・量子コンピューター ・3Dプリンター、ドローン ・人工知能（AI）
SCMテクノロジートレンド	・MRP 資材所要量計画	・TOC 制約理論 ・MRP II 生産資源計画	・ERP 企業資源計画 ・SAP、Oracle、JDE、Baan	・サプライチェーンプランニング（SCP） ・i2マニュジスティクス ・RFID	・インメモリツール型高速SCP ・Kinaxis ・業務用クラウド ・SFDC	・クラウドによるビッグデータ活用環境 ・Google、AWS、Microsoft

しかし、サプライチェーンに集積されたデータをリアルタイムで把握し、経営判断に足るインサイトに昇華させることで、競争力の源泉に変換できている日本企業は極めて少ない。これに対し、グローバルにビジネスを展開するサプライチェーン先進企業では、サプライチェーンを戦略的にデザイン・構築している。たとえば、売上げの顧客数、チャネル、製品セグメント構成とＰＬの目標をベースに、現在のサプライチェーンが適切か、どこに課題があるのか、施策の進捗はどうかを月次、四半期でトラッキングすることができている。これは、〈財務的なＰＬの計数的な目標を、サプライチェーン戦略に落とし込む力〉と、〈現場のデータを通じて、サプライチェーンの実質的なケイパビリティを把握し、財務目標を

実現できるかどうかを検証する力〉の両方が備わっていることを意味する。その前提となるのが、現場をデータで「透明化」することにある。サプライチェーンの関連書籍等では通常データを「可視化」すると記述されているケースが多いだろう。しかし、DSNで企業の競争力を向上させるためには、さらに高度化した現場の「透明化」が必要になる。

①現場をデータで「透明化」する

現場をデータによって「透明化」するには、大きく3つの段階がある。1段階目は、生産実績や在庫の場所のトラッキングといったサプライチェーンそのものの実績・状態情報の透明化だ。そして、膨大なデータを収集・解析し、意味のある情報にするためには、それらがいつの時点の情報なのかも非常に重要だ。リアルタイムなのか、1週間前なのか、もしくは1カ月前の情報なのかによって、企業の対応力に差がつくことになる。今回のCOVID‐19の対応でも、この透明化に関する企業の力量の差は、目に見えないところでボディーブローのように効いてくるだろう。

②現場データと財務情報をつなぎ、判断に資する情報に変換する

「透明化」の2段階目は、サプライチェーンの実績・状態情報を、「判断（結果が予測可能

な意思決定）」に資する情報に「変換」することだ。変換のポイントは2つある。1点目は、在庫情報を金額に変える、工場の生産情報を売上げ原価に変える等、サプライチェーンと財務を統合し、サプライチェーンで起きていることが経営にどのようなインパクトを与えるのかを評価できるようにすることだ。2点目は、そのデータ自体の背景情報まで同時にデータ化することである。たとえば、生産の歩留まりが落ちたのであれば、その理由は何なのかを同時に確認できるようにする、販売計画の情報であれば、誰が計画を作成したのかを明確にしておくことも重要になる。同時に誰が何を「判断」するのか、判断に必要なデータは何なのかを明確化にすることで、こうしたデータを用いて、瞬時に判断ができるようになるのである。

③潜在リスクを予測し、先手を打つ

「透明化」の3段階目は、こうして収集・分析されたデータに基づき、現在の課題だけでなくシナリオプランニングやシミュレーションによって、潜在的なリスクの所在を特定できるレベルである。ここまで来ると、たとえば、COVID-19のような感染症がある国で再流行し、ロックダウン等により工場が1カ月止まった場合、どの部分に影響が出るかの予測ができる。こうしたデータを用いることで、経営層が本来実施すべき、結果の予測

が難しい意思決定である「決断」ができる状態になる。

高度なサプライチェーンマネジメントが実現できている状態とは、データによる現場の透明化によって、個々の「判断」の精度を上げ、現場に近いマネジャーにその権限を委譲することで対応スピードを上げながら、不確実性やリスクが高い領域については経営層が「決断」できる状態である。マネジャーに十分な情報がないままリスクの高い決断をさせていないか、または、現場の詳細情報を経営層に報告して判断を仰いだものの、自分たちで判断するよう指摘された経験はないだろうか。ぜひ自らの会社のことを振り返っていただきたい。

現場をデータで透明化する仕組みは、一朝一夕にはできない。先に述べたアップルやP&G、サムソンのようなサプライチェーン先進企業では、自社の業績が好調なときに、グローバル規模で強固なサプライチェーンを構築するとともに、現場をデータで透明化する仕組みを構築し、「判断」と「決断」の最適解を追求してきた。

デジタル化がもてはやされる前から地道にERPを導入し、データによる現場の透明化を、計画ツールなどでオペレーションの自動化を実現している。そして、そのデータを使ってデータサイエンティストが需要予測やサプライチェーンの最適化に取り組んでいるのだ。

その結果、戦略的に構築されたサプライチェーンが、競合に対する強力な「競争力」として威力を発揮してきている。なぜならば、製品はデジタル化によって部品さえ入手できれば、模倣は可能になったものの、一方で製品供給のオペレーション、マネジメントの基盤の模倣は困難であり、その基盤優位であれば、財務的に大きく有利になるからである。さらに、こうした基盤が、効率性や需給に変動が生じた場合の対応スピード（増減産対応等）に大きな差を生むことを理解していることにほかならない。

サプライチェーンマネジメント高度化の視点と日本企業の課題

高度なサプライチェーンを構築するうえで欠かせないのが「全体最適」「価値創出」の視点だ。サプライチェーンはさまざまな機能が複雑に絡んで構成される複合体である。そのため、どこかの部門で実施したアクションの影響が、遠く離れた部門で発生してしまう。たとえば、物流部門の在庫を下げたところ、販売部門の欠品率が上がった、物流効率を考えて、在庫を一度に大量に輸送したところ、輸送元の在庫は減ったが、輸送先の在庫は増えたといった具合だ。高度なサプライチェーンマネジメントには、全体最適の視点から科学的にマネジメントすることが必須要件なのである。また、事業戦略とサプライチェーン

SCM

戦略を一体的に捉えながら、コスト視点に加え、サプライチェーンがもたらす付加価値を重視して設計する視点も必要だ。

こうした視点は、日本企業の課題とも表裏一体である。これまで日本企業のサプライチェーンは、設計、素材調達、製造を経た製品を物流網に乗って消費者に届けるというフィジカルなモノの受け渡しのなかで、どれだけのQCD（Quality：品質、Cost：コスト、Delivery：納期）でオペレーションに対応するかが、中心的な検討課題だった。しかしながら、その過程で創出され得るイノベーションの活用、たとえばAIやブロックチェーンなどを用いた新たな付加価値創造に関して、積極的な取り組みはほとんど見られないのが実情だろう。そして、効率性を追求した結果の一つが、サプライチェーンに関わる部門（調達部門、製造部門、物流部門等）におけるセクショナリズムの蔓延である。個々の部門の強さはあるが、部門間の連携ができておらず、それら全体を企画・統括する組織機能が存在しない状態である。その結果、自社のサプライチェーンの状況を把握して、企業へのインパクトを評価し、前述したような新たな価値創出（バリューエンジニアリング）を企画・推進できる人材は日本企業には不在だ。

ＤＳＮを構築するうえでは、こうした課題の解決に向き合わなければならない。まずは大前提となるデータ活用による、現場の透明化に取り組むべきだろう。データによって、

図表3-16　製造業のデジタル化において必要な資源とDSN構築に必要なスキル

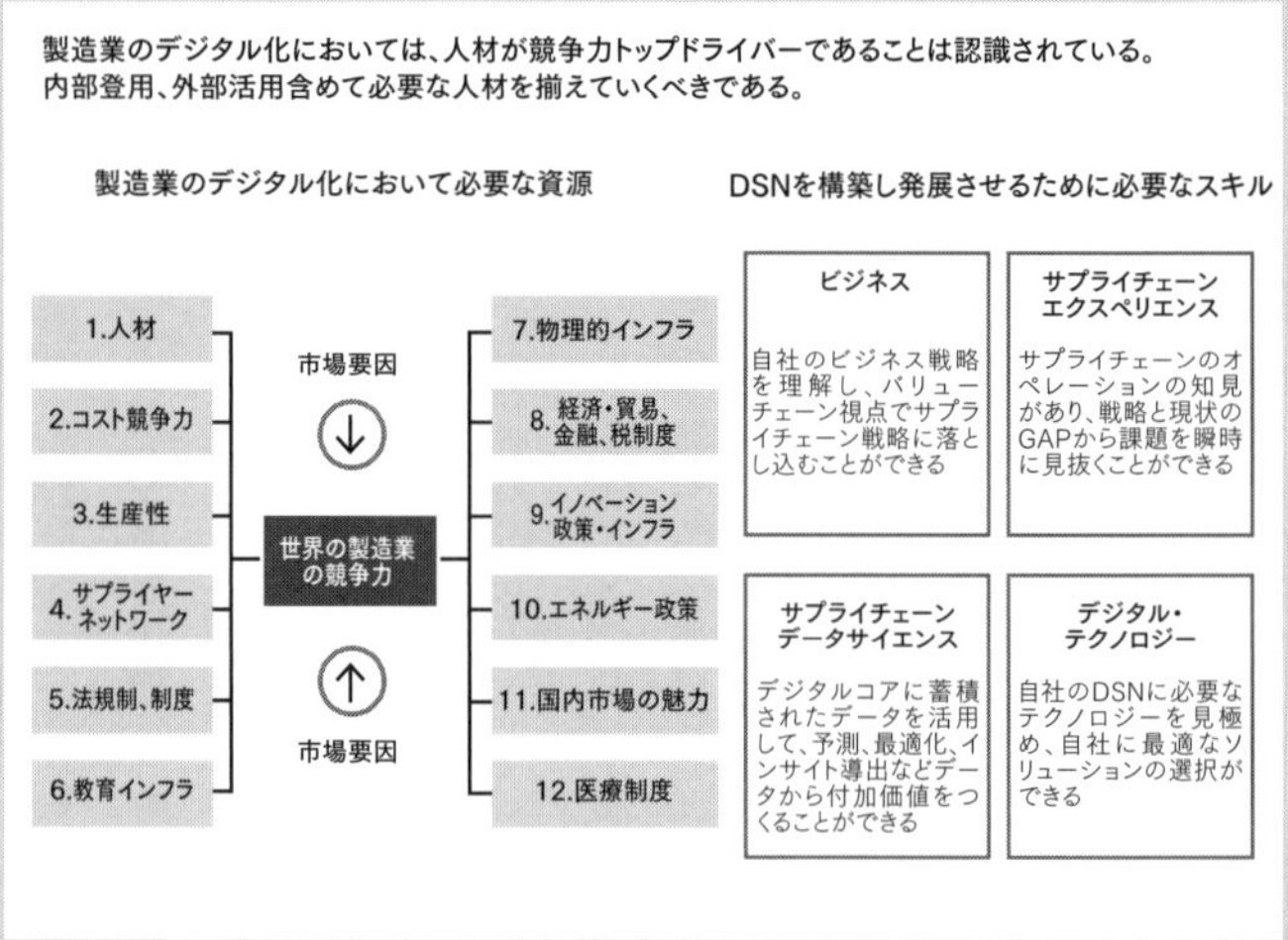
製造業のデジタル化においては、人材が競争力トップドライバーであることは認識されている。
内部登用、外部活用含めて必要な人材を揃えていくべきである。
製造業のデジタル化において必要な資源
1.人材
2.コスト競争力
3.生産性
4.サプライヤーネットワーク
5.法規制、制度
6.教育インフラ
市場要因
世界の製造業の競争力
市場要因
7.物理的インフラ
8.経済・貿易、金融、税制度
9.イノベーション政策・インフラ
10.エネルギー政策
11.国内市場の魅力
12.医療制度
DSNを構築し発展させるために必要なスキル
ビジネス
自社のビジネス戦略を理解し、バリューチェーン視点でサプライチェーン戦略に落とし込むことができる
サプライチェーンエクスペリエンス
サプライチェーンのオペレーションの知見があり、戦略と現状のGAPから課題を瞬時に見抜くことができる
サプライチェーンデータサイエンス
デジタルコアに蓄積されたデータを活用して、予測、最適化、インサイト導出などデータから付加価値をつくることができる
デジタル・テクノロジー
自社のDSNに必要なテクノロジーを見極め、自社に最適なソリューションの選択ができる

出所："2016 Global Manufacturing Competitiveness Index"
（Deloitte Touche Tohmatsu and US Council on Competitiveness）

サプライチェーン全体の解像度を上げ、その取り組みを起点に、部門間連携を強化し、全体最適の視点を浸透させる。最終的には経営戦略とサプライチェーンの連携度を高めていく。

　また、こうした高度化を推進し、構築された仕組みを活用する人材がいないことも自覚すべきである。サプライチェーンをビジネス全体の視点から評価・分析できる専門家、需要予測やサプライチェーンの在庫、コスト分析、最適化などを対応できるデータサイエンティスト、デジタルの知見を持つ専門家等、短期的にレベルを上げるの

であれば、社内で育成、採用するだけではなく、外部リソースの活用も推奨したい。社内に内在化すべき本質的なケイパビリティは何かを議論しながらも、外部を活用する視点を持つべきである。こうした高度化に向けた取り組みを、いかに適切かつスピード感を持って推進できるかどうかが、企業の持続的な競争力向上の鍵を握るだろう（図表3‐16）。

3 情報流通をも担うデジタル・サプライ・ネットワーク

①デジタル・サプライ・ネットワークとは何か

ＤＳＮとは、これまでの「チェーン思考」ではなく、多様なサプライヤーから成るエコシステムを前提とする「ネットワーク思考」を基にしたバリューエンジニアリングである。具体的には、企業内あるいはサプライチェーン内の各機能をつなぐ「デジタルコア」を備えたデータプラットフォームがいくつも放射状に絡み合い、多階層化したものだ。デジタルコアは、主に情報の収集と受け渡しを担うデータプラットフォームの中核である。情報を集め、自社の事業の周辺で起こったことのインパクトを評価し、即座に意思決定ができるための機能を備える。具体的には、データの蓄積、ＡＩを用いた解析、意思決定を促す

図表3-17　DSNのプラットフォームには6つの機能を持ったデジタルコアが必要である

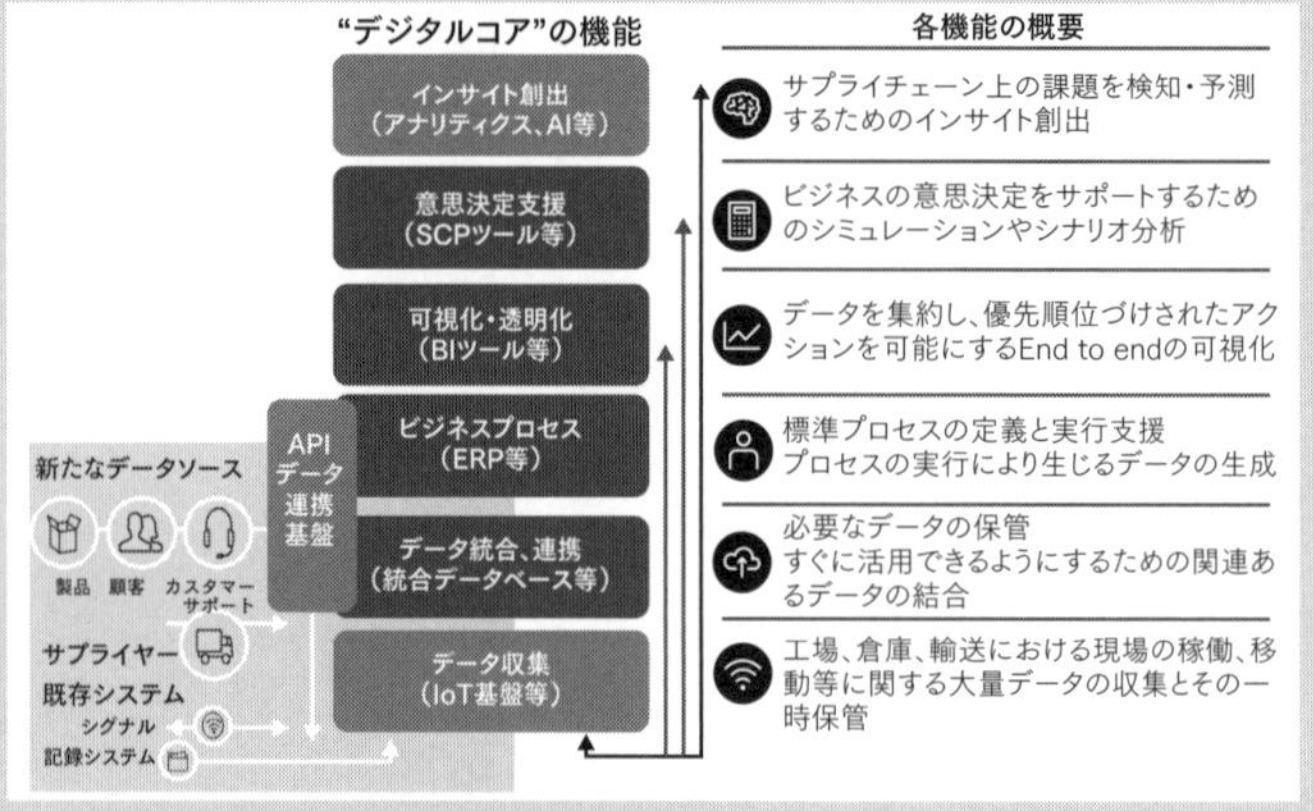

ためのビジュアライゼーション機能など周辺部門や分野に対してバリューを生み出せるような仕組みが備わっている。

ＤＳＮでつながる企業は、従来のような子会社やグループ会社に限らない。同業・異業はもちろんのこと、取引関係のある・なしに関係なく、ネットワーク的につながりエコシステムを形成していく。しかも、モノとモノをつなぐフィジカルな物流網だけではなく、データとデータをつなぐ情報流通網としても機能するようになる。その結果、企業間ネットワークの可視化と最適化が加速する。サプライチェーン上のアナログ業務・情報がすべてデジタル化されれば、従来生じていたオペレーションロスや間接コスト、リードタイムは極小化するだろう。また、スピードやコストに関しても圧倒的な競争力を持つようになる。

先述したサプライチェーン先進企業では、販売、流通、製造、サプライヤー、デザイン・設計を世界中のあらゆるパートナーと構築した基盤上でAPI連携できる仕組みをつくり、チェーンからネットワーク型へと進化を遂げている。ネットワーク型に進化することで、BCM(Business Contingency Management)の管理レベルも飛躍的に向上する。ネットワークに属したプレーヤーが、ネットワーク側から要求されるレベルの情報を提供できなければネットワークから外されることになるため、自然と高い水準に合わせていくことになるのだ(図表3-17)。

②DSNを通じた「現場」と「顧客」の新たなつながりの創出

従来のサプライチェーンでは、マーケティング部門を通じて顧客のニーズを捉え、それに基づき設計プロセスで技術者が設計図面を描き、顧客に必要なものをデザインするという段階的な工程に沿って価値が創出されてきた。だが、DSNを実現することで、こうした従来の段階的な工程も一変する。商品の開発・製造部門が顧客の多様なニーズとよりダイレクトにつながることが可能になるからだ。DSNによってもたらされるこうした変化を先取りし、パーソナライズ化やマスカスタマイズ化を加速させた企業が、顧客からの支持を集め、市場での存在感を増していくことになるだろう。

ある大手化粧品会社では顧客の肌を分析し、パーソナライズされた化粧品を提供している。こうしたサービスが実現できたのもDSNが構築され、機能しているからだ。肌の分析機器、情報に基づく配合・効果の提案、一つひとつ仕様の異なる商品の生産、商品の品質保証、顧客情報の管理、価格設定、アカウント別収益管理など、既存のサプライチェーンのすべての要素を統合した情報基盤とプロセスが整っているからこそ、真の意味でのマスカスタマイゼーションが可能となる。「顧客」を「個客」と捉え直し、個客が何を欲しているのか、どのような商品の使い方をしているのか、それを踏まえて企業側ではどういう商品のつくり方をしているのかなど、あらゆる情報が双方で共有され、共通化されていくことで、個客と企業、企業とパートナー企業の距離が縮まっていくのである。

③DSN構築にあたって検討すべき5つのポイント

DSNを構築するためには、第2章で見たように、長期（ズームアウト）の時間軸と短期（ズームイン）の時間軸の両方を兼ね備えつつ、どのようなニーズの充足や課題解決に取り組むかといった明確な目的意識の下、エコシステム形成戦略に基づいて取り組むことが求められる。こうしたことから、以下に挙げる5つのポイントを大局的かつ戦略的視点で検討する必要がある。

- 自社のパーパス、財務的・非財務的なゴールは何か
- どのような顧客、製品、市場、チャネルに照準を合わせたビジネスを展開するか
- スピード、敏捷性、サービス、コスト、品質、イノベーションなどにおける自社の競争優位性は何か
- 事業戦略に合わせて自社の組織体制をどのように改革するか
- 自身のDSN内での役割・位置づけは何か（他のDSN構成メンバーとの関係性）

DSNの構築を通じて、自社の付加価値を創出するプロセスやデザインを客観的に認識し、組み立て直していくことが最大の目的である。検討に際しては、付加価値創出を軸にしながらも、コストを検証すると議論も行う必要がある。

④DSN構築の前提となるデジタル・テクノロジー

DSNの構築には、高度なサプライチェーンマネジメントプロセス、信用できるデータ、AI、ブロックチェーン等のデジタル・テクノロジー、デジタルプラットフォームの4つ

図表3-18　バリューチェーンのデジタル化において注視すべきテクノロジー

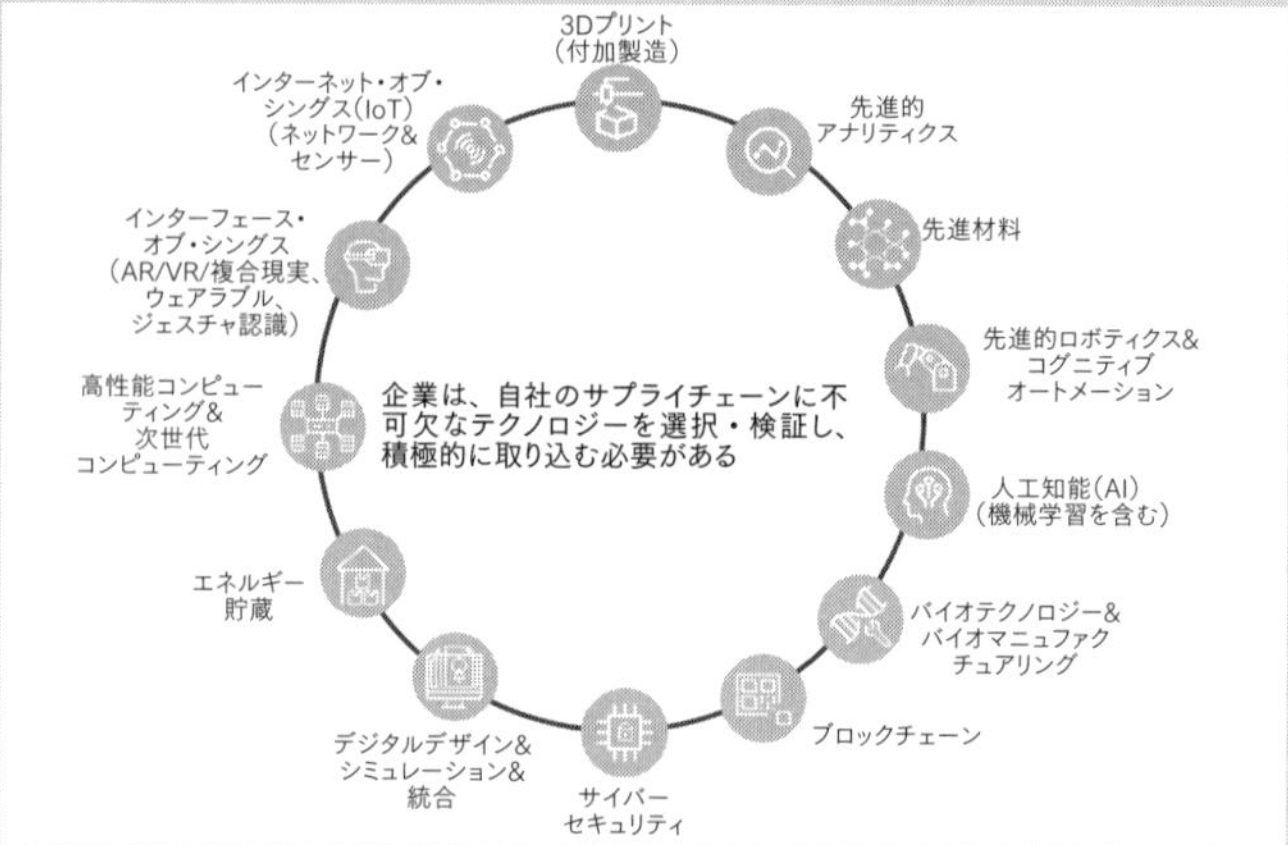

出所："Exponential technologies in manufacturing "(デロイト トーマツ コンサルティング)

の融合が欠かせない。DSNでは、中核となるデジタルコアに連なるプラットフォームにデータを一元的に集約することで、必要なときに必要なデータを瞬時に取り出して使うことが可能になる。ただし、このように一元的に集約された現場のデータから必要なものを取り出し、経営陣に理解できるインサイトに変換するには、顧客やビジネスパートナーの立場から見たエクスペリエンス（体験）の分析、設計が不可欠だ。製造、流通、使用のそれぞれの過程での実際のエクスペリエンスに立脚することで、こうした過程で生成されるデータの価値や意味を見極める必要がある。

これを実現させるためには、広範かつ高度なデジタル・テクノロジーの活用が前提となる。具体的には、モバイルコンピューティング、クラウドコンピューティング、ビッグデータ解析、GPS技術、AIなど急速に進化したデジタル・テクノロジーを積極的に導入していかなければならない。活用を推進するうえでは、データの安全性と透明性を高め、部門や担当者間でのデータの受け渡しの構造を変え、関係するメンバーが必要なデータをいつでも最大限に利用できるような体制とシステムの構築が重要となる。

今後はますますAIやロボティクス、センシング、量子コンピューティングといった最新のデジタル・テクノロジーの導入が進むだろう。このデジタル化の加速を強固なネットワーク構築の起爆剤とし、部門や企業を超えたつながりを強固にしていかなければならない（図表3 - 18）。

⑤日本企業のデジタル・サプライ・ネットワーク構築事例

日本企業でもデジタルコアを構築し、DSNを実現する企業が出てきている。DSNについてより具体的なイメージをお持ちいただくために、DSNの構築事例を2つ紹介したい。

図表3-19　複数企業が参加するマルチレイヤーサプライネットワークの可視化事例

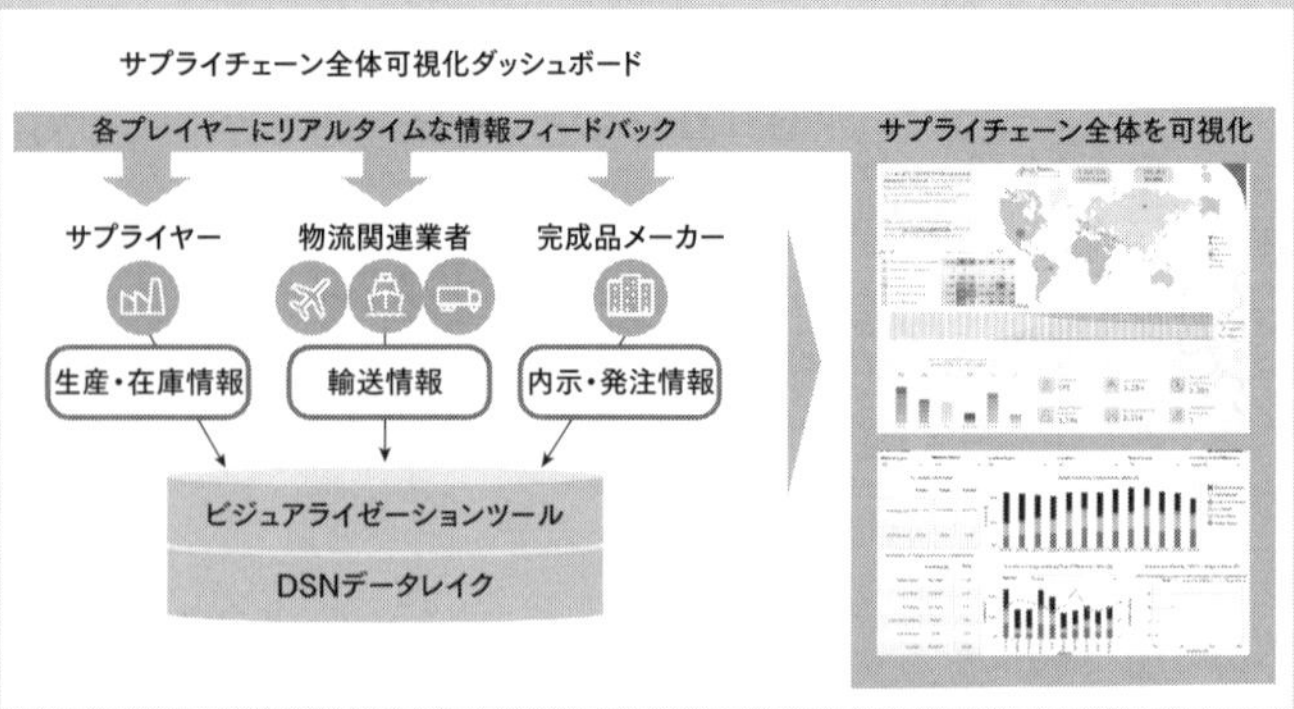

複数企業が参加したマルチレイヤーサプライネットワークの可視化

一つ目の事例は、複数の企業で構成されるサプライネットワークの可視化事例である。このサプライネットワークでは、ＯＥＭマニュファクチャラーを起点に、サプライヤーが多階層でサプライネットワークを構成しており、サプライネットワークの可視性が著しく低い状態であった。こうしたサプライネットワークに属する企業は、通常時は問題ないものの、ＣＯＶＩＤ‐19のような事態が発生し、サプライネットワークが分断された際のインパクト分析や、将来の売上げ見通し、回復の対応で後手を踏む傾向にあった。こうした事態を回避するため、必要な情報をデジタルコアに登録、他社と共有し、最適なアクションを取れるよう、サプライネットワークの可視性を向上させる仕組みの構築を進めている。今後は、共通で活用できる予測ツールや最適化ツールなどをデジタルコア上に搭載し、このデジタルコアに参加した企業が活用できる仕組みを構想している（図表3-19）。

データ基盤と外部スペシャリストを活用したサプライチェーン全体最適化の実現

二つ目の事例は、外部スペシャリストを活用し、サプライチェーンマネジメントを高度化した企業事例である。自社のサプライチェーンの可視化、計画プロセスの標準化、サプライチェーンに関わる計画を統合（S&OP：Sales and Operations Planning）するためにサプライチェーンプランニングツールを含むデジタルコアを構築した。SCP（サプライチェーンプランニング）ツールの導入により、データとプロセスが標準化され、サプライチェーン全体の計画の見直しができるようになったものの、より踏み込んだ在庫やコストの削減には至っていなかった。そこでデジタルコアのデータに着目し、現在そのデータを活用したサプライチェーン最適化に取り組んでいる。また、サプライチェーンの業務を理解しているデータサイエンティストが社内には不在だったため、外部人材を活用し、サプラ

図表3-20　データ基盤と外部スペシャリストを活用したサプライチェーン全体最適化の実現事例

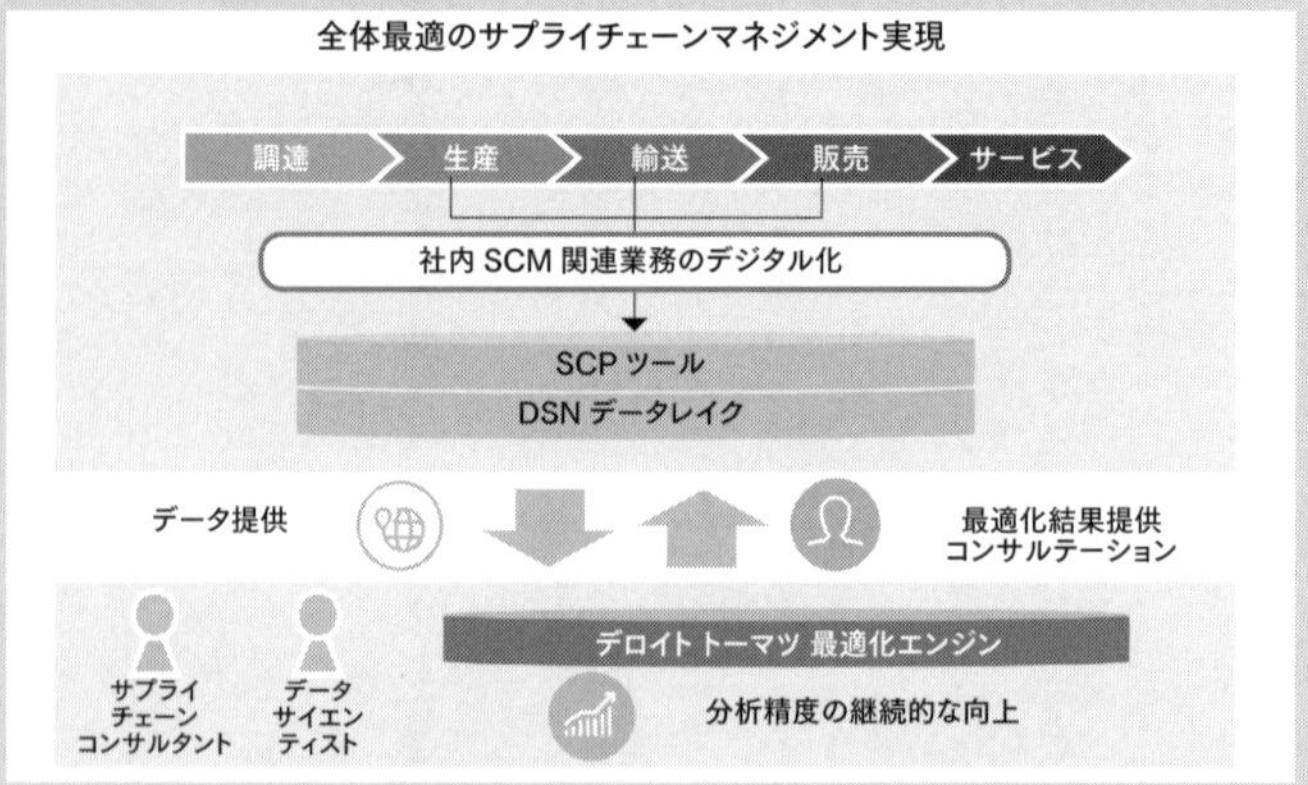

イチェーンマネジメントの高度化を実現している。具体的には、デジタルコアを介してデータをデロイト トーマツに共有し、デロイト トーマツからサプライチェーン最適化の結果を提供、その結果をSCPツールに設定し、最適な在庫やコストでサプライチェーンを常時運営できることを狙っている。サプライチェーンマネジメントは内部のオペレーションのため、これまで自社だけで完結する企業が多かったが、高度な専門性が必要になったいま、オペレーションそのものもエコシステムで考えて解決するよい例である（図表3-20）。

4 ポストコロナ時代のサプライチェーン戦略——日本企業は何をすべきか

今回のコロナショックで、自社のサプライチェーンが想像以上にグローバル化し、実はマネジメントしきれない状態になっていたことに気づいた企業も多いのではないだろうか。今回のような事態が世界規模で同時多発的に発生することに対し、サプライチェーンの備えができない企業は、今後のグローバル競争から脱落を免れない。日本企業は、コロナショックに対する対応を一時的な対応で終わらせず、本質的かつ継続的な取り組みが必要だ。

その際、大前提として、サプライチェーンを構成する生産拠点やオフィスなどにおいて、あらゆる業務プロセスを「非接触型」に変革することが急務である。契約書の管理を含むあらゆるワークフローを電子化し、３Ｄプリンターやロボットを活用して生産工程を自動化・省力化・無人化することはもとより、ＡＲ技術を駆使して生産技術の指導をリモート化したり、ＩｏＴで設備の稼働・故障情報をモニタリングしたりして現場業務を最小化することが必要だ。そして、こうした取り組みを通じて、サプライチェーンの「透明化」を加速することが肝要である。

ただ、過度の完璧主義に走るのは危険でもあり、実際に完璧な状態ですぐにデータを収集することは難しい。一部は正しいデータから推測して補ったりする等、まずはできるところからサプライチェーン全体の解像度を高め、実効性の対策を練って実行することが必要である。

そして、こうした取り組みを踏まえて、潜在的リスクへの対応をいっそう強化することが求められる。今後に備え、自社のサプライチェーンを構成する要素（部品、サプライヤー、製造拠点、物流拠点、ITインフラ等）について、あらゆる側面から重要性と代替性を評価し、潜在的なリスクを洗い出すことが必要だ。特に重要性が高く、代替性が低いものについては、代替性を高める施策を継続的に実施していくべきである。

サプライチェーンにおけるdXの推進とは、DSNの導入とほぼ同義である。ポストコロナの世界では、本当に意義のあるdXを、どのくらいのスピードで実現できるかが競争の鍵を握るだろう。

本節の

Key Takeaways

「現場」と「個客」と経営をつなぐために

- データを通じて、経営から現場までを「透明化」し、現場と経営をつなぐ
- 全体最適と価値創出の視点からサプライチェーン全体を設計する
- DSNを通じた「現場」と「個客」の新たなつながりを創出する

Column

経営戦略の一部としての「税務戦略（タックス・プランニング）」

デジタル経済が加速するなかで地理的なボーダーは消滅し、電子商取引を行う企業は国際税務の前線に立っている。そこで重要性を増すのが、税務を視野に入れた巨視的な経営戦略だ。日本企業が今後もグローバリゼーションに打ち勝っていくためには、タックスのプランニングとマネジメントは不可避となる。

グローバルなネットワーク型のバリューチェーン構築において求められる税務戦略とは何か。まずは、プランニングの段階からその国、地域における関税や付加価値税（VAT）・消費税、国境を超えた電子サービス・取引にかかる課税などに目を配ることだ。関税は、HS条約で義務づけられた品目表を基に製品ごとに「HSコード」を採番し、このHSコードによって税率などが定まる。しかし、日本企業はこのコードの管理が徹底できていないケースが往々にして見られ、通関手続きが滞ったり、輸入自体がストップしたりといったリスクが想定できる。また、昨今徴税の世界的トレンドが法人税から消費に対する付加価値税や消費税にシフトしていることにも留意したい。気をつけるべきは、付加価値税・消費税は中立性の原則があるが、国際取引においては、事業者に対して必ずしもコスト的に中立ではないという点だ。国によっては、税の徴収コストを考慮して、非居住者、つまり国外の事業者には仕入税額控除を認めないケースもある。

デジタル化の進展とともに付加価値税・消費税の課税アプローチも変化している。BtoBサービスは「納税責務を課税事業者に転嫁する」リバースチャージが一般的だが、BtoCサービスではコンプライアンスにかかる負担の増大が懸念される。以前は、役務提供者が非居住者の場合、課税されないケースもあったが、越境サービスの拡大で各国は税制の改正、基準の明確化を進めている。

ビジネスがグローバル化するなかで、バリューチェーンのあり方も変化している。グローバルバリューチェーンに介在したい企業に求められるのは、関税などの税についてコスト感覚を持つことだ。関税というコストを原価に紛れさせず、明確に把握し、管理していく。さらに、経済連携協定を活用して、関税コストの削減を図る必要がある。

日本は、バリューチェーンの構築には地政学的に圧倒的に不利な場所にある。しかし、サイバースペースであれば、この地政学的な不利は覆せるかもしれない。高度な

SCM

ものづくり技術、長く磨いてきたブランド力を活かし、サイバー空間でプラットフォーマーとして世界に羽ばたくことも可能だろう。まずは、ビジネスの構想段階から税務戦略を織り込み、仕組みとして構築していくべきだ。

Section 6

IT Architecture——ビジネスをつなぎ、顧客に近づく

新たなつながりから価値を生み出すテクノロジー基盤

共通の社会課題解決を目的に掲げ、顧客やビジネスパートナーを含む多様なステークホルダーを巻き込んだエコシステムを構築・運営するためには、テクノロジー基盤のあり方を抜本的に変革する必要がある。しかし、多くの日本企業では、自前のＩＴシステムの保守・管理に主眼が置かれ、企業や組織の壁を超えて大量のデータや情報をつなぎ合わせ、エコシステムの形成や新規事業立ち上げに俊敏に対応できる態勢にはなっていないのが実情だ。

今後は、さまざまな顧客のニーズや社会の課題を捉えた有効なソリューションを打ち出していくためのテクノロジー基盤を構想・実装し、開かれたプラットフォームづくりに主眼を置くべきだ。ＡＰＩエコノミーに対応し、ＡＰＩマネジメントを高度化することで、さまざまなプレーヤーとの機動的なデータ連携を可能にするとともに、新たなつながりを通じてアクセス可能になる多種多様な形態のデータを集積・活用するためのＩＴアーキテクチャを構築することが鍵となる。

1 Start small & Scale fastを実現するITアーキテクチャ

デジタル化の進展の結果、多様なプレーヤーが業界横断的につながり合って形成されるエコシステムが、今後の巨大イノベーションや新規ビジネス創出の主戦場になっていくことを想定すれば、これに対応したテクノロジー基盤を整えることが必要不可欠となる。

こうしたビジネス環境の変化の背景にあるのは、デジタル化の進展による顧客需要の劇的な変化であり[15]、こうした変化はコロナショックを経てさらに加速するものと予想される。トヨタ自動車がスマートシティの実現を提唱して「仲間づくり」に力を入れ始めている[16]ように、複雑化する社会課題解決や顧客の要望に一社だけでは対応しきれないケースが増えていく。したがって、今後はますます、ビジネスを「つなげて」実現していくことが重要となり、その場合、連携する多様なプレーヤー同士のテクノロジー基盤も、ビジネスのあり方に合わせて、柔軟かつ機動的に「つながる」ことが必須となるのだ。

このような状況下で重要なことは、長い時間をかけて、重厚長大で練り込まれたサービスを提供するのではなく、スピードを重視し「まずはやってみて、顧客の声を聞いてすぐに改善することができる」ことだ。また、最近のサービスは、多くの場合がスマートフォンやタブレットを用いてアプリケーションで提供される。このアプリケーションとそれを支えるバックエンドの仕組みを迅速に開発する必要がある。これを実現するためには、まずは小さく始め、顧客に受け入れられるのであれば、すぐに拡張できるようなテクノロジー基盤が必要である。ここでは、それを「Start small & Scale fastを実現するＩＴアーキテクチャ」と呼ぶ。

ＩＴアーキテクチャが必要となる例としてわかりやすいのが、「サブスクリプションビジネスモデル」だ。サブスクリプションビジネスモデルとは定期購買のビジネスモデルである。現在、多数のＩＴ企業が、自社のアプリケーションを月額定額料金で提供している。これにより顧客をきっちり囲い込み、売上げを予測可能にすることで、次の投資を検討しやすくしている。

ここ1～2年で製造業もサブスクリプションビジネスを始めようとしているが、なかなかうまくいっていないのが現状だ。それは、単に提供する「モノ」を「サービス」に変化させて、定期課金の仕組みをつくればよいということではないからである。利用状況等の顧客の声を捉えて分析する機能や、それらを踏まえて顧客が欲しているサービスをアプリケーションとして迅速につくり上げるための開発基盤がなければ、サブスクリプションビジネスを成功に導くことはできない。また、顧客の声を拾い上げるためには、自社に眠っているデータ資産を１００％活用することや、最近取得できるようになったＩｏＴ機器からの情報を必要に応じて収集できることも重要な要素になるだろう。

次項では、「Start small & Scale fastを実現するＩＴアーキテクチャ」構築に必要な、①ＩｏＴ機器等からの顧客の声となる新しいデータの収集、②自社内に眠っている既存データ資産を活用、③小さく始めて、素早く拡張できる開発基盤の導入、④顧客の声に応じて他社とつながり、迅速にサービスを提供するためのAPI Managementに分けて説明していきたい。

2　ＩＴアーキテクチャの構築に向けて

新しいデータの収集〜ＩｏＴ基盤構築

顧客の要望を知る・理解するための一つのチャネルとして、ＩｏＴ機器等のデバイスからの情報が有効であるということは周知の事実である。実際、dXの成功事例には、ＩｏＴ機器やセンサー等のデバイスから収集したデータを蓄積・分析することで新たな価値を創出しているものが多い。そのデータを収集し、処理するテクノロジー基盤がＩｏＴ基盤である。ＩｏＴ基盤の構築にあたっては、収集するデータの使途に応じて、最適な場所でデータを収集するという観点から考えることが肝要となる。現在のシステム能力に任せて、いたずらに大量のデータを一元的に集約しようとすると、それに要する機器やクラウドサービスのコスト負担が過大になり、また、個人情報等のデータ漏洩リスクも背負いこむことになりかねないからだ。

たとえば、コネクテッドカーからはアクセルやブレーキの使用頻度、使用タイミングなど、さまざまなデータを収集できるが、何のために、どのようなデータを収集するかによって、車体でのデータ処理にとどめるか、クラウドなどにデータを集約して分析まで実施するかが異なってくる。前方の障害物を検知してドライバーに警告をするというようなサービスをするのであれば、その場でデータを処理することになるが、自動車保険の料率計算をするために運転情報を保険会社と連携するのであれば、データを集約する必要があるだろう。

また、場合によっては取得できるデータであっても、あえて収集しないほうがよいケースもある。たとえば、テレビからは視聴時間や視聴番組、チャンネルの切り替えなど、さまざまなデータを収集できる。この情報をテレビ番組制作会社が活用しようと試みるならば「Ｘ番組を見ていた人はタレントＹが出演するバラエティ番組を好む傾向があり、次のクールではタレントYを軸に据えた番組を企画しよう」と、視聴率向上のためにターゲットが好みそうな番組を制作しようと考えるだろう。こうした分析は、一人暮らしの世帯では有効な分析ができるであろう。しかし、1台で複数人の家族が視聴している場合に、その分析が意味あるものになるのであろうか?

このように、IoT基盤の構築においては、IoT機器から近い場所でデータ収集しサービスを提供するのか、それともクラウド等にデータを集めて分析することでサービスを検討するのか、データの種類や使途に応じて、最適な処理方法を検討することが最も重要だ。中央で処理する機能については、クラウドプラットフォーム上で拡張性を持たせておく必要もある。また、IoT機器に近い場所で処理するエッジコンピューティングといったような考え方も一般的になってきている。AWS、Azure、GCPといったプラットフォームでも、こうした考え方を実現できるようになっているので基盤構築の際には考慮に入れておくべきであろう。

既存データ資産の活用~Legacy Modernization

IoT基盤を通じて新規に得られるデータは極めて貴重だが、これらと現在自社内に眠っているデータ資産とを連結することで、初めて有意義な分析ができることも多い。しかし、このような新規のデータと既存データとの連結は決して容易ではない。特に、「2025年の崖」と言われるように、旧来型の技術で長年稼働・保守し続けたレガシーシステムの肥大化・複雑化・ブラックボックス化や、それに関わる人材の高齢化や退職などにより、システムトラブル発生のリスクが高まり、2025年以降に最大で年間12兆円規模の経済損失が生じる可能性があることが指摘されている。

こうした課題を解決するためには、Legacy Modernizationに取り組む必要がある。これは、旧来技術で稼働するレガシーシステムを活かしつつ、新技術・新開発手法に適合可能な構成に移行・変換することを指す。重要なことは、既存データを最新のテクノロジー基盤で活用できるようにすることだ。そのためには、最低限何をどこまで実施するのか、アセスメントを実施して、最初に明確にしておく必要がある。そうしなければ、最新技術に移行することだけが目的となってしまい、コストだけがかかる取り組みとなってしまうおそれがあるからだ。Legacy Modernizationを実施する際の具体的なステップは図表を参考にしていただきたい（図表3-21・3-22）。

図表3-21　Legacy Modernizationの3つのステップ

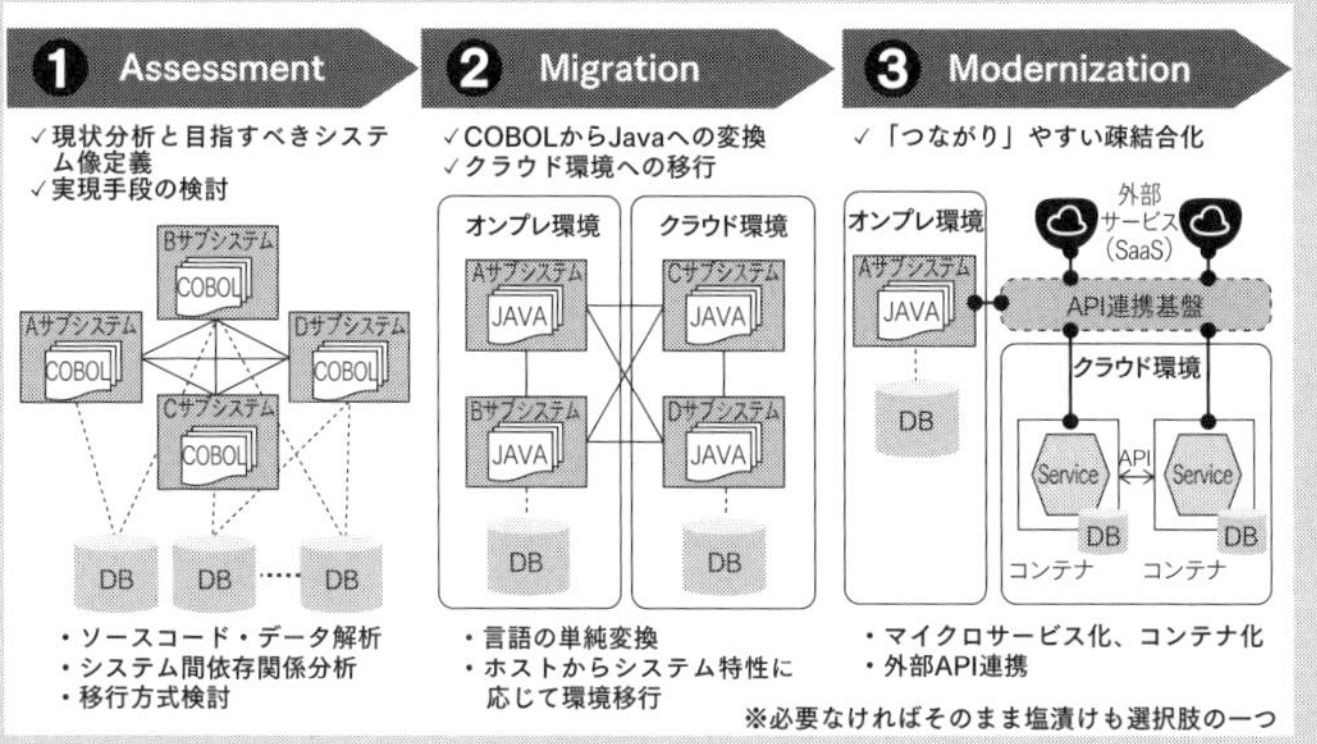
1 Assessment
2 Migration
3 Modernization
✓現状分析と目指すべきシステム像定義
✓実現手段の検討
Bサブシステム
COBOL
Aサブシステム
COBOL
Dサブシステム
COBOL
Cサブシステム
COBOL
DB
DB
DB
・ソースコード・データ解析
・システム間依存関係分析
・移行方式検討
✓COBOLからJavaへの変換
✓クラウド環境への移行
オンプレ環境
クラウド環境
Aサブシステム
JAVA
Cサブシステム
JAVA
Bサブシステム
JAVA
Dサブシステム
JAVA
DB
DB
・言語の単純変換
・ホストからシステム特性に応じて環境移行
✓「つながり」やすい疎結合化
オンプレ環境
Aサブシステム
JAVA
DB
外部サービス(SaaS)
API連携基盤
クラウド環境
Service
API
Service
DB
DB
コンテナ
コンテナ
・マイクロサービス化、コンテナ化
・外部API連携
※必要なければそのまま塩漬けも選択肢の一つ

図表3-22　Legacy Modernizationの実現手段

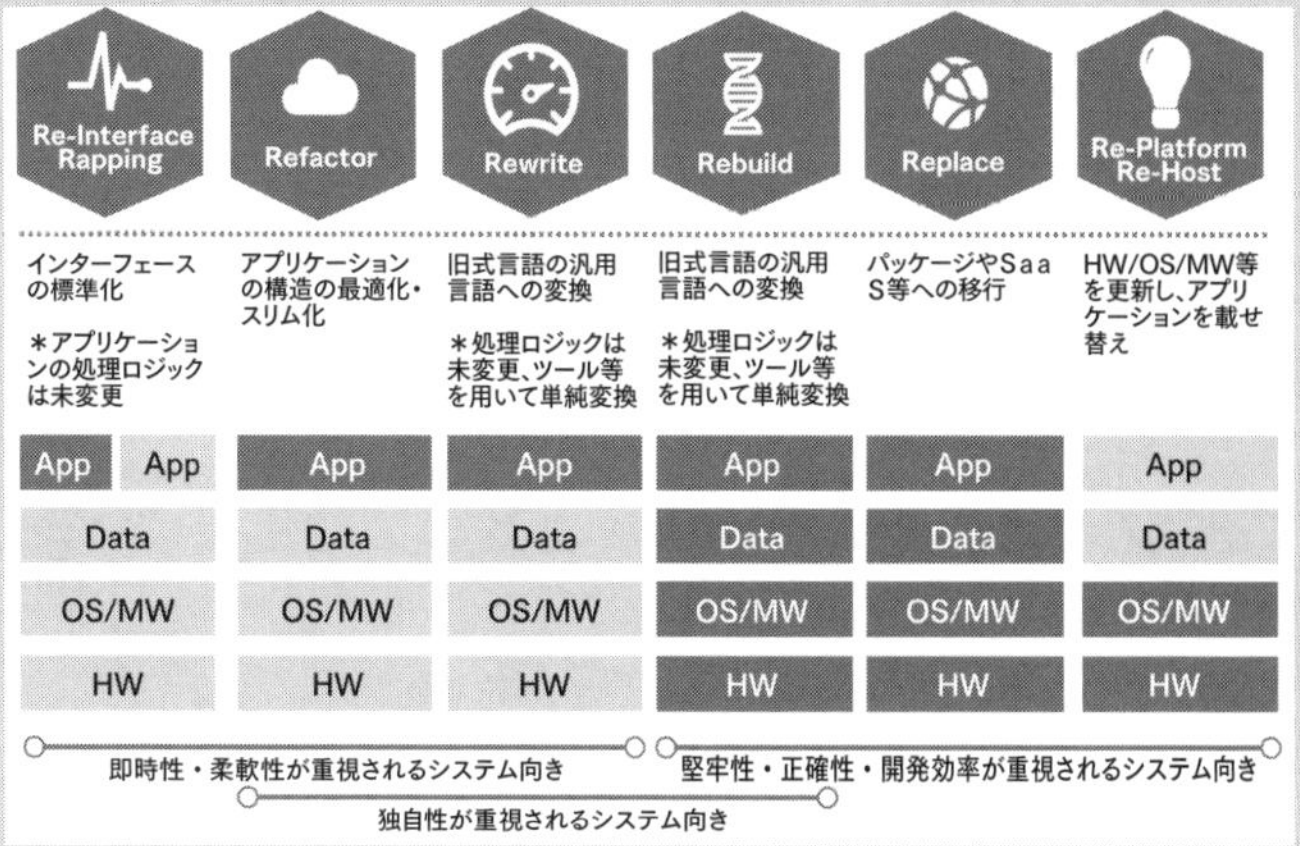
Re-Interface Rapping
Refactor
Rewrite
Rebuild
Replace
Re-Platform Re-Host
インターフェースの標準化
＊アプリケーションの処理ロジックは未変更
アプリケーションの構造の最適化・スリム化
旧式言語の汎用言語への変換
＊処理ロジックは未変更、ツール等を用いて単純変換
旧式言語の汎用言語への変換
＊処理ロジックは未変更、ツール等を用いて単純変換
パッケージやSaaS等への移行
HW/OS/MW等を更新し、アプリケーションを載せ替え
App
App
Data
OS/MW
HW
即時性・柔軟性が重視されるシステム向き
堅牢性・正確性・開発効率が重視されるシステム向き
独自性が重視されるシステム向き

新旧データを活用したAgile開発基盤の導入～Platform Engineering

ＩｏＴ機器等から新規に収集されるデータと既存のデータとをつなぎ合わせて活用できる環境が整えば、こうしたデータに基づいて潜在的な顧客ニーズを探り当て、それに焦点を当てたさまざまな新サービスを積極的に打ち出すことも容易になる。このためには、ニーズを把握したら直ちにアプリケーション開発を行い、顧客の反応に応じて即座に改修を行える柔軟性と迅速性が何よりも重要だ。こうしたアジャイルなアプリケーション開発を可能にするのが、Platform Engineering（DevOpsやCI/CDを含むアプリケーション開発基盤を用いた開発）である。

Platform Engineeringが重要な役割を果たす業態の代表例が、先に述べた「サブスクリプションビジネスモデル」だろう。こうしたサブスクリプションビジネスの事例として、創業70年のギターメーカーである米国フェンダー（Fender）社の取り組みを紹介しよう。

同社は、「モノ売り」中心の楽器市場が成熟化するなかで、持続的な成長を実現するための新たな戦略の策定を迫られていた。その第一歩として、顧客に関するデータを収集・分析したところ、購入後に継続してギターを利用する期間が長い顧客は、ギターを愛好し生涯にわたって何度もギターを購入する傾向があることがわかった。

こうしたインサイトに基づき、同社は、「継続利用層」を維持・拡大するための施策として、新たにデジタルサービスの展開に踏み切ることにした。アジャイル開発により、ギターのチューニングをサポートする無料モバイルアプリ「Fender Tune」と、オンラインでギターレッスンを受けられる定額のEラーニングサービス「Fender Play」を立て続けにリリースしたのだ。現在、これらデジタルサービスは、顧客がギターの習熟をあきらめずに継続利用期間を延ばすことを強力にサポートすることで、全体として同社のギター販売台数を向上させるドライバーとなっている。さらに、これらを通じて継続的に得られる膨大な顧客データは、次なるデジタルサービス開発につながる貴重なインサイトの源となっているという。

昨今、アプリケーションを開発するための基盤構築には時間がかからない。AWS、Azure、GCP等が提供するIaaSのうえに、OSS（Open Source Software）を配置することで容易に開発する基盤を構築できるようになっている。しかも、テストの自動化や複雑なシステムのバージョン管理機能も含めてである。デロイト トーマツが支援した実績では、こうした環境を3週間で一から構築し、1回目のプロトタイプを始めた事例もある。さらに、直近では、IaaSクラウドサービスベンダーがOSSを必要としなくてすむ環境を提供しつつある。

より顧客に近づくための「つながり」の構築〜API Management

ＧＡＦＡやＢＡＴなどのメガプラットフォーマーやユニコーンと呼ばれる企業は変化し続けるビジネス要求に応えつつ、付加価値のついた新規サービスを提供し続けているが、彼らの行動原理には共通するものがある。それは「他社のものであっても、活用できるものは使う（他社の力を使いこなす）」ことだ。ウーバーがカーシェアリングサービスで急成長を遂げたのも、同社が他社の提供するＡＰＩを活用することで迅速にサービスを立ち上げたからである。こうした企業においては、他社が提供するサービスを活用するということは、当たり前のことになっているのだ[17]。

このようなＡＰＩの活用は、自社のサービスを迅速に立ち上げるためだけのものではない。今後、一社だけでは対応しきれない顧客サービスを創出するには、他社との「つながり」によって、新しいビジネスを模索していくことが求められる。そのような新たなつながりを築くには、システム間でサービスを「つなぐ」準備ができているか否かで、サービス提供の即時性が異なってくる。

図表3-23　API活用のために実施すべきこと——APIライフサイクル

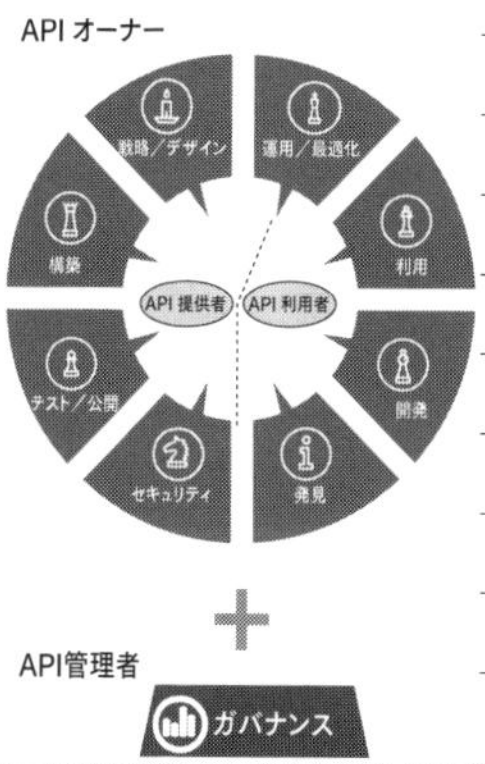

API ライフサイクル	実施事項
戦略／デザイン	ビジネス戦略から、APIに関する**戦略、組織・マーケティング的な観点も含めて**検討し、提供すべきAPIをデザインする
構築	**適切な粒度でのAPI**を開発する
テスト／公開	**新規のAPIをテスト・公開**するとともに、既存のAPIの使用状況により**適切なバージョン管理を行う**
セキュリティ	**セキュリティ事案（情報漏洩等）に強いアーキテクチャの実現・運用**を行う
発見	**開発者に見つけてもらいやすいAPIとするための施策**（利用者に対する告知・検索性の向上等）を実現する
開発	**理解しやすいAPI**（ビジネスルールとロジックの分離の考慮等）を設計・開発する
利用	**バックエンドシステムとの接続を考慮したAPI**を開発する
運用／最適化	将来の技術要素変化を考慮し、**拡張性・柔軟性の高いアーキテクチャ**を実現する
ガバナンス	「プロダクト」としての認識を持ち、**全体管理する目線の下**ガバナンスを策定・実現する

では、「つながる」ことを前提とした備えはどのように進めればよいのか。APIを公開するということは、スマートフォンのアプリのようなソフトウェアプロダクトを世にリリースすることと同義である。他社を含めたさまざまな顧客体験に取り込んでもらう（他社に使いこなしてもらう）ためには、開発者が開発しやすいAPIを安全・安定的に供給するとともに、継続的な分析を行い、さらなる付加価値を創出することが重要である。場当たり的に必要だと考えたものを開発するのではなく、どのようにAPIを活用するのか／活用してもらうのかをAPI活用戦略として練り上げ、戦略に基づいて

開発、そして戦略が適切だったか否かを判断するのである。このようなライフサイクルを管理することが重要であり、それを実践するためのＡＰＩ管理システムの利用も検討するとよいであろう。

もしこうした備えがなければ、ビジネスパートナーとして見込んでいた企業から見捨てられ、競合他社と組まれてしまうということも生じかねない。そのような世界がすぐそこまで来ているのである（図表３‐23）。

3　ポストコロナ時代のＩＴアーキテクチャ――日本企業は何をすべきか

ＩＴやテクノロジーに関わる分野での日本企業のマネジメントは、依然として自前のシステムの保守・管理に主眼が置かれており、企業や組織の壁を超えて大量のデータや情報をつなぎ合わせ、エコシステムの形成や新規ビジネスを機動的にサポートするような態勢にはなっていないのが実情だ。

その背景にあるのは、ビジネスとテクノロジーの両方を理解できる人材の圧倒的な不足という問題だ。日本企業の多くは、ビジネス部門と情報システム部門に代表されるテクノロジー関連部門が人的に分断されており、両方を俯瞰して事業全体をデザインできる人材が極端に少ないのである。これまで述べてきたＩＴアーキテクチャを構築するうえで最も重要なのは、組織・人材といっても過言ではない。システム全体像を描けるシステムアーキテクト、ビジネスとシステムを「つなげる」ことができる人材、そしてシステム全体の構造を理解したうえでプログラムやＡＰＩの構造を司る組織が必要だ。この組織が、他社とのビジネスの「つながり」をシステム面でつくり込む最重要部門になることは想像に難くないだろう。

こうした取り組みはこれまでもその必要性が語られてきたものの、コロナショックによって最も変わったのは、その必然性だ。トライ&エラーを高速回転し、変革を推進できる企業こそが、顧客の要望に真摯に応え、エコシステムや業界再編のキープレーヤーとして生き残っていくのではないだろうか。

本節の
Key Takeaways

新たなつながりから価値を生み出すテクノロジー基盤を構築するために

▼「まずはやってみて、顧客の声を聞いてすぐに改善する」多様なプレーヤーとつながることを前提とした柔軟かつ機動的なテクノロジー基盤を構想する

▼顧客のニーズを把握するには、自社に眠るデータやIoT機器からの情報を含め、すべてのデータ資産を活用する

▼ビジネスとテクノロジー基盤を「つなげる」ことができる人材・組織が不可欠である

Cyber Security ――「守り」と「攻め」をつなぐ

Section 7

「つながる世界」の競争力の源泉としてのサイバーセキュリティ戦略

サイバー空間とフィジカル空間がシームレスにつながり融合していくなかで、サイバーセキュリティを「守り」の視点のみで考えるのではなく、企業競争力の源泉として「攻め」の視点も取り入れて、経営戦略と一体をなすものとして取り組んでいくべきである。

そのためには、サイバー攻撃の対象としての「被害者視点」に立ったリスク管理一辺倒の考え方から脱却し、「サイバーセキュリティをデザインする」という発想に立つ必要がある。高品質かつ安全で価格競争力のある商品やサービスを提供するうえにおいて、最適なサイバーセキュリティを確保するとともに、それに関して顧客を含むステークホルダーに「説明責任」を果たしていくことが求められるからだ。

コロナショックの影響を受けたリモートワークの拡大や決済手段のデジタル化の進展に伴い、サイバー攻撃はますます活発化しており、経済的損失も増加の一途をたどっている。サイバーセキュリティ戦略を重要な経営アジェンダと位置づけ、取り込みを加速させるべきだ。

1　競争力の源泉を獲得するためのサイバーセキュリティ

経営アジェンダとしてのサイバーセキュリティ

２０１７年に起きたサイバーインシデントによる経済的損失は、世界で63兆円、日本で3兆円。世界中の企業利益の総計約６００兆円のうち、実に1割を超える利益が失われた。[18] サイバー攻撃の手口はWannaCryのような世界同時多発的なものもあれば、制御系やＩｏＴシステムを攻撃するものもある。ＡＩやＩｏＴなどデジタル化の進展に伴って、サイバー攻撃も広範化・高度化している。ウクライナでは２０１５～２０１６年に電力システムを狙ったサイバー攻撃により、大規模な停電が2回も発生した。また、攻撃者も従来のような個人ではなく、豊富な資金源を持つ組織的な攻撃グループもいる。国際的なメガイベントに合わせ、サイバー攻撃は今後ますます激化することが見込まれているのである。

サイバー攻撃による影響は、直接的な経済的損失のみならず、企業価値にもおよぶ。サイバーインシデントを起こした国内企業の株価は平均で15％下落している。こうした背景から、経営課題におけるサイバーセキュリティ戦略やサイバーセキュリティ対策の重要性

図表3-24　CxOが扱うべき経営アジェンダとしてのサイバーセキュリティ

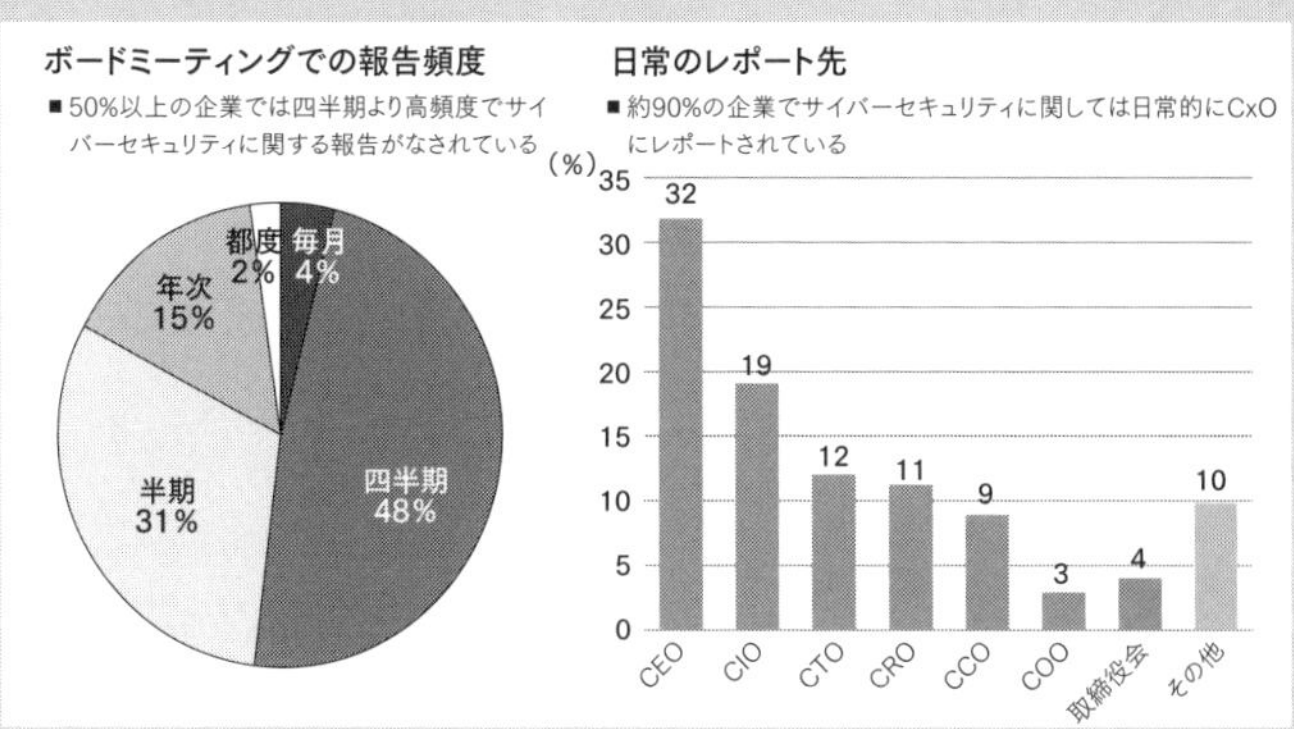

出所："The future of cyber survey 2019"よりデロイト トーマツ作成

はかつてないほど高まっている。年間売上げ100万ドル以上の企業のサイバーセキュリティを統括する500名のCxOを対象にしたデロイトとWakefield Researchの共同調査「The future of cyber survey 2019」によると、50%以上の企業が役員会議でサイバーセキュリティに関して議論し、約90%の企業で日常的にCxOにレポートが上がっている（図表3-24）。この調査結果からもわかるように、サイバーセキュリティはすでに経営アジェンダとして定着しているのである。

dXのキードライバーとなるサイバーセキュリティ

これまでサイバーセキュリティは、リスク回避・軽減という「守り」の視点であること

図表3-25　dX推進に欠かせないサイバーセキュリティ

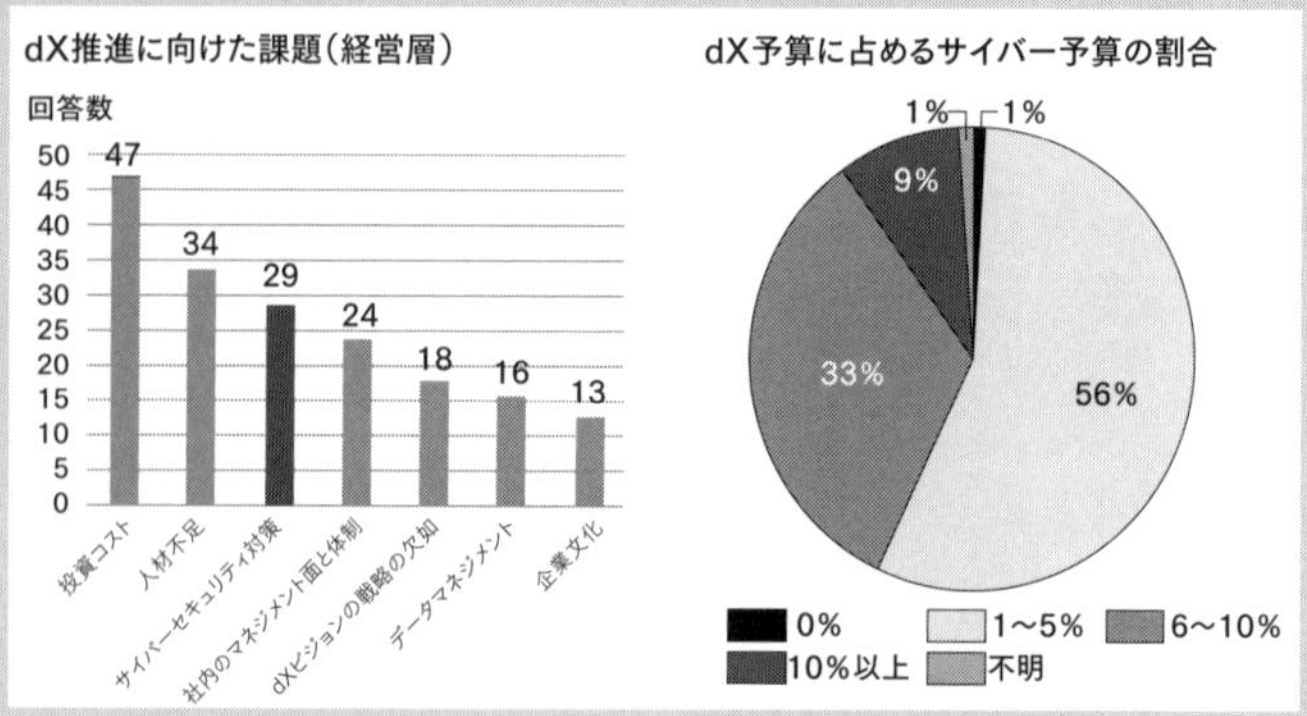

出所："Tech Trend 2019", "The future of cyber survey 2019"よりデロイト トーマツ作成

が多かった。しかし、近年では、ｄＸ推進のための投資、製品・サービス品質の向上、既存ビジネスの差別化を目的とした「攻め」の視点から取り組む企業が増えつつある。具体的には、データ利活用戦略、データセキュリティ、製品やサービスのセキュリティ戦略、セキュリティ・バイ・デザイン、サプライチェーンセキュリティ、グローバルセキュリティガバナンスなどが挙げられる。

ｄＸについては、日本企業の76％が着手済みまたは着手予定だが、推進における課題として常にトップ3に入るのがサイバーセキュリティ対策だ。ビジネスのグローバル化の進展により、サイバーセキュリティ戦略は常に最適化する必要があるからだ。そうした必要性からか、近年ではｄＸ推進予算にサイバーセキュリティ対策を含める傾向が高まっている。デロイトの調査によると、dX予算に占めるサイバー予算の割合は1～5%が半数以上、10%未満なら全体の9割近くを占める（図表3-25）。これは、dX推進のための投資としてサイバーセキュリティ対策が予算計上されているということを示している。

また、先進的なdX企業は、それ以外の企業と比較して、サイバーセキュリティで高いケイパビリティを保持していることもわかってきている。要因として考えられるのは、こうした企業では、5年程度の長期的な視点から達成すべきベースラインを策定し、それを基に標準や規制を先取りしたサイバーセキュリティ対策を行っていることが考えられる。

規制・標準化に積極的に対応し、競争力の源泉とする

規制や標準化の観点では、防衛・自動車・金融等サイバーセキュリティ対策の感度が高い業界から、順次厳格化が進んでいる。たとえば、米国政府機関の取引企業が準拠すべきガイドラインに「NIST SP800-171」がある。これはセキュリティ対策状況を評価したものだが、基本的には自己宣言であり、客観的な評価とは言えず信頼性に乏しいものだった。

そこで、2020年秋以降に第三者評価機関による認証取得が強制化されることになって

いる。それが「CMMC（Cybersecurity Maturity Model Certification）」だ。CMMCは米国防省と取引する企業が対象で、防衛産業のみならず、IT産業やエレクトロニクス産業なども広範に含まれる。対象企業は、推定で30万社に上ると見られている。

一方、自動車業界では自動走行車のセキュリティ強化に向けて国際基準（WP29）や国際標準（ISO/SAE21434）の適用に向けた議論が進んでいる。日本では自動車のサプライチェーンに関連する企業割合が高いため、来年以降、影響を受ける企業が増えていくだろう。こうした動向を見据え、規制・標準にギリギリ準拠するという姿勢ではなく、他社に先んじて対応し競争力の源泉とすることがdX時代の勝ち方と言えよう。

2 サイバーセキュリティ戦略策定と実行のアプローチ

サイバーセキュリティ戦略策定のコンセプト

それでは、具体的にどのようにサイバーセキュリティ戦略を策定し、実行すべきなのか。まず、サイバーセキュリティ戦略を策定するうえでのコンセプトには、エンタープライズ

図表3-26　サイバーセキュリティ戦略策定のコンセプト

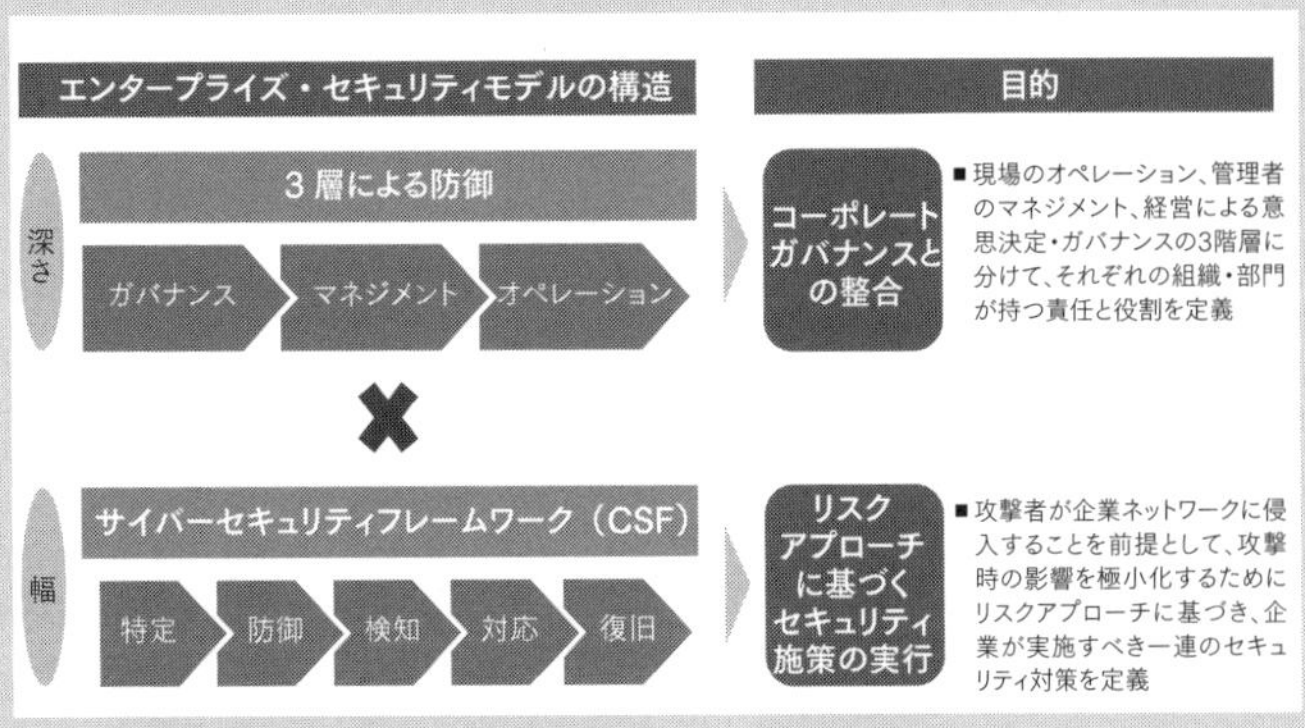
エンタープライズ・セキュリティモデルの構造
目的
深さ
3層による防御
ガバナンス
マネジメント
オペレーション
コーポレートガバナンスとの整合
■現場のオペレーション、管理者のマネジメント、経営による意思決定・ガバナンスの3階層に分けて、それぞれの組織・部門が持つ責任と役割を定義
幅
サイバーセキュリティフレームワーク（CSF）
特定
防御
検知
対応
復旧
リスクアプローチに基づくセキュリティ施策の実行
■攻撃者が企業ネットワークに侵入することを前提として、攻撃時の影響を極小化するためにリスクアプローチに基づき、企業が実施すべき一連のセキュリティ対策を定義

セキュリティモデルとしてガバナンス、マネジメント、オペレーションの3層の「深さ」で捉える。これらはコーポレートガバナンスとも整合性を取る必要があるだろう。具体的には、現場のオペレーション、管理者のマネジメント、経営による意思決定・ガバナンスの3階層に分けて、それぞれの組織・部門が持つ責任と役割を定義する。加えてサイバーセキュリティフレームワーク（CSF）で、機能の「幅」を持たせることも必要である。

CSFは「特定」「防御」「検知」「対応」「復旧」の5つの観点から進める。これまで多くの日本企業では、「特定」「防御」といった「侵入されないこと」に重点が置かれていたが、今後は攻撃者が企業のネットワークに侵入することを前提として、その影響をいかに極小

図表3-27　サイバーセキュリティ施策の実行アプローチ

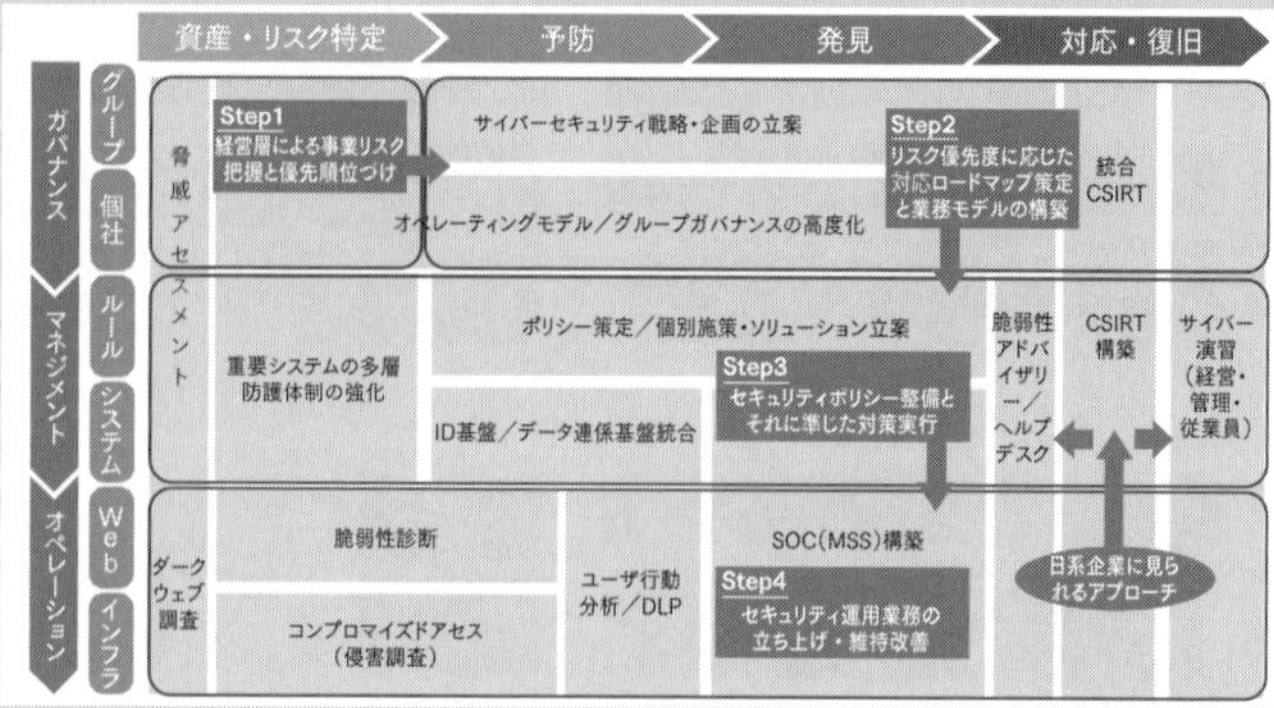

化するかといったアプローチがますます重要になる。

サイバーセキュリティ施策の実行においては、サイバーセキュリティ戦略を基点に、ポリシーや個別施策を設計・導入・運用につなげることがサイバーセキュリティ管理体制の高度化につながる。具体的な進め方としては、まず経営層によって事業リスク把握と優先順位づけを行い（Step1）、リスク優先度に応じた対応ロードマップの策定と業務モデルを構築する（Step2）。マネジメントレベルにおいては、セキュリティポリシー整備とそれに準じた対策を実行する（Step3）。この段階には、ポリシー策定や重要システムの多層防護体制の強化、ＩＤ基盤・データ連携基盤統合、ＣＳＩＲＴ構築などがこれに含まれる。最後に、脆弱性診断やユーザー行動分析、ＳＯＣ（ＭＳＳ）構築等、セキュリティ運用業務の立ち上げや維持改善（Step4）へと進める（図表３‐27）。

多くの日本企業では、セキュリティ運用業務の立ち上げからアプローチすることが多く、各施策の横串がなかなか通らない、重複または過剰な投資を行ってしまうことが往々にして見られる。そのためにも、まずはトップダウンで経営層がサイバーセキュリティ戦略の立案を行うことが重要なのである。加えて、現在の日本企業には事業戦略とｄＸ戦略、サイバーセキュリティ戦略がアラインしていない、もしくは個々の戦略すら実施されていないケースが散見される。サイバーフィジカルの時代に生き残るには、こうした戦略のアライメントを取ることも喫緊の課題だ。

日本企業のサイバーセキュリティ先進事例

このような課題に対して、いち早く対応している先進的な日本企業もある。製造業Ａ社は、ｄＸ推進時に発生する新たなリスクを最小限に抑えるためのセキュリティアセスメントを、製品やサービスの品質を向上させるものとして捉え方を変えた。このＡ社はまず、自社のセキュリティビジョン・戦略の実現に求められるセキュリティ成熟度を測ることから取り組んだ。その際、デロイト トーマツが保有するセキュリティ成熟度のベンチマークデータを基に、競合他社やdX先進企業と自社とを比較し、サイバーケイパビリティの自社の立ち位置と、dX戦略にアラインしたサイバーセキュリティ戦略の目指すべき姿を明確化した。そしてアセスメントフェーズでは、デロイト トーマツのCSFを活用し、技術的要素に加えて戦略、ガバナンス、組織・人、プロセス、ポリシー等の観点でもセキュリティ施策を洗い出した。これにより、従前のような技術的要素の観点だけではなく、自社のサイバーケイパビリティを企業全体の視点で捉えることができ、自社の特性に応じたサイバーセキュリティ態勢の高度化を実現したのである。

これまでの精緻なモノづくりにおいても、きめ細かいサービスにおいても、日本企業は「品質」を第一義に進んできた。この事例からもわかるように、サイバーケイパビリティを高めることは、製品やサービスの品質を向上させるための「攻め」の投資と捉え、経営アジェンダとしてトップダウンで取り組むことが肝要だ。

3　Japan Qualityに必須な「ＩoＴセキュリティ」

セキュリティをデザインする考え方を持つ

サイバーケイパビリティは、製品やサービスのライフサイクルを通じて企画、設計、担保し、その費用はサービス原価と捉えるべきだ。特にＩｏＴに関わる製品の場合、セキュリティを後から考えるのではなく、ライフサイクルの初期の企画段階で担保する必要がある。第４次産業革命のキーテクノロジーの一つであるＩｏＴは、フィジカルとデジタルをつなぎ合わせるキーフレームとして多くの企業でも導入が進められている。フィジカルを強みとしてきた日本の製造業が、今後持続的な成長をしていくためには、ＩｏＴをベースにした第４次産業革命への挑戦が欠かせない。

ウーバーの配車システムに見られるように、自動車やスマートフォンといったリアルなモノとそれを効率的に運用するデジタルが融合することで、モビリティ業界にはすでに革命が起きている。その一方で、社会基盤としてのＩｏＴ化が進むことで、デバイス管理の難しさも浮き彫りになっている。なぜならば、すべてがつながり合うコネクテッドワールドでは、サイバー攻撃の社会的影響は従来と比較にならないほど大きいからだ。そのため、製造業においてサイバー攻撃を考慮したセキュアな製品開発・製造は喫緊の課題と言えるだろう。

第3次産業革命（情報革命）においてもセキュリティは課題であったが、サイバー攻撃を受ける企業が「被害者」になるというセキュリティリスクであり、社会的影響は限定的だった。しかし、第4次産業革命下においては、サイバー攻撃を受けた企業もセキュリティ対策の不備を放置していたとして、顧客をはじめとするステークホルダーから攻撃を幇助した「加害者」と見られる可能性がある。加害者になり得る以上、企業はステークホルダーに対して、セキュリティ対策の説明責任を果たすことが求められる。そこで重要になるのが「セキュリティ・バイ・デザイン」である。

セキュリティ・バイ・デザインとは、企画・設計段階においてセキュリティの脅威を洗い出し、その対策を検討するもので、内閣サイバーセキュリティセンター（NISC）などさまざまな機関が提唱している。万が一インシデントが発生した際に、なぜこのようなセキュリティ対策を施したのかを示す証拠にもなる。

セキュリティ・バイ・デザインの検討

セキュリティ・バイ・デザインの立案には、被害者視点から加害者視点へと180度転換した発想が求められる。被害者視点ならば、主観的に脅威の洗い出しや対策検討を行っても問題にならないが、加害者視点ではそうはいかない。説明責任を果たすには客観性が必要となるのだ。具体的には、「セキュリティ脅威の洗い出しにおける網羅性」と個々の脅威に対する「セキュリティ対策の客観的な妥当性」を可視化するのである。

また、セキュアでありながらも競争力を維持するためには、「コスト」も重要な観点だ。しかし、従来のITセキュリティの延長線上でセキュリティ機能をウオーターフォールで検討したり、ベストプラクティスを取り入れようとしたりすると機能過多の過剰整備に陥り、コストが膨らむ可能性が高くなる。これを避けるには、先に機能と価格を決めて、セキュリティ・バイ・デザインを実施する。

日本の製造業は長年、何銭何十銭とコストを削りながら、真摯にモノづくりに取り組んできた。その結果、日本の製品は高品質という評価を受けている。その一方で、ITでは他国に先を許してしまい、さらには少子高齢化の加速で、モノづくりを強みとする日本の製造業は厳しい局面を迎えている。この厳しい時代を生き残るには、高付加価値の製品で国際競争力を維持しなければならない。それが、安全で安い高品質なＩｏＴデバイスだ。ＩｏＴセキュリティは開発購買をはじめとする日本のモノづくりの現場発想力が強みとなる分野なのだ。

最終目標は、セキュリティ・バイ・デザインに基づく設計・施工、それをＰＳＩＲＴ(Product Security Incident Response Team)につなぎ、最後にＳＯＣ（Security Operation Center）で24時間監視するというバリューチェーンの構築。それらを実現することで、これから本格化する第４次産業革命の時代に、日本のモノづくりが飛躍できるチャンスは無数にある。

4　ポストコロナ時代のサイバーセキュリティ戦略――日本企業は何をすべきか

巨大化する「サイバーフィジカル空間」はサプライチェーンをはじめとする多様なエコシステムを包含し、これからのビジネスの主戦場になるだろう。フィジカルに強みを発揮してきた日本企業もｄＸを通じて競争力を発揮し得る領域だ。こうした変化の大前提には、データの流通があり、各産業の膨大かつ重要なデータをどのように守るかがポイントにな

図表3-28　サイバーセキュリティ戦略の重要性

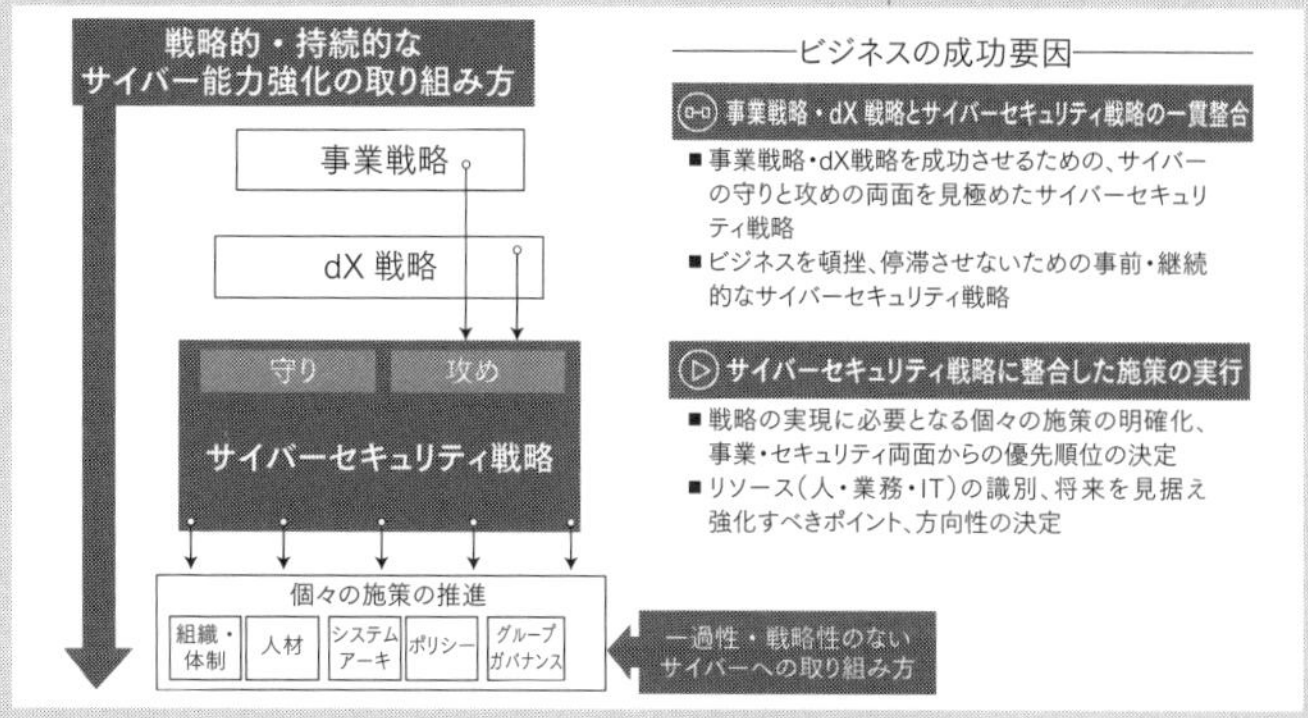

る。ポストコロナの時代には、サイバーフィジカル空間を基軸に、エコシステム化がますます加速され、ステークホルダーとの関係性も広がっていくだろう。こうした変化の先には、サイバーセキュリティは日常的に取り組まなければならない経営アジェンダとしてよりいっそう優先度が高まるだろう。

日本企業は、まず自社にとって必要なサイバーケイパビリティを「深さ」「機能」の面から見極め、サイバーセキュリティの高度化を図る態勢づくりが必要だ。そして、事業戦略、dX戦略、製品・サービス戦略とサイバーセキュリティ戦略のアラインメントを取り、一気通貫で進めることが喫緊の課題である。日本企業では、セキュリティ運用業務の立ち上げからアプローチする企業が多く、各施策の横串がなかなか通らず、重複または過剰な投資を行ってしまうことも往々にしてある。そのためにもまずはトップダウンで経営層がサイバーセキュリティ戦略の立案を行うことが肝要と言えるだろう。サイバーケイパビリティを上げることは企業の差別化要因となるだけではなく、企業全体のガバナンスの向上に寄与し、国内外のグループ全体、ひいてはサプライチェーンのガバナンスの向上にもつながる。最終的には、経営品質の向上をもたらす。多くの日本企業がサイバートランスフォーメーションを実現し、サイバーという新しい分野でもJapan Qualityを実現することを期待してやまない

本節の Key Takeaways

サイバーセキュリティ戦略を「つながる世界」の競争力の源泉にするために

- ▼経営層がトップダウンで攻守両面をカバーしたサイバーセキュリティ戦略の立案を行う
- ▼自社にとって必要なサイバーケイパビリティを「深さ」「機能」の面から見極める
- ▼事業戦略、dX戦略、製品・サービス戦略とサイバーセキュリティ戦略のアラインメントをとり、一気通貫で推進する

Governance——増大する不確実性のなかで信頼をつなぐ

ステークホルダー重層化時代に求められるガバナンス戦略

Section 8

急速に進展するテクノロジーとそれにより加速されるさまざまなイノベーションにより、経営環境を取り巻く不確実性が高まるなかで、企業とステークホルダーの信頼をつなぐうえで求められるガバナンスのあり方も、これまでとは大きく変わりつつある。

主に数値化された過去情報のモニタリング機能に基づき、既存のルールなどに当てはめて考えるだけのこれまでの「後追い」的なガバナンスでは、新たに生まれる「見えないリスク」や「未経験のリスク」に対応しきれないからだ。こうしたガバナンス変革の必要性は、多くの企業がコロナショックの影響を受けて経営全体の見直しを迫られるなかで、よりいっそう顕在化してきている。本節では、ガバナンスという語を、取締役会や監査役の役割など業務に限った狭義の意味合いではなく、企業経営や事業運営において執行機能をサポートする経営企画やリスク管理部門、コーポレート機能を担う法務・コンプライアンス、情報セキュリティ、リスクマネジメントや内部監査部門を含めた役割や業務を広義のガバナンスと捉え、両極化時代を乗り切るためのガバナンスのあり方を提唱する。

1 今後企業が直面する「見えないリスク」や「未経験のリスク」

エコシステムの広がりで懸念される「見えないリスク」

第2章で見たように、多様なプレーヤーが産業横断的につながり合って形成されるエコシステムが、個別産業内での競争に代わって、今後の巨大イノベーションと新規ビジネスの機会創出の主戦場となると考えられる。その背景には、ヒト、モノ、サービスが常時インターネットに接続され、クラウド上でさまざまな情報が関連性を持って結合されたコネクテッド・ワールドが実現することで、個々の商品やサービスの機能的価値よりも、それらを組み合わせて得られる一連の経験価値を提供することが、ますます重要性を増してきていることがある。

トータルな経験価値の提供を実現するためには、個別産業の枠を超えた複数のプレーヤーの連携・協力が不可避となる。エコシステム全体としての魅力を増し、競争力を向上させるためには、自社だけでカバーしきれない部分を、エコシステムを構成する多様なプレーヤー間で補完しながら、共通の事業目標達成に向けて緊密かつ俊敏に連携・協力していくことが求められるのだ。

　こうしたエコシステムにおいては、自社のコアビジネスではない部分を相互に補強し合うことが前提であるため、当然、つながり合う他社についてわからないことも多い。しかも、エコシステム内でのモノ、サービス、データ、お金などの流れは、第3章第4節でも見たように、サイバー空間、フィジカル空間、その中間に位置するサイバーフィジカル空間を複雑に行き交うものであり、その全体像を把握することは容易ではない。仮にある部分でエコシステム全体および自社に対して影響をおよぼすようなリスクが発生していたとしても、自社のコントロールがおよばず、「見えないリスク」として潜在化してしまう可能性がある。

　しかも、エコシステムに関与するステークホルダーが多様化していくと、リスクも多様化していくため、「見えないリスク」の全貌を捉えることは、ますます難しくなっていく。そして、「見えないリスク」が知らない間に肥大化し、顕在化したときには自社ではリスクに対応する術も知見もなく、巻き込まれるがままとなり、回復不能なレピュテーション上のダメージを被るという状況に陥りかねない。競争力を向上させるためのエコシステム形成が、逆に事業継続に影響をおよぼすリスクとなり得るのだ。

テクノロジーの活用に伴って発生する可能性がある「未経験のリスク」

少子高齢化に伴う労働人口の減少への対応や、研究開発力の向上などの目的から、AIをはじめとする最先端テクノロジーのビジネスへの活用は急速に拡大している。実際、AIの利活用が増加している傾向は、デロイト トーマツが日本に拠点をおく企業向けに行った「AIガバナンス サーベイ2019」[19]で、56%がAIを「利活用している」「利活用に向けた取り組みを始めている」と回答していることからも明らかだ。

その一方で、広がりつつあるテクノロジー活用は、時代の先端をいくものであるため、既存のルールの枠組みや、当初の想定を超えたさまざまな「未体験のリスク」を引き起こす可能性を有している。典型的な例が、学習データにより変化するアウトプットがある。昨今、業務の効率化を目指してチャットボットを導入する企業が多く見られる。しかし、作為的にチャットボットに非倫理的なデータを学習させることで、回答内容として差別的な内容を返すようにしたり、偏向していた採用データを学習することで意図しない選考結果につながったりする事例も見られる。チャットボット導入がこれまでに想像・経験していなかったリスクを生んだのである。このような「未経験のリスク」に対して、どのようにすれば適切な学習データを用意することができ、その結果に責任を負うことができるのかという議論は始まったばかりだ。

新たなリスクをコントロールしきれない日本企業の課題

これまで見てきたような「見えないリスク」や「未経験のリスク」をどのように予見したり速やかに察知したりして、事業拡大や他業種参入の意思決定スピードをスポイルすることなく、その拡大とそれによる損失を最小限に食い止めるか、ということが、企業にとっての広義のガバナンスにおいてますます重要なテーマになっていくことは確実だ。しかしながら、多くの日本企業において、こうしたテーマに関わる本格的な検討がなされているとは言い難いのが実情ではないだろうか。

デロイト トーマツでは、AIが持つ固有のリスクを9つに分類（図表3－29）し、それらのリスクへの日本企業の対応状況を「AIガバナンスサーベイ2019」で調査した。その結果を見てみると、すべてのリスク項目において「リスク未認識」の回答は17％を下回り、AIの利活用にあたり、一定レベルのリスクは認識されていることが示された。しかしながら、こうしたリスクに対して「コントロール実施済」との回答は、すべてのリスク

図表3-29　AIガバナンスの構築

	種別	内容
モデルガバナンス	不公平な判断	AIが特定の性別や国籍等のグループに、不公平な判断を行うことにより、社会的非難を受けるリスク
	人の身体や財産への危害	AIが誤った判断をすることにより、人の身体や財産に危害を加えてしまうリスク
	不透明な判断根拠	AIの判断結果の根拠の提示を利用者から要求された際に、説明できないリスク
	精度劣化	時間の経過によりAIの予測精度が劣化してしまうリスク
データガバナンス	敵対的事例	AIに対し悪意のある入力を行い、判断ミスをさせることにより、事故を誘発したり、社会的非難を受けたりするリスク
	契約トラブル	AIの開発を外部委託した際、学習データや学習済みモデルの所有権で、トラブルになるリスク
	データ汚染	悪意の有無にかかわらず不適切なデータを学習させることにより、AIに判断ミスをさせ、事故を誘発したり、社会的非難を受けたりするリスク
エシックス・プライバシー	知財・情報流出	外部に公開しているAIに大量の判断をさせ、その結果を基に知財（データ・モデル）が流出するリスク
	プライバシー侵害	AIがユーザーを高度にプロファイリングすることにより、ユーザーの機微情報が推定され、プライバシーを侵害してしまうリスク

出所：AI ガバナンスサーベイ 2019（デロイト トーマツ グループ）

図表3-30　AI固有リスクへの対応状況

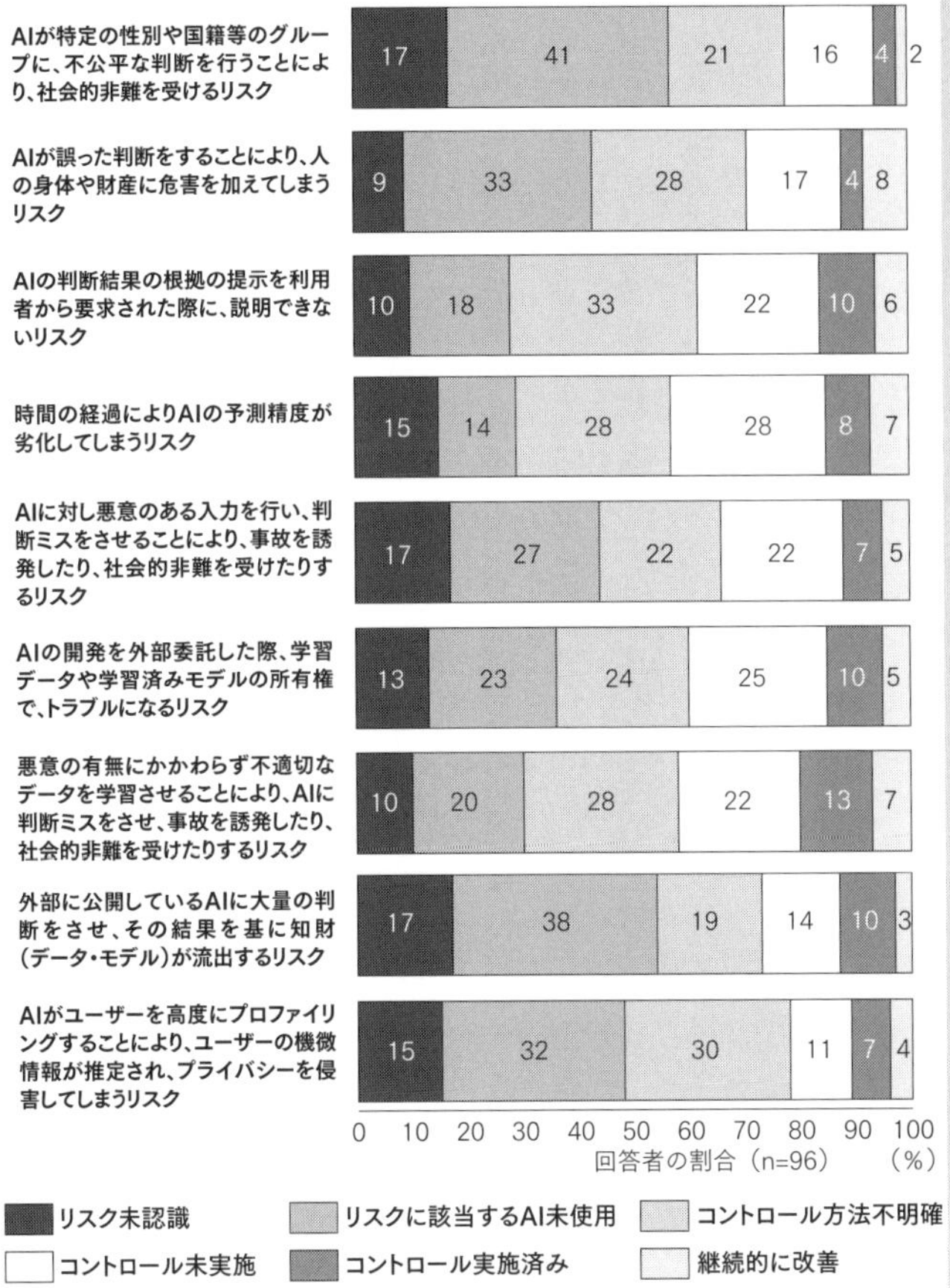

出所：AIガバナンスサーベイ2019(デロイト トーマツ グループ)
※図表は四捨五入により合計が100%にならない部分がある

項目で13％を下回る結果となった（図表3‐29）。このことから、多くの企業において、この種のリスクの存在を認識しつつも、それをどのように具体的にコントロールするべきかという方法を確定できていなかったり、必要なコントロールを十分に実施できていなかったりする実態が浮き彫りになった。

これまでの日本企業のガバナンスの機能は、基本的には経営陣が決めたことの適否を審議し、それに「お墨つき」を与えたり、所定のルールに準拠しているかどうかを確認したりすることに主眼が置かれていた。ひと言でいうならば、「後追いのガバナンス」であった。これでは、当然「見えないリスク」や「未経験のリスク」についても、それらが発生してからの対応とならざるを得ない。ＡＩの利活用が進む現在においても、従前の「後追いのガバナンス」になっていることは、前述の「ＡＩガバナンスサーベイ２０１９」の調査結果で、リスクをある程度は認識しながらも、それらを十分にコントロールしきれていると言える企業が極めて限られているということにも顕著に表れている。

しかし、ＡＩやデジタルに関わるテクノロジーのビジネスへの活用が急速に拡大するなかにおいては、こうした後追いでのガバナンス対応では、先端的な技術活用によって自社商品やサービスの競争優位を確立することや、自社のコンピテンシーではない領域へのエコシステムを通じた参入において企業の事業継続に重大な影響をおよぼすようなリスクをコントロールしていくことは困難だ。新しいデジタル・テクノロジーに起因するリスクを、既存のルールの枠に当てはめて適切に予見したり管理したりするということ自体に、無理があるからである。そして、既存のルールをすべて遵守していたとしても、前述のチャットボットが引き起こす事例などが現実に発生した場合、当該企業はさまざまな批判や責任追及にさらされる事態を免れないであろう。これからの企業のガバナンスは、既存のルールを守ることや既存の考え方に当てはめて考えることだけで、その責任を全うできるわけではないのである。

2 両極化の時代に求められるガバナンス変革

「見えないリスク」「未経験のリスク」に対峙する3つの要諦

では、こうした「見えないリスク」や「未経験のリスク」を的確に予見し、その発生を未然に防ぐことを可能にするガバナンス体制を構築するために、どのようなアプローチが求められるのだろうか。確実に言えることは、対象とするリスクの範囲が急速に拡大し、また、それを察知して管理・統制するうえで依拠すべきルールや枠組みも状況によって変動するような環境のなかで、ガバナンス機能自体が、「後追い」「受け身」と言われるような状態から脱却しなければならないということだ。両極化時代に求められるガバナンス機能の要諦として3つの視点を取り上げたい。

①経営戦略とのアラインメントの強化

対処すべきリスクを先回りして特定し、具体的な対処方法を指し示していくことを可能にするガバナンスへの変革を図るうえでは、さまざまなリスクとそれがもたらす影響を予見し分析するという点において、そのケイパビリティの大幅な向上を図ることが不可欠だ。経営陣（執行サイド）によって打ち出された戦略や方針などについて、二番煎じ的になぞるのではなく、ガバナンス機能としてタイムリーかつ多角的に検討を加えたうえで、その戦略や方針が合理的なものと言えるのかどうかを検証する機能を果たすべきである。

たとえば、経営陣が、自社の顧客データを活用して、ある戦略的なアライアンス先企業の先端AI技術を活用した分析モデルの構築を進めようとしている場合を考えてみよう。経営陣の方針を受けて、ガバナンスとしても、事業性の観点から、その技術は自社ビジネスに適合するものであり、他社には真似のできない優位性があり、投下するコストも将来的に創出される価値から見て妥当なものか、といった視点から具体的な検討を行うことが求められる。それに加えて、法務・コンプライアンスの観点からは、そのモデルを構築するためにどのデータをどう処理するのか、顧客から預かったデータの利用手段として顧客と合意されているか、ベンダーや他社にデータが送られる場合、どのデータがどのように管理されるのか、構築された学習済みモデルの知財の権利帰属はどう整理されているのか、構築したモデルがベンダーによって他社へのサービス提供に利用されることはないか、といった点まで検討する必要がある。さらに、最も本質的なポイントとして、新たに構築される分析モデルには現行のモデルに対して優位な差が認められるか、モデル構築に利用されたデータは自社の顧客デモグラフィックを代表するものであるのか、といった点までガバナンスの視点からも検討することが求められる。

実際には、多くの企業が他社とのアライアンスとの取り組みから成果を出すことを急ぐあまり、目の前に現れた機会を拙速につかみがちで、十分に客観的な比較検討をせずに、いつの間にか確証バイアスにとらわれて意思決定をしてしまうケースもまま見受ける。そうした陥りがちな状況において、経営陣が経営戦略に沿って適切な意思決定を行えるよう、ガバナンス機能として適時に、多角的かつ客観的にリスクを検証し、助言できるケイパビリティが求められるのだ。

②ガバナンス部門のテクノロジーケイパビリティ向上と他部門との連携強化

前項と密接に関わることとして、ＡＩやデジタル・テクノロジーに関する知見の獲得が必要になる。こうしたテクノロジーが絡む領域で、経営陣の説明を鵜呑みにするのではなく、むしろ、経営陣に先んじてリスクの存在を指摘しつつ、それに対処するために求められるアジェンダを率先して設定することが求められる。

そのために、私たちはよく「会社で『2番目に優秀なＡＩエンジニア』をガバナンスサイドに引き入れてください」と企業の方々に話している。最も能力の高いエンジニアはその手腕を企業の成長のため、新しい事業のためにフルに活かして、実務面の柱として現場を支えてもらう必要があるだろう。ビジネスの最前線部門ではないことから「2番目だってもったいないだろう」という意見もあるかもしれない。しかし、これからのガバナンス部門には、「2番目に優秀なエンジニア」レベルの人材は、どうしても必要なのだ。それが難しい場合は、外部からこれらの知見を有する人材をアドバイザーとして迎えて不足するスキルや知見を補いながら、ガバナンスを担う人材の育成機会としても活用してほしい。

才能溢れるエンジニアが構築した複雑高度なロジックや、最先端の技術を売り物にするベンチャーとの提携や協業を進めようとするのであれば、そのくらいテクノロジーを理解でき、またそれがビジネスのなかでどのように活用されているかを熟知した人材をチームの一員として擁していなければ、テクノロジーに関わる「見えないリスク」や「未経験のリスク」を予見することは不可能である。結果、「なんだかわからないけど、進めたいのなら仕方ない」「わからないからやらない」ではガバナンス機能を果たしているとは言えないのではないか。

特に、法務・コンプライアンス部門は、テクノロジーを活用した新商品や新サービスが、どのような潜在リスクを内包しているのかをスピード感を持って検討し、経営のスピードを減速させることなく法令違反やレピュテーションリスクを把握するとともに、そうしたリスクの回避策を示すことが求められる。

優秀なエンジニアであればあるほど、技術や仕組みに特化しがちであり、法務やコンプライアンス的な対応は後手に回るか関心がないこともある。そして技術理解の薄いコーポレート部門が彼らにとってはイノベーションの障害にさえ映る。法務部門にしてみれば前例がなく、これまでの自社の強みとも異なる領域で聞いたこともない技術を使ってサービスを提供しようとしているのが危なっかしく懸念が膨らむ。結果、対応は保守的、受け身的になる。同じ目的に向かっているはずの2者の間には大きなギャップがあることがままあるのだ。

これを回避するためには、新規事業部門やテクノロジー部門と法務・コンプライアンス部門が、車のアクセルとブレーキの関係ではなく、ビジネスの両輪となるような関わり方で業務のなかで向き合うことが不可欠だ。それには、前述のようにガバナンスを担う部門が深くテクノロジーを理解することに加えて、企画段階から専任の担当者を配置してプロジェクトや案件に深く関与することが望まれる。

③パーパスに基づく、倫理・道徳的な判断基軸の確立

最後に、もう一つ重要なことは、法令遵守を超えた次元で、自社としての倫理・道徳的な対応方針まで構想できる企業としての基本理念やフィロソフィーの確立である。テクノロジーの発達とその利活用領域の拡大のスピードが高まる一方であるなかで、それらに対する法的な規制は、問題が顕在化してからの「後追い」にならざるを得ない。

したがって、適用法令の有無にかかわらず、あるべき人間社会とテクノロジーの関係などについて自社としての理念を確固として持ち、常にそれに立ち返って考える仕組みと企業風土を醸成することが肝要なのだ。第2章で、新たな経営モデルの構えの根幹を成すものとしてのパーパスの重要性について触れたが、企業としての明確なパーパスの裏づけがあれば、こうした理念を打ち立てて維持していくうえで大きな力になることは言うまでもないだろう。

3　デジタル・テクノロジーを活用したガバナンスの最新事例

以上で見たような3つの要諦を押さえつつ、ガバナンス機能を大きく変革していくうえにおいては、デジタル・テクノロジーの活用により「見えないリスク」や「未経験のリスク」を積極的に可視化し、リスクを高い解像度で予見・察知することで、いち早く必要な経営判断やアクションに結びつける必要がある。このようなガバナンス機能強化に直結するデジタル・テクノロジー活用のあり方について、最新事例を踏まえながら見ていきたい。

取引先企業の倒産確率の予測は、これまでは過去の財務情報に基づいて行われるのが一般的だった。これに対して、デロイト トーマツでは、よりリアルタイムに近いデータソースとして、あるクライアント企業の営業担当者の日報に着目した。AIを活用したテキストマイニングの手法により、営業担当者が日々の訪問活動から得た取引先の動向などを記載する膨大な日報データを分析し、過去に倒産した企業の傾向をモデル化することで、6カ月先に倒産する取引先をこれまで以上に高い確度で予測することを可能にしたのである。

しかも、このモデルを用いて割り出された「倒産見込み企業」のなかには、社内の従来の格付けでは「正常」と判断されていた企業が数多く含まれていた。リアルタイムのデータを分析して倒産リスクを可視化することで、最新の財務情報では絶対に倒産しないと考えられていた企業の突然の倒産まで予測できるようになったのである。経営陣もこの結果に大いに触発され、以降、個別取引先に対する取引限度額の設定方法や、事業投資や融資などのあり方の抜本的な見直しが進められることになった。

本節冒頭でも言及したように、今後のビジネスにおいては、自社だけでカバーしきれない部分を、エコシステムを構成する多様なプレイヤー間で補完しながら、共通の事業目標達成に向けて緊密かつ俊敏に連携・協力していくことが求められていく。これにともない、今後のガバナンスにおいては、エコシステム全体を拡張された一つの企業体（Extended Enterprise）と捉え、サプライヤーや代理店、委託先などによるサードパーティ・リスクをより広視野角から把握・分析していくことが求められる。

あるグローバル製薬企業では、こうした視点に立って、自社の供給網や販売網に連なる数千社におよぶサードパーティ企業群を対象として常時モニタリングを行っている。デロイトが提供する全世界12言語・約65万件におよぶ幅広い情報ソースから継続的にデータを収集し、ＡＩとＮＬＰ（自然言語処理）を活用したデータ分析手法を取り入れることで、財務リスクだけでなく、贈収賄、環境・安全、サイバーセキュリティ、人権・プライバシー、データ保護に至るまで、幅広いリスクに関して、個別企業ごとのネガティブデータを瞬時に抽出できる態勢を整えているのだ（デロイト トーマツでは、このような態勢構築を「TPRM：Third Party Risk Management」と呼ぶ）。このようにしていち早くアラートが出されることで、エコシステム内の潜在リスクを洗い出し、その拡大・拡散を未然に防ぐことを可能にしているのである。

こうした事例からもわかるように、これからは、ガバナンス機能自体が、自社として対処すべき（潜在的な）リスクや、そのリスクに関して具体的にモニタリングすべき指標を先回りして特定し、経営陣がそうしたリスクにどのように対処していく必要があるかを、積極的に指し示す存在になる必要があると言えるだろう。そのために必須とされるテクノロジーへの投資を惜しんでいる暇はない。

4　ポストコロナ時代のガバナンス戦略――日本企業は何をすべきか

ポストコロナの世界では、対面、現物、現場といった実態をできる形から非対面、オンライン、リモートといったチャネルを通じての意思決定がより活発になっていくだろう。旧来の価値観とプロセスを補完する位置づけであったデジタル技術の活用は、ポストコロナにおいては主たるガバナンス手段として速やかな対応が求められる時代になる。

今後、過去からの延長線の経営思考だけでは、ポストコロナの未来に発生し得る「見えないリスク」と「未経験のリスク」に的確に対処していくことはできない。また、数値化された過去情報を見るだけでも不十分だ。デジタル・テクノロジーを駆使して、多種多様なデータを可視化し、過去から未来につながる時間軸の広がりや、拡大するステークホルダーとのつながりを視野に入れ、将来の「見えないリスク」と「未経験のリスク」をカバーしていくことができなければ、持続的な成長は見込めないだろう。

こうした未知で不可視な領域が急速に増大する時代のなかで、ガバナンス機能の果たすべき役割は何だろうか？　ガバナンスは経営陣とともに企業経営の両輪を成す存在として、一方で経営陣を監視・牽制しつつ、もう一方で、経営陣に先んじて対処すべきリスクを予見し、企業の進むべき方向性をガイドしていく積極的な役割を担う必要がある。そのためには、先に述べたように経営戦略とのアラインメントや、ガバナンス部門自体のテクノロジーケイパビリティの向上、そしてパーパスに基づく倫理・道徳的な判断基軸の確立が欠かせない。「見えないリスク」「未経験のリスク」に対峙し、企業価値を上げることこそが、これからのガバナンスに求められる使命なのである。

本節の
Key Takeaways

増大する不確実性のなかで信頼をつなぐために

▼デジタル時代のリスクに対応するために強化すべき機能や組織のあり方を構想する

▼デジタル・AI知見・人材の獲得と実践によってガバナンス機能を拡充する

▼ガバナンスを支える自社の基本理念やフィロソフィーを再定義する

Section 9

多様化・重層化する「つながり」を活かすタレント・エコシステム

Talent──パーパスと個人の価値観をつなぐ

多様化する人材を求心力をもって束ね、継続的に高い成果に結びつけるためには、組織全体で共有し得るパーパスを高く掲げ、個々人が自身の価値観と帰属する組織のパーパスとのつながりを実感できるようにしなければならない。

ビジネス環境の変化に俊敏に対応して新たな価値を創出するうえで、これまでのピラミッド型組織を前提とした人材マネジメントは限界を迎えている。今後の企業には、パーパスに共感する多様な人材に活躍と成長の機会を与え、状況に応じて必要なスキルや経験を持った人材を柔軟にキュレーションすることが可能になるような「タレント・エコシステム」を構築することが求められるのだ。

また、こうしたタレント・エコシステムが機能するためには、組織カルチャーの根幹にDigital DNAを埋め込むことで、多様な人材が組織や専門性の違いを超えてアジャイルに協働し、顧客の課題やニーズを先取りしたアイデアを失敗を恐れずに実践し得る環境づくりを行うことが肝要だ。

1　両極化の時代に求められるタレント・エコシステムの構築

限界を迎える従来の人材マネジメント

これまで主流であったプロパー人材と自前の人事制度を軸とした人材マネジメントは限界を迎えている。その理由は大きく2つある。

一つは、働き手の多様化への対応が求められる点だ。いま、世界の労働人口の構成は激変している。2025年までに、約70％（日本では65％）の労働力が新しい特徴・嗜好性を持ったミレニアル世代（1983年から1994年までに生まれた世代）へと変わろうとしているのである。[20] そのミレニアル世代にZ世代（1995年から2002年までに生まれた世代）を加えたミレニアル世代以降の人材は、フリーランスやギグワーカー等の新たなワークスタイルを選択肢の一つとして持つことにさほど抵抗がない。彼らのような価値観を持つ世代を含めて多様な人材を受け入れるには、場所や時間にとらわれないネクストノーマルな働き方を実現しなければならない。

もう一つは、単一の企業や単独の部署では、今後さらに増幅する両極化の波を乗り越えられないことが挙げられる。第2章第2節で説明したように、特にデジタル化の進展に伴い、個別産業内での競争に代わって、産業横断的に形成されるエコシステムが、今後の巨大イノベーションと新規ビジネスの機会創出の主戦場になろうとしている。こうしたなかで持続的な成長を実現するには、外部人材をも活用した新たなタレント・エコステムを形成し、これまでにない発想やイノベーションをどれだけ創出できるかどうかが重要となる[21]。そのためには、組織の壁、部署の壁を超えたネットワーク型思考への変革が必要となる[22]。

多様化・重層化する組織と人材のつながり

限界を迎える人材マネジメントから脱却するために注目すべきポイントは、組織と人材のつながりが以前から大きく変化している点である。物理的なつながりが変化した例として、コロナショックをきっかけに急速に進んだリモートワーク化がある。新型コロナウイルスが流行するまで、日本企業の多くは毎日社員がオフィスに出社し、机を並べて仕事するというスタイルが一般的だった。それがいままでは、現場に人がいなければならないという無意識の制約や前提が払拭されている。通勤も、感染予防のために時差通勤が推奨されるようになった。東京五輪を見越して時差通勤の協力を要請していた政府や鉄道会社よりも、コロナショックのほうが効果的だったのである。結果として、場所も問わない、時間も問わない、多様な働き方へと日本企業は半ば強制的に変えさせられたことにより、人材との物理的なつながり方が多様化することとなった。

従来の「主（企業や組織）」と「従（個人の働き手）」という縦のつながりを、フラットなつながりへと移行する動きも出ている。2020年3月、トヨタ自動車が副社長制度を撤廃し、副社長と執行役員を執行役員に一本化すると発表した。記者会見で、代表取締役社長・豊田章男氏は「さらに階層を減らすことによって、私自身が、次世代のリーダーたちと直接会話をし、一緒に悩む時間を増やすべきと判断した」とフラット化の狙いを語っている。[23] トヨタ自動車のような日本を代表する大企業であっても、生き残りを賭けて、経営者自らが旗を振りフラットな組織への転換を図り、企業と人材がつながる形自体の変革を試みている。

さらに外部人材とのつながりも加速する。デロイトがグローバルで実施した調査「グローバル・ヒューマン・キャピタル・トレンド 2019」では、フリーランス／個人事業主を活用していると回答した割合は、グローバルでは86・42％、日本では73・08％であり、ギグワーカーを活用していると回答した割合は、グローバルでは70・91％、日本では59・62％であることから、すでに活用が広がっていることがわかる。その一方で、グローバル

図表3-31　自立した個によるネットワーク型組織（タレント・エコシステム）への移行

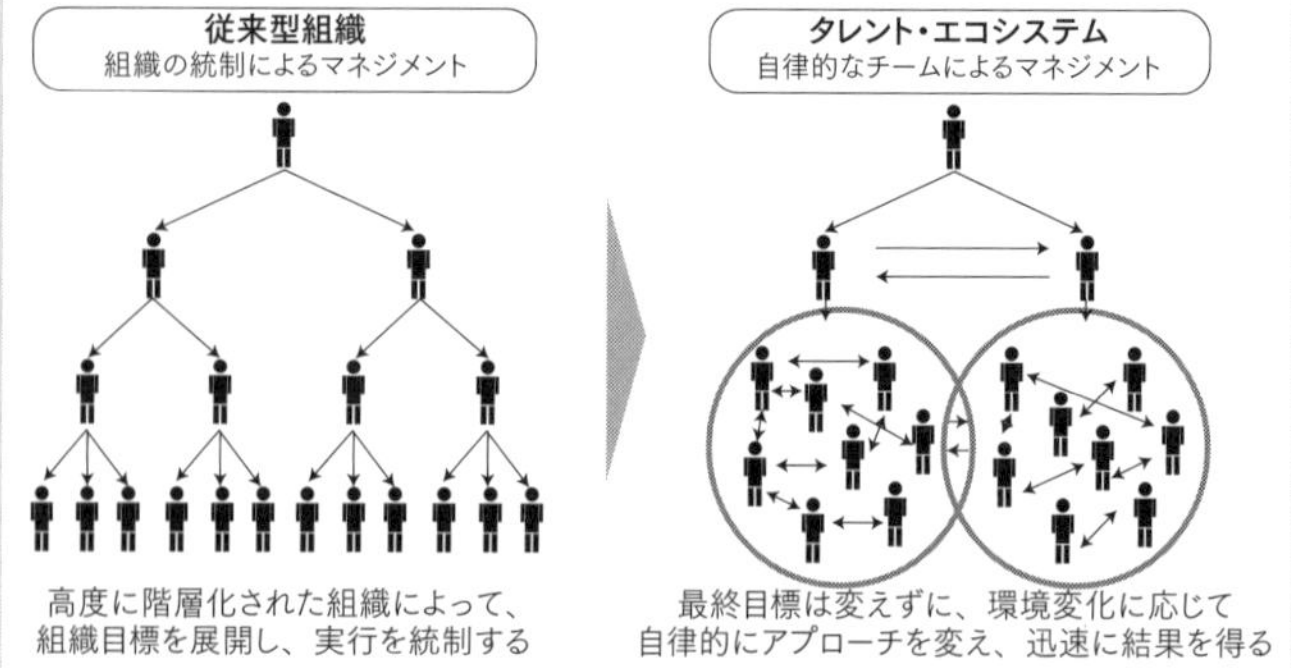
従来型組織
組織の統制によるマネジメント
タレント・エコシステム
自律的なチームによるマネジメント
高度に階層化された組織によって、
組織目標を展開し、実行を統制する
最終目標は変えずに、環境変化に応じて
自律的にアプローチを変え、迅速に結果を得る

との乖離があることから、日本ではフリーランスやギグワーカー等の活用が今後活発化することも想定される。このように外部人材とのつながりが新たに発生することで、企業と人材のつながりは重層化していく。

多様な人材を活かす「場」（プラットフォーム）づくりへの転換

企業と人材のつながりが多様化・重層化していく状況においては、多様な専門性や価値観を持つ人材を集約し、新たな価値を創出する「人材のキュレーション」と価値を創出する「場」（プラットフォーム）の構築が求められる。まさに人材によるエコシステムを形成していくべきなのだ。これを我々は「タレント・エコシステム」と呼んでいる。

ただし、タレント・エコシステムを形成するうえでは、従来の雇用形態のように、企業が求める「型」にすべて合致する人材を雇用する（外部人材であれば活用する）という意識のままでは、人材の確保に時間がかかるうえ、結局既存の人材の代替でしかない。これでは新たな価値やイノベーションは創出しない。求められるのは、ミレニアル世代以降の人材やフリーランス、ギグワーカー等の外部人材が求める業務で得られる経験や個人の価値観を重視し、ケースバイケースで部分的でも活用するという「場」づくりと意識の変革だ。タレント・エコシステムという「場」において、多様な人材を受容し、スキルや能力を柔軟かつ機動的に活用することができれば、既存の人材による既存のやり方に縛られた、既存の価値提供だけにとどまるという状態から脱却することが可能になる。

2 パーパスでタレント・エコシステムを持続可能にする

タレント・エコシステムを構築し、持続可能にするためには何が必要なのか？

組織と人材のつながりがフラットになり、個人の働き方がより流動的になることで、組織が人材を選んでいた時代から、組織が人材から選ばれる時代になっていく。

これは、デロイトの「2019年デロイト ミレニアル年次調査」[24]から見えてきたミレニアル世代以降のキャリア志向性だ。アンケート調査によると、日本のミレニアル世代の2年以内の離職意向は49%（グローバルも49%）。また、日本のZ世代の2年以内離職意向はミレニアル世代よりも高い64%（グローバルは61%）だった。このことから、より若い世代ほど「会社を辞める」ことに抵抗感がないことがうかがえる。しかも、この傾向は5年以上同じ企業にとどまるかを問う質問への回答結果によってより強化されている。5年以上同じ企業にとどまる意向は、日本のミレニアル世代は25%（グローバルは28%）だが、Z世代はわずか10%（グローバルは19%）だったからだ。

日本では従来、不満を抱えてもある程度の期間は我慢すべきだという考え方が根強かった。しかし、いまは組織に不満を抱えたまま働き続けるよりも、自分の納得のいく人生を歩むために外へ出ようという考え方が主流となりつつある。この変化には、フリーランスやギグワーカーなど働き方の選択肢の幅が広がったことが大きく影響する。

だが、こうしたワークスタイルは、環境的・物理的な働く場と時間を働き手自身が選ぶことを前提としている。ゆえに、働き手個人に何ができて、何を得られるのか、どのような影響を与えられるのか。そういう部分に訴求できなければ、日本企業が働く場として選ばれることはない。これは人材確保に難航するだけでなく、人材の流出にもつながる。

それでは、何があれば働き手に選ばれるのだろうか。それは、パーパスを高く掲げることだ。パーパスを高く掲げることで、働き手はその「場」における自分自身の存在意義を感じることができるうえに、その「場」で得られる経験などを想像することができるようになる。パーパスに働き手が共感することができればその企業や組織に魅力を感じることにつながるが、まずはパーパスという御旗を掲げない限り、働き手に訴求することさえできない。パーパスと個人の価値観がつながることで、多様化・重層化する企業と組織のつながりを強固にすることができ、従来のような主従関係の雇用のつながりから脱却できる。さらに、そのパーパスに共感する人数が増えれば増えるほど、持続的に人材をキュレーションすることさえ可能になっていく。

既存の人材は切り捨てるべきか？

それでは、既存の人材とはどのように向き合うべきだろうか。米国型の人材戦略では、スキルもなくアウトプットもない人材は容赦なく切り捨てる。一方、日本型の人材戦略の場合、希望退職を募って組織をスマート化する日本企業もあるものの、基本的にはどんな人材でも、終身雇用の名の下にフォローする。雇用の安定は組織の安定、ひいては社会の安定につながるため、成果が見られないからとやみくもに切り捨てればよいというものではないからだ。そもそも日本文化には、米国型の人材戦略がマッチしないということもある。

　だが、このぬるま湯の状況は、コロナショックで変わるかもしれない。コロナショック前は曖昧だった線引きが、ポストコロナではより厳しくなる可能性があるのだ。そこで起きる最も高い可能性は「リ・スキル」である。十分なアウトプットを出せないが切り捨てることもできない人材には、時代についていけるようにスキルやマインドセットをアップデートしてもらうのである。世界経済フォーラムが、全世界の労働者に求められるスキルの42％が２０１８年から２０２２年の間に変化し、54％以上の従業員が２０２２年までに、学び直しやスキルの向上を求められると予測している[25]ことからも、このアップデートは急務であると言えよう。

　幸い、デジタル化が進んだ現代では、リ・スキルのためのコンテンツに誰でも容易にアクセスできる。日本だけでなく世界中のさまざまなスキルやノウハウを学ぶことができることから、スキルアップはもはや限られた人だけのものではない。もっともその分、スキルやノウハウの陳腐化も早まってはいる。だが、適宜リ・スキルすることで、キャッチアップの可能性は十分にある。キャッチアップした人材をタレント・エコシステム内で活用していくことで、タレント・エコシステムはより持続可能なものにすることができるだろう。

では、リ・スキルは誰が責任を持って取り組むべきであろうか。デロイトが行った調査「グローバル・ヒューマン・キャピタルトレンド2020」[26]では、「スキルの獲得を踏まえた人材育成の責任は企業にある」と回答した割合が73％と最も高かった。既存人材がリ・スキルを前向きに捉えたうえで、自らのキャリアを自律的に構築するように、企業が責任を持って制度面から後押しすることが重要なのだ。そして、今後の日本型の人材戦略においては、長寿命化[27]による労働期間の長期化[28]にも対応していかなければならない。企業がこの変化に対応するべく、既存人材を切り捨てずに社内外を問わず人材をキュレーションできる制度を報酬面も含めて整備することで、既存人材がタレント・エコシステムにおいてもバリューが発揮できる仕組みを構築できれば、大きな成長力強化につなげることが可能となる。この舵取りを企業が実現できるか否か。変化の激しい両極化の時代は、個人のキャリア構築の観点からも、ピンチにも一発逆転のチャンスにもなり得るため、経営者の力が問われるポイントと言えよう。

3　タレント・エコシステムにDigital DNAを組み込む

タレント・エコシステムを拡大し価値創造やイノベーションを加速させるデジタル・テクノロジー活用

多様化する働き手に対応していくには、地理的な隔たりを超え、バーチャルでの業務を可能にするネクストノーマルな働き方を実現しなければならない。ネクストノーマルな働き方では、従来の働き方のように場所に縛られることも、face to faceのコミュニケーションも前提としていない。このネクストノーマルな働き方を実現させるためには、デジタル・テクノロジーの活用が欠かせない。そして、デジタル・テクノロジーを活用した労働環境を構築できれば、日本国内に限らず、世界中どこからでもタレントを組み合わせて仕事ができるようになる。たとえば、リード役はシンガポールからチームを束ね、そのサブとなるのは日本やオーストラリアのスタッフというように、最適な人材を集めたチーミングも可能となる。このように、適材適所の人材活用が容易になり、よりいっそう多様な人材をタレント・エコシステムにキュレーションすることが可能となる。

そのタレント・エコシステムだが、必ずしも一つに限定されるわけではない。企業単位、プロジェクト単位でパーパスがあるように、パーパスに紐づいて複数のチームが機動する。チームとチームがつながり、ネットワーク型の組織が組成されることで、タレント・エコシステムは拡大していくのである。タレント・エコシステムは拡大すればするほど、より多種多様な人材がキュレーションされる。多種多様な人材が集まれば、エコシステム内の人材同士が相互作用し始め、これまでに想像し得なかった発想が連鎖的に生まれ、その組み合わせが無数に広がる。価値創造やイノベーションの加速度が増し、活性化していくのである。

"D"Xから"d"Xに変革をもたらすDigital DNA

ここまで述べてきたように、価値を創出するためにはデジタル・テクノロジーの活用が前提となる。それでは、デジタル先進企業が備えている特徴とはどのようなものだろうか。デロイトはマサチューセッツ工科大学（ＭＩＴ）とフェイスブックとの共同研究によりデジタル時代に求められる組織が持つ特徴的な23の要素を抽出した。それが「Digital DNA」である。Digital DNAのそれぞれの要素について、自社の現状と世界の平均的な水準や競合との違いを精査し、組織風土やカルチャーに関して継続的な改善を進めることが、デジタル時代において成長し続ける特徴を備えた強い組織をつくり上げるうえで避けては通れない。既存の人材を「リ・スキル」したり、社外から優秀な人材を獲得してきたりしても、所属組織全体の風土やカルチャーが彼らの活躍を可能にするような特徴（DNA）を備えていなかったため、こうしたデジタル人材が早期に退職していく、という話は有名企業などでも珍しいことではない。Digital DNAを組織全体に埋め込み、構成メンバー全員の意識や行動が変革するよう粘り強く取り組むことが肝要なのである。

たとえば、大手情報通信企業であるA社は、dXの推進を担う新しい組織を立ち上げる際、Digital DNAに基づき、組織風土やカルチャーの面において新組織に求められる特徴は何か？　ということを、リーダー全員でゼロベースで徹底的に検討した。既存組織の特徴（Original DNA）をそのまま踏襲した組織運営を行うのではなく、dXの推進という全社の変革をリードする機能を果たすのに相応しいDNAを意識的に植えつけようと考えたのだ。

議論を重ねた結果、A社では、同社が従来から持つDNAを考慮しながらも、新組織において特に大事にすべきDigital DNAとして、「失敗を通じた学習の浸透（図表3‐32の5番）」と「アジャイルな動きの浸透（図表3‐32の8番）」を特定した。そして、「意思を持

図表3-32　Digital DNAとは?

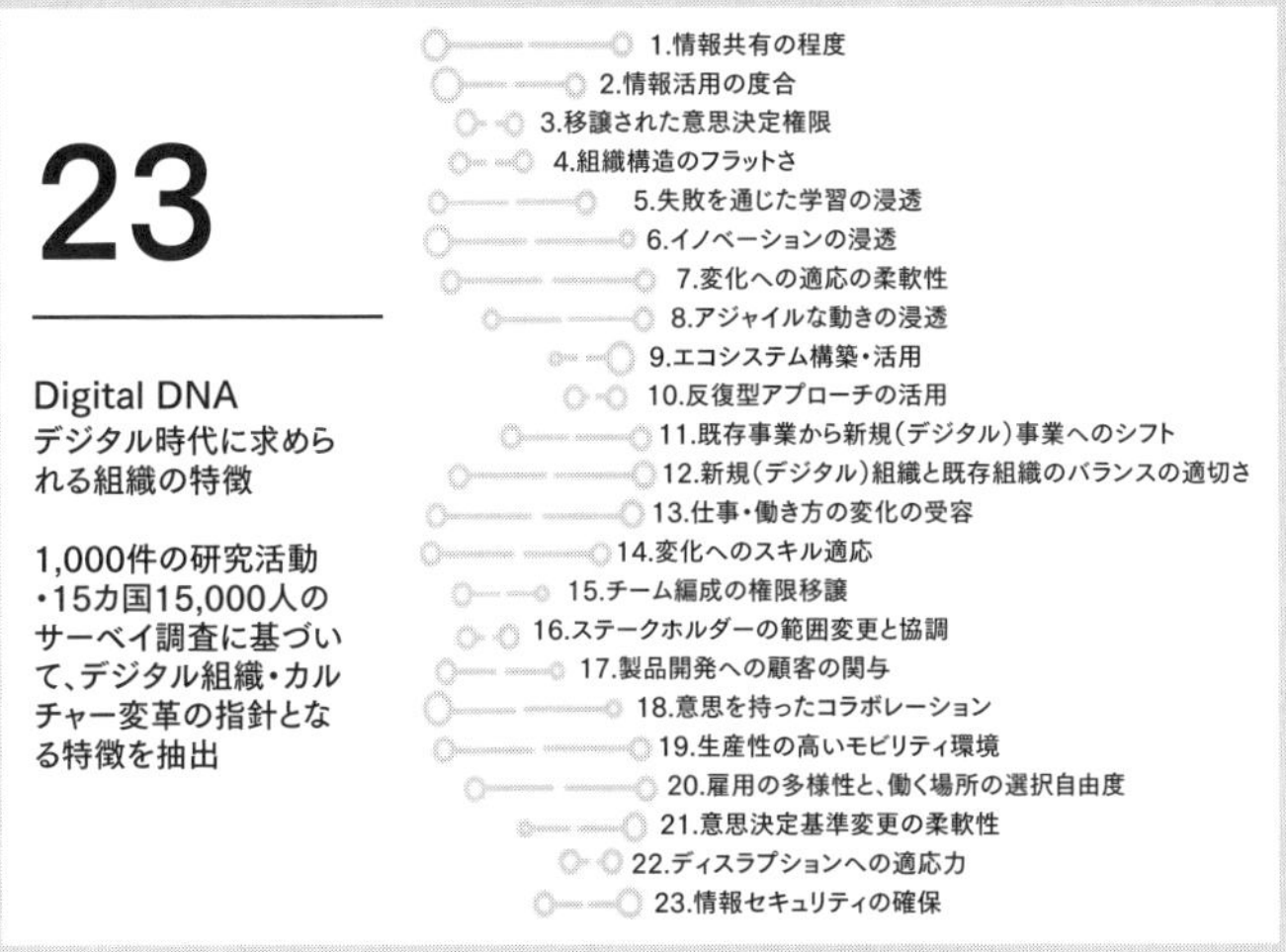

出所：「ACHIEVING DIGITAL MATURITY」よりデロイト トーマツ作成

ったコラボレーション（図表3-32の18番）」を促していくために、前例や既存の制度にとらわれない新たな制度や取り組みを導入・推進することにした。たとえば、こうした新たな取り組みの一環として、自社の従業員をベンチャー企業に常駐させることで、ベンチャー企業がどのようなスピード感で業務を遂行し、アジャイルな動きを実践しているかを日々体験できる場をつくった。構成メンバーが交代でこうした実体験を繰り返し、それを持ち帰って共有することで、自社内で「アジャイルな動き」を起こしたり、「失敗を通じた学習」

を促進したりするためには何が効果的なのかを話し合い、具体化していくきっかけになったと言う。このような形で、経営者の強い意思の下に皆が目的を共有しながら継続的に取り組むことができれば、「Original DNA」にはなかった「Digital DNA」を組織に浸透・定着させていくことは十分可能なのだ。

この事例からわかるように、Digital DNAの23個の要素すべてを一度に変える必要はない。会社によって必要となる要素は異なるからだ。自社のパーパスに照らし、自分たちが強みにしたい要素、さらには今後の世界をサバイブしていくうえでこの要素は強化していかなければならないという部分にフォーカスして伸ばしていくといいだろう。23個の要素のうち、もともと自分たちが備えていたDNAに、時代に合わせて追加しなくてはならないものを組み合わせるというイメージに近い。

では、平均的な日本企業では、Digital DNAはどの程度定着しているのだろうか。日系大手の代表的な企業数社について調査を行ったところ、以下のような特徴が抽出された（図表3-33参照）。

- 「情報セキュリティ」や「インフラ／オフィス環境」のスコアが高い企業が多く、各社ともリスク回避のためのセキュリティ強化や、成果の測りやすいハード面の整備に注力してきたことが推察される。

図表3-33　日本企業のDigital DNAに関する調査結果

digital DNA powered by Deloitte Digital

	大手エネルギー業 A社	大手製造業 B社	専門サービス業 C社	情報サービス業 D社
組織のデジタル化に向けた変革ステージ※	Doing	Doing	Doing	Exploring
Traits Top3	情報セキュリティ	先進性	情報セキュリティ	多様性
	インフラ / オフィス環境	情報セキュリティ	ステークホルダー管理	インフラ / オフィス環境
	ステークホルダー管理	意識的なコラボレーション	意識的なコラボレーション	不測の事態への備え
Traits Worst3	事業変化のバランス	柔軟性	デジタルスキルの習得	情報共有
	デジタルスキルの習得	デジタルスキルの習得	権限移譲	情報活用
	デジタルに対応した職務	俊敏性	事業変化のバランス	権限移譲

出所：「Digital DNAサーベイ」よりデロイト トーマツ作成
※詳細は図表3-34「組織のデジタル化に向けた変革ステージ」参照

・「意識的なコラボレーション」や「ステークホルダー管理」といった要素のスコアが高い点については、従来物事を進める際に関係者を巻き込む〝調整文化〟〝擦り合わせ文化〟が根づいていることが推察される。ただし、これらは必ずしもdXにおける真のコラボレーション（組織・事業・職位を超えてタイムリーに必要な人材と協働すること）のレベルに達しているとは言いきれず、あくまでさまざまな関係者の意識の擦り合わせができているレベルにとどまっている可能性がある。

・「権限移譲」「事業変化のバランス」「デジタルスキルの習得」のスコアが低い企業が多い点からは、各企業ともに、柔軟で迅速な意思決定、革新的な新規事業と既存事業の両立、新たなスキルへの適応といった、市場

図表3-34　組織のデジタル化に向けた変革ステージ

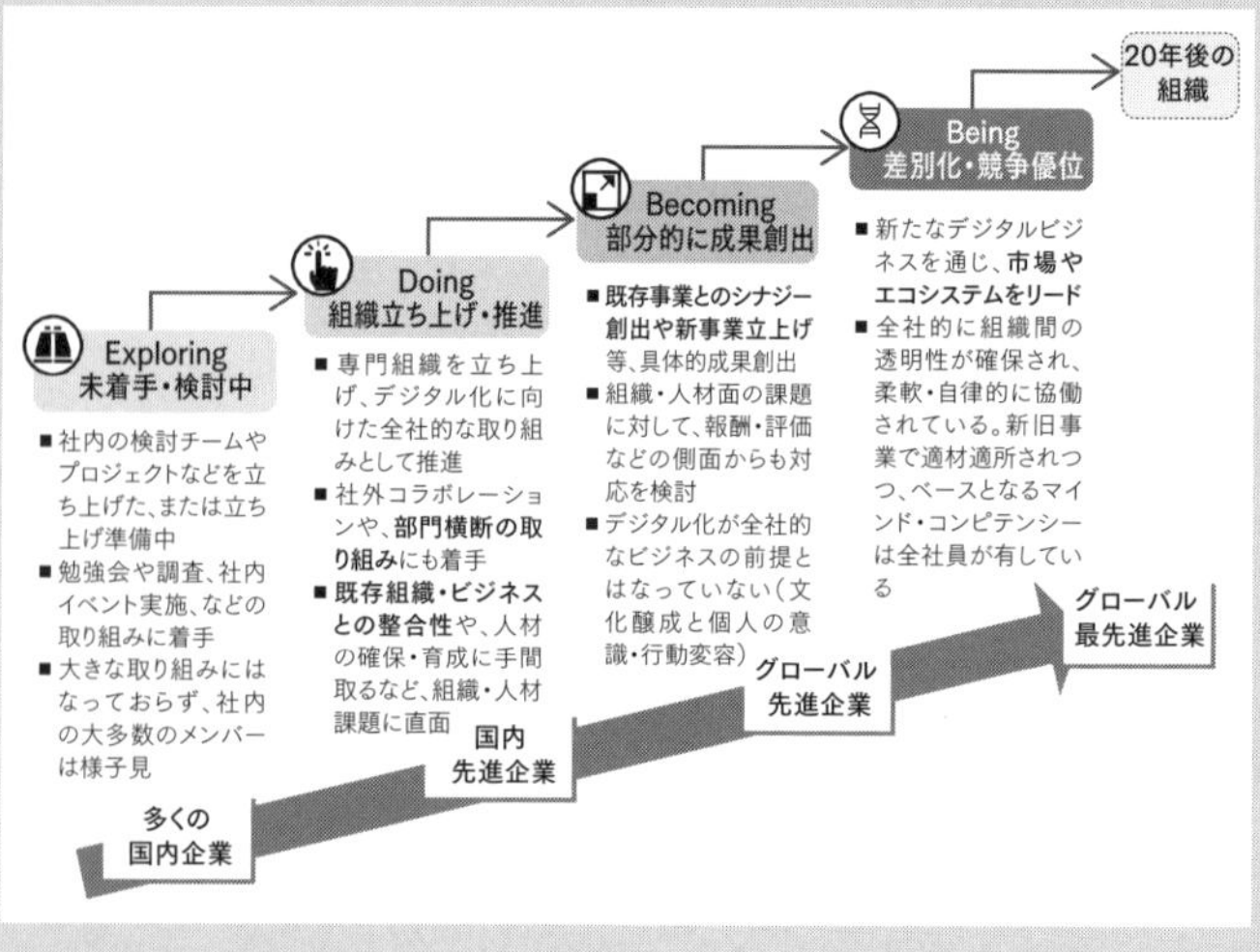

出所：「ACHIEVING DIGITAL MATURITY」よりデロイト トーマツ作成

変化へのスピーディで柔軟な適応に課題を抱えていることが推察される。

以上から、総じて日系大手企業では、セキュリティやインフラ等のハード面の整備は進んでいる一方で、急速な市場変化への柔軟な適応に関わるDigital DNAの要素の組織的な習得という点において、改善余地が大きい傾向にあることが推測される。

多くの日本企業のDX（ここではあえて〝D〟Xを用いている）は、新たなICTの導入・活用はするものの、既存ビジネス・オペレーションの踏襲（Doing）にとどまっている。だが、ビジネスを根幹から変革するdX（デロイトトーマツが提唱する〝d〟X）を推進していくには、組織・人材の課題を超え、その成果として顧客価値・競争優位を創出する状況（Being）にまで変革しなければならない。それには、組織全体で共有し得るパーパスでタレント・エコシステムを束ねるとともに、組織カルチャーの根幹にDigital DNAを埋め込む必要がある。そうしてはじめて、多様な人材が組織の壁や専門性の違いを超えてアジャイルに協働し、顧客の課題やニーズを先取りしたアイデアを、失敗を恐れずに実践し得る環境が整ったと言えるのだ。

4 ポストコロナ時代の人材マネジメント——日本企業は何をすべきか

コロナショックによって半ば強制的に働き方を変えざるを得ず、ポストコロナ時代にも以前のような状態へ完全に戻ることは想定されていない。ネクストノーマルの働き方が普及していくことが想定され、個人の価値観がより重視されていくようになるだろう。

さらに日本は少子高齢化に伴う人口減少トレンドにあり、それに伴い、若年労働力が今後減少し続けていくことが社会課題となっている。このような状況下で、企業にはデジタル・テクノロジーを活用することで人にしかできない業務に人を振り分け、生産性を向上させていくことが求められてきたが、コロナショックによりこの流れは加速する（dXの「時計の針」は加速する）。個人の価値観が重視され、企業と人材のつながりが多様化・重層化する両極化時代では、パーパスを掲げて多様化する人材をキュレーションして、活かすタレント・エコシステムが鍵となる。タレント・エコシステムの拡大と価値創出につなげるdXを実現するために、組織にDigital DNAを組み込んでいく。両極化時代には、経営モデルとともに、人材マネジメントのあり方も変革し、タイムリーに最適な人材をキュレーションすることで加速するビジネス環境の変化や増大する不確実性の波を乗り切らなければならない。

本節の
Key Takeaways

パーパスと個人的価値観をつなぐために

- 多様な人材が自らの価値観とのつながりを実感し得るような、組織全体で共有し得るパーパスを掲げる
- ますます多様化する価値観や働き方を包摂し、最適な人材のキュレーションを可能にする「タレント・エコシステム」を構築する
- 「Digital DNA」を組織に組み込み、イノベーションを持続的に創出する組織文化を醸成する

Chapter 4

新たな経営モデルへの変革の進め方

前章では、企業経営に関わる主要なテーマ・領域において、dXを通じていかにして一見相反する両極的なものをつなぎ合わせ、新たな価値創出を実現し、経営のあり方を根本的に変革していくべきかについて解説してきた。しかし、企業経営全体を俯瞰して見た場合、具体的にどのようにdXを軸とした変革のロードマップを描き、どこから変革をスタートさせていけばよいのだろうか？　と思われる方もあるだろう。

また、すでに社内でさまざまなデジタル変革の取り組みが進行中であるという企業も多いと思われる。目的や位置づけが異なる多様な取り組みを整理し、それらを束ねながら、真に必要とされる変革の方向性を指し示していくことが求められるのだが、企業規模が大きいほど組織や機能が複雑に入り組み、そうした方向づけは容易ではないのも事実だ。

そこで、本章では、あらためてあるべきdXの全体像を踏まえ、自社の取り組みの状況を振り返って整理するための枠組みを提示するとともに、dXを進める際の基本ステップを解説することにしたい。そのうえで、dXを軸とする経営モデルの変革の進め方に関する4つの代表的な類型を示し、それぞれの企業が自社に相応しいdXの変革ロードマップを具体化していく際の着眼点と思考のフレームワークを提供することにしたい。

1　経営全体の視点から見たｄＸの全体像

ひと口にｄＸと言っても、ＲＰＡを活用したオペレーションの効率化や既存事業のサブスクリプションモデルへの変換、新規事業開発など幅広い。そこで、ｄＸの全体像を図表４‐１のような枠組みで整理し、多様な取り組みの位置づけを明確化することで、自社の取り組み状況を振り返るところからスタートする必要がある。

図表４‐１のなかで、左側の２つの象限（ＡおよびＢ）は、「業務のTransformation」と呼ばれるものである。すでにある業務プロセスを所与としつつ、それをさらに高度化したり効率化したりするためのケイパビリティを獲得することを目的とする変革の取り組みだ。このうち、Ａの「社内業務の自動化」は、ＲＰＡやＡＩなどを活用してさまざまな社内業務の生産性向上を目指すものである。また、Ｂは「バリューチェーンのデジタル化」と言われるもので、顧客や取引先・サプライヤーなどを巻き込んだデジタルマーケティングやデジタル・サプライ・ネットワークの構築を通じて、既存のバリューチェーンから生み出される付加価値の向上を目指す取り組みである。

他方、図表４‐１の右側の２つの象限（ＣとＤ）は、「ビジネスのTransformation」と呼ばれるもので、ビジネスモデル自体の変革を目指す取り組みである。このうち、Ｃの

図表4-1　デジタルトランスフォーメーションの全体像

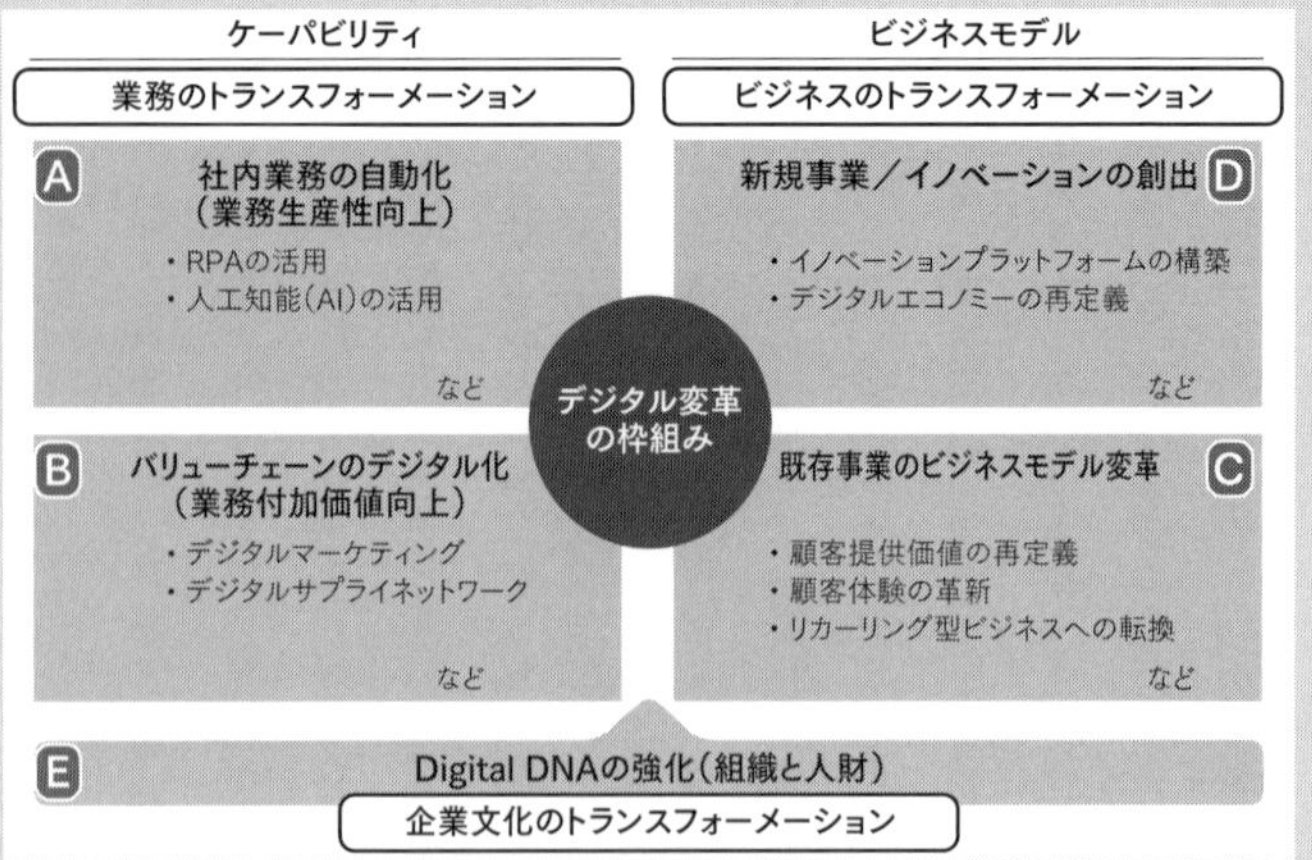

「既存事業のビジネスモデル変革」は、既存の事業ドメインを所与としつつ、サブスクリプション型ビジネスへの転換やカスタマーエクスペリエンスの革新を通じて、事業モデルの抜本的な変革を目指すものだ。また、Dの「新規事業／イノベーションの創出」は、イノベーションプラットフォームの構築やデジタルエコノミーのなかでの自社の提供価値の再定義などを通じて、既存事業とは一線を画する領域で、今後の成長のドライバーとなり得る新たなビジネスを立ち上げることを目指している。

さらに、図表4-1の下部にあるEは、「企業文化のTransformation」と呼ばれるものだ。全社規模で本格的にｄＸを推進していくためには、これまでのワークスタイルや組織風土・カルチャー自体の見直しと変革が不可欠である。Ｅに該当するのは、第３章第９節で紹介した「Digital DNA」を浸透・定着させることを通じて、組織間の相互連携のあり方やそれを構成する人材一人ひとりの意識と行動を変革することを目指す取り組みだ。

このような枠組みを用いることで、すでに進行中のものや現在計画中のものを含め、多様なデジタル変革の取り組みの目的や位置づけ、さらにそれらの間の相互の関係性などを、組織横断的に可視化して整理することが可能になる。バラバラに進めていたり計画したりしていたことの間で、どのような相乗効果を生み出していくべきなのか？　あるいは、現時点で欠落していて、今後新たに強化すべき取り組みはどのあたりにあるのか？　といった議論を、経営トップの俯瞰的な視点から行えるようになるのだ。

たとえば、デジタル変革の取り組みの重心が図表４‐１の左側の象限の「業務のTransformation」に置かれており、ＲＰＡなどのデジタルツールを活用した「社内業務の自動化」（Ａ）に偏っているようであれば、右側の象限の「ビジネスのTransformation」における新たな取り組みの可能性を検討してみる価値はあるだろう。また、「既存事業のビジネスモデル変革」（Ｃ）に関わる取り組みが本格化しているようであれば、それに呼応する形で「バリューチェーンのデジタル化」（B）を加速させる必要性の有無について考えてみることも必要かもしれない。「デジタル活用」を部分最適的な改善施策に終わらせることなく、両極化の時代における環境変化を視野に入れた経営モデル自体の変革としてのｄＸへと昇華させていくためにも、経営トップ自らが全社的な視点から方向づけを行うことが重要なのである。

2　本格的にｄＸを推進するための基本ステップ

それでは、部分的な「デジタル活用」の域を超えて、本格的なｄＸを推進していくにはどうしたらいいのだろうか。私たちはそれを、「Think big（大局で考える）」「Start small（小さく始める）」「Scale fast（一気に広げる）」という3つのステップに分けて示すようにしている。

まず、今後のビジョンやそれを実現するための戦略を大局的に構想するところからスタートし（Think big）、その有効性や実現可能性を、まず最も成果に結びつきやすいと思われる小さな単位でプロトタイプ化して示し（Start small）、それを踏まえて、軌道修正を重ねながら迅速に規模拡大と成果の実現につなげる（Scale fast）というものである。当たり

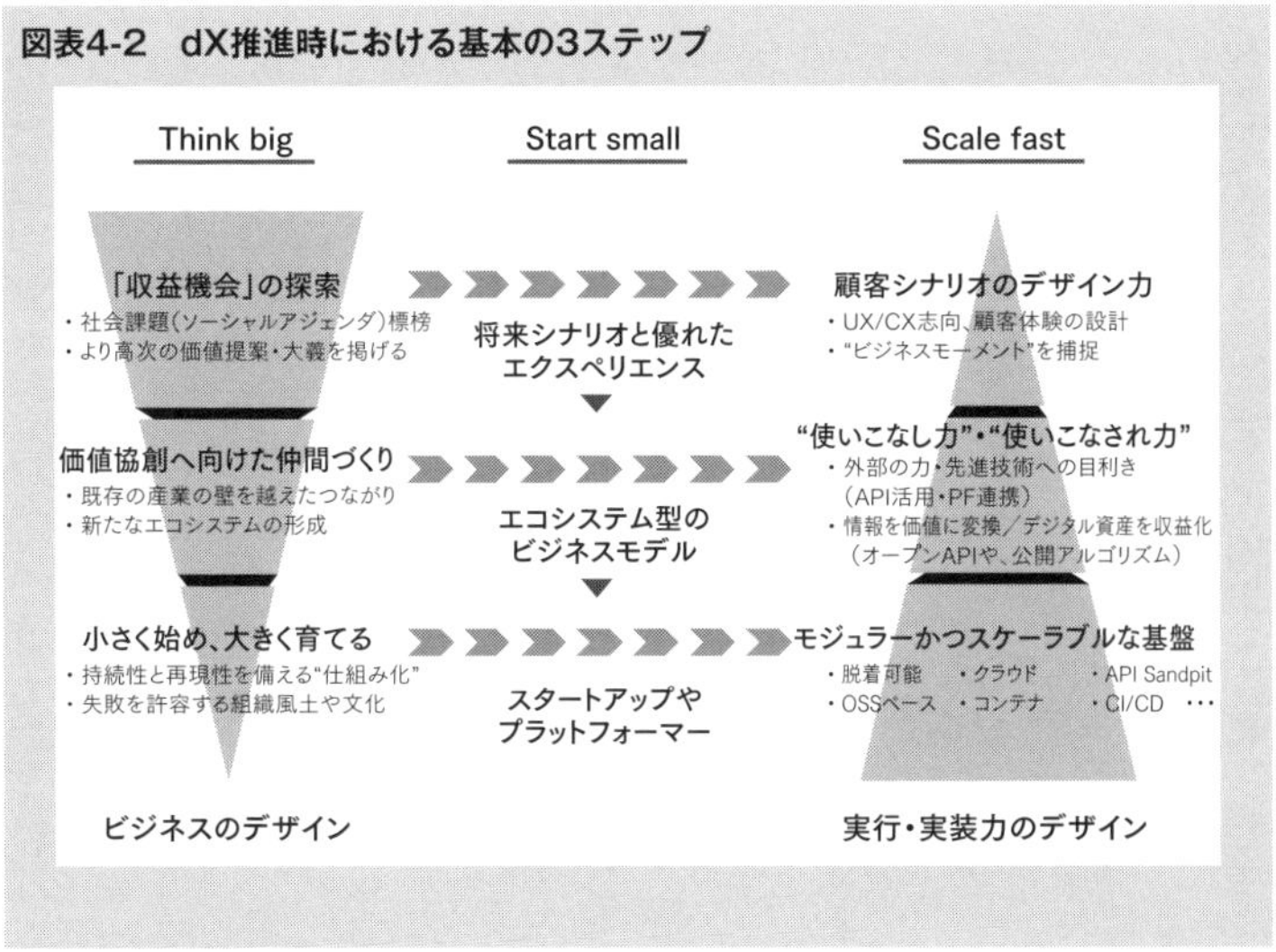

図表4-2　dX推進時における基本の3ステップ

前のことを言っているように聞こえるかもしれないが、このようなステップでdXに関わる取り組みを構想し、実行しきるのはそれほど容易ではない。

多くの日本企業が陥りがちな失敗のパターンの一つは、とにかく「小さく始めてみよう」ということで、Think bigを飛ばして、いきなりStart smallから入ってしまうものである。プロトタイピングが行われ、実証実験（PoC）が繰り返されていくが、戦略的な大局観に下支えされていないため、企業全体のなかではいつまでたっても周辺的な領域でのトライアルという扱いをされ、大きな成長につながらない。

また、Scale fastを実現するような組織的な態勢が整っていないと、せっかく成果が生み出されていても、それをタイムリーに規模拡大に結びつけられない。その結果、「ＰｏＣ倒れ」「ＰｏＣ疲れ」と呼ばれるような状態になり、関与するメンバーの意気が消沈し、取り組み自体も進退きわまってしまうのである。

このようなパターンに陥らないためにも、３つのステップを正しく理解して、一貫した取り組み姿勢で実行していく必要がある。こうしたステップに沿った変革を進めるうえで重要なのは、ｄＸを生み出す力を組織に組み込み内在化させること、そして、必要に応じて、外部の専門家やリソースを柔軟に活用することだ。なぜならば、変革にはスピードが求められるからであり、ＧＡＦＡやＢＡＴのようなメガプラットフォーマーが当たり前のように体現しているスピード感を実現することが、変革の推進には欠かせないからだ。以下では、それぞれのステップで具体的に何をするかについて解説する。

Think big（大局で考える）

Think bigは、大局的な視点から自社のビジネスデザインを行うフェーズだ。まず、第2章で見たように10年から20年の長期の時間軸（ズームアウト）のなかで、自社の世界観を固める。自社を取り巻く社会がどのように変わっていくのか？　人々の抱える課題や本源的な欲求はどうなるのか？　そして、そのなかで、自分の企業は、その固有の強みを活かしつつ、どのような大義を掲げ、どのように社会の課題の解決やニーズの充足に貢献していくべきなのか？　を徹底的に考えることから始める。

次に、3年から5年後を展望しつつ、長期で思い描く世界観の一端が、顧客ニーズの充足という形で価値として実現し、マネタイズされる瞬間（ビジネスモーメント）を思い描くのだ。その顧客はどこに存在して、何に困っているのか、どのようにして未充足ニーズが満たされるのか、それらを自社の事業領域でどうマネタイズするのかを具体的に想像する。さらに、顧客との対話を通して顧客すらも気づいていない潜在的ニーズを掘り起こす可能性まで織り込んでおくことができれば、デザインすべき顧客接点のイメージがよりいっそう豊かになることだろう。そして、こうしたエクスペリエンスを実現するうえにおいて、既存の産業の壁を超えてどのような新たなつながり（エコシステム）を構築しなければならないかを考えるのである。

ここまで熟慮したうえで、構想されたビジネスモーメントを実現するために、具体的なアクションをどこからどのようにスタートするべきかを考えるのだ。小さく始めて、再現性のあるわかりやすい成果を出すには、何からどのように手をつけたらよいのかを緻密に検討する。このようなThink bigのフェーズでの思考プロセスを経たうえで、次のStart smallに移っていくのである。

Start small（小さく始める）

Start smallは、プロトタイピングやパイロットを通じて最小単位から価値を実現するフェーズだ。アイデアをユースケースとして切り出し、ユースケースごとに単発で試していく。この段階では、未完成でもよいので、一定レベル以上のアイデアをどんどんプロトタイプ化し、早い段階から世の中の人々に使ってもらい、フィードバックを得ながら、それを継続的な改善に活かしていくようにするのが効果的だ。

開発においては、日本企業もアジャイル開発やソフトウェア開発と運用を組み合わせたDevOps（デブオプス）を実践するようになったが、その半面、前述のようなＰｏＣ倒れ、ＰｏＣ疲れとも言うべき現象が見られるようになった。その原因は、ＫＰＩにＰｏＣの回数やステージを進めた回数などを設定してしまうなど、本来Think bigで構想した世界観やビジネスモーメントを実現するための手段であるはずのＰｏＣが自己目的化してしまうことにある。

ＰｏＣ倒れやＰｏＣ疲れを防ぐには、プロトタイピングを通じてできあがったものを実際に利用する顧客に早い段階から試してもらうことだ。完成度が60点程度でも広く利用できるようにし、評価してもらう。そして、フィードバックをもらいながら、Think bigのフェーズで組み立てた世界観やビジネスモーメントに立ち返りながら、機能や品質、使い勝手をどんどん改良していくのである。

Scale fast（一気に広げる）

最後のScale fastは、Start smallで得られた結果に基づき、それにさまざまな軌道修正を重ねながら変革の成果を迅速に拡大していくフェーズだ。この段階では、構想されたビジネスモーメントを具現化したエクスペリエンスを実現するという観点から、実行力・実装力を上げるためのアーキテクチャをデザインし、それを目指したアジャイル変革を推進することが鍵となる。

こうしたアジャイル変革は、機能ごとにモジュラー化されて必要に応じて瞬時に拡縮を可能にする（スケーラブル）テクノロジー基盤に支えられることで初めて実現できるものである。また、目指すべきエクスペリエンスを短期間に実現するには、自前主義にこだわっていてはいけない。Think bigのフェーズで検討したエコシステムの構築を念頭に置いて、個別企業や産業の枠を超えて必要なデータや情報を収集し、それらを融合しつつ価値化し、さらに、それにより得られたデジタル資産を収益に結びつけることが肝要だ。そのためには、他社が公開しているAPIやアルゴリズムなどを徹底的に活用する〝使いこなし力〟、そして自社のAPIやアルゴリズムをオープン化することで他社に最適に活用してもらう〝使いこなされ力〟の両方が求められる。

実は、このScale fastのフェーズこそが、dXを推進するうえでの各社の巧拙が最も顕著に表れる部分であり、裏を返せば、最大の勝負どころと言うことができる。昨今では、クラウド活用などによりスケーラブルなテクノロジー基盤を用意し、APIのオープン化などにより他社のデジタルアセットをも有効活用することで、従来ならば1年以上かかっていた開発期間を数週間程度にまで短縮することが可能になってきている。こうしたスピード感についていけなければ、俊敏な競合の後塵を拝してしまい、それに先立つ2つのフェーズで取り組んだことも水泡に帰することになりかねない。

3 デジタル活用による経営モデル変革をいかに加速していくか？

――基本ステップから応用・具体的な推進へ

前節までで、dXの全体像と、dXを推進する際の基本ステップとしての「Think big」「Start small」「Scale fast」について解説してきたが、本節では、それらを踏まえながら、経営モデル全体の変革につながるdXをどのように構想し、推進していくべきかについて考察していきたい。特に、企業の規模が大きく、事業分野が多岐にわたるような巨大組織において、経営モデル全体を一気に変革することは容易ではない。自社の置かれている環境や、活用すべき資産や強み、経営戦略上の必要性などを考慮しながら、最も実効性が高いと考えられる変革の「勝ち筋」を描き、それを実行しきることが重要となる。

そこで、以下では、dX推進に取り組むなかで頻出する典型的な課題やハードル、陥りがちな罠を取り上げつつ、それらを乗り越えて変革をうまく加速していくための具体的なアプローチをいくつか紹介することで、それぞれの企業が自社に適した変革を構想・推進する際の参照基準を提供したい（図表4－3）。

【変革を加速するアプローチ①】インサイト駆動型

単発のＡＩ・アナリティクス導入にとどめず、組織として情報活用力の向上を目指す

社内業務やオペレーションの生産性向上、マーケティングやサプライチェーンに関わる業務付加価値向上などを目指す変革については、変革の力点としては図表４‐１のＡおよびＢに重心を置くものであり、すでに多くの企業において着手されているところだ。個別の分析テーマに関してＡＩを利用したＰｏＣなどから小規模にスタートした試み（Start small）を、単発のデータ処理・分析に終わらせることなく継続的かつ組織横断的な取り組みへと広げていき、個別のユースケースから得られたインサイトに基づき、ユースケースを次々に生み出して多層的につなぎ合わせ、組織全体の業務のあり方を根本的にデザインし直すような展開まで持っていくことを志向したい。このような組織的な変革を推進することを通じて、第３章第４節で述べた「インサイトドリブン経営」への転換を企業全体で一気に加速させるべきである。

このようなアプローチは、新たに得られたインサイトを起点とすることから、「インサイト駆動型」と呼ぶことができる。特にデジタル化を進めた結果、顧客とのタッチポイントが増えたり、他の企業とのオンラインでのつながりが拡大したりして、収集し得るデータ

図表4-3　dXの加速へ向けたアプローチの基本類型

変革の力点	典型的な課題・陥りがちな罠	変革を加速していくアプローチ	変革推進の類型
	単発のAI検証／アナリティクス導入（粒が小さい／バラバラ）	多層的にイニシアチブ展開・組織として情報活用力向上（IDO：Insight Driven Organization）	インサイト駆動型
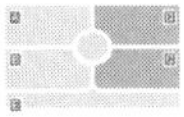	PoC倒れ・PoC疲れ／スピードやスケールの不足（限られた人にしかできないLab活動）	優れた顧客体験を次々生み出す「デジタルファクトリー」でイノベーションをも量産化（Global Digital Factory）	エクスペリエンス駆動型
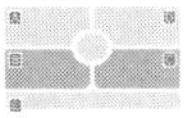	既存システムが足かせ／外と“つながる力”の不足（実装力・スピードの欠如）	基盤づくりから始め可能性を模索する逆算のアプローチ（Digital Platform + Open API）	プラットフォーム駆動型
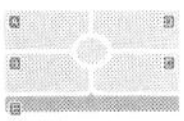	“Digital DNA”＝デジタルネイティブ企業とギャップ（デジタルに合う組織遺伝子が不足）	MVPならぬMVCから施策展開し、意識・風土を改革（MVC：Minimal Viable Change）	カルチャーチェンジ駆動型
⋮			

Digital DNA：デロイトとMITとフェイスブックとの共同研究によるベンチマーク手法
→デジタル企業の組織遺伝子を23の評価軸で測定・比較
MVC：Minimal Viable Change=必要最小限の組織・カルチャーチェンジ施策

量が急増するなかで、それらを効果的に分析して新たな価値創出に結びつけたいと考えている企業に適していると言えるだろう。変革の最初の踏み出し方としては、AIと高度なアナリティクスを担う専門部隊（CoE：Center of Excellence）を立ち上げ、情報活用の未来を見定めたうえで（Think Big）、リソースの確保や道具立ての整備に着手すべきであろう。

　具体的には、スクラム型の開発手法を踏まえつつ、取り組む分析テーマやアイデアごとに、エンジニア、データサイエンティスト、ビジネスプランナーなどの人材から構成され

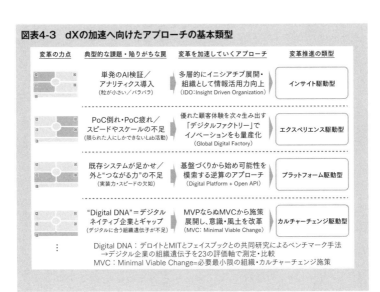

る最小チーム単位を置き、これを軸に分析のアイデアを棚卸しして優先度づけしながら変革を進めていくのが望ましい。取り組むテーマが増えれば増えるほど設置されるチームの数も増えていき、ビジネス成果が加速度的に増していくことになる（Scale fast）。また、戦略や業務のデザインなどを含め、取り組みの対象も多層的に広がっていくことが想定される。

【変革を加速するアプローチ②】エクスペリエンス駆動型

変革スピード／スケールの不足を補い、「デジタルファクトリー」で量産化を狙う

ｄＸを推進する際の中心的なテーマとして、効率化や生産性向上よりも、図表４‐１のＣおよびＤに変革の力点があるような、イノベーションやビジネスモデル変革を重視したいと考える企業も多いだろう。この場合、社会課題の解決などにつながる新たなエクスペリエンスを提供することを標榜し、次々と新しいサービスやイノベーションテーマをビジネスとして具体化しつつ急速な規模拡大を図ることで、他社とのエコシステムの構築などもからめながら、経営モデル自体の変革を推進していく流れとなる。これは、「Think big」「Start small」「Scale fast」という基本ステップが最もあてはまる「王道的なアプローチ」であるが、必要なリソースや仕組み、道具立ての整備が伴わなければ、変革がうま

く加速せず、経営の不満を募らせてしまう事態に陥りかねない。

たとえば、サブスクリプション型のビジネスを立ち上げることで既存事業における顧客との関係性の抜本的な変革を図ったり、デジタル・テクノロジーを駆使しつつ新たな事業ドメインに事業機会創出を狙ったりするようなケースでは、俊敏なアプリ開発などにより、顧客接点において提供価値をいち早く具現化するとともに、顧客からのフィードバックをリアルタイムで取り込みながら、エクスペリエンスの改善・高度化につなげる実装力を磨く必要がある。

そのために、手書きレベルのアイデアを即座にアプリ化したりして、プロトタイピングを通じてMVP（Minimum Viable Product：実用最小限の製品）をつくり、早い段階から顧客やユーザーからのフィードバックを得ながら軌道修正を積み重ねていく。顧客やユーザーからポジティブな反応があったものについては、次々にスケールさせていくことでイノベーションを量産化し、個別の新サービスを起点とする変革を組織全体に浸透・拡大させていくことが肝要だ。類型的に整理するならば、顧客やユーザーのエクスペリエンス起点の変革＝「エクスペリエンス駆動型」の変革と言えよう。

このアプローチを実践し、自らのものとして体得していくには、オープンイノベーションやデザインシンキングなどを取り込んで根本のアイデア創出力を強化して、アイデアの質・量を担保するだけでなく、そこで生まれてきたテーマを次々と検証・形にしてより良いものに仕上げていく手法・リソースの整備（アジャイル変革、DevOps部隊の立ち上げ）が欠かせない。さらに、第3章第6節で詳述したように、その過程で使う道具立て・デジタル変革を加速する実装基盤の整備（ＡＰＩマネジメントやコンテナ活用を含めたPlatform Engineering）も併せて進めていかなければならない。

海外の先行企業では、Global Digital Factoryと称して、一連のリソースや手法、道具立て・基盤を整備した専門的な機能組織を立ち上げるところも出て来ている。これは、dXの推進をリードする組織を、（研究者や限られた人材にしかできない）「ラボ：研究所」から、標準化を進めて再現性を高めた「ファクトリー：工場」へと進化させようという狙いに基づくものだ。デジタルを活用しながら、イノベーションすらも〝量産化〟してしまおうという大胆な発想には学ぶべきところが多い。

【変革を加速するアプローチ③】プラットフォーム駆動型

既存システムの近代化と外とつながる基盤づくりから始める逆算のアプローチ

前項で見た「王道的なアプローチ」では、ｄＸに関わるリソースやテクノロジー基盤などを必要に応じて整備していく流れであった。これとは対照的に、ｄＸの実装力と変革スピードを抜本的に向上させるための基盤整備を最優先に考え、そのために、DevOpsやCI／CD（継続的インテグレーション／継続的デリバリー）を含むアプリ開発環境や、APIマネジメントに関わる機能を圧倒的に強化することを目指すアプローチもある。これは図表4-1のBおよびCに焦点を当てるものであり、「プラットフォーム駆動型」と呼ぶことができるだろう。既存のデジタルアセット（情報や機能）を外でも使えるようにインフラをクラウド化・近代化していく変革や、オープンAPIを介して外部のスタートアップや他企業の情報や機能を使いこなしていくインテグレーション階層の構築などが出発点となる。

ひとたびこうした基盤が整えられれば、顧客やユーザーから得られるデータを基にして迅速にアプリ開発につなげたり、個別産業の壁を超えて多様なステークホルダーと共創するエコシステムを構築したりすることが柔軟かつ機動的に行えるようになる。こうした変革を加速していくための基盤整備を先回りして推進するというのが、このアプローチ（プラットフォーム駆動型）の戦略的な狙いである。国内のいくつかの企業においては、王道的なアプローチ（エクスペリエンス駆動型）では目指す変革の方向性に対する全社的な理解・合意がなかなか得られないケースも見受けられ、逆転の発想でまずリソースやテクノロジー基盤（Enabler）を用意してしまい、それらが可能にすることを追求するほうがうまくdXを加速できた、といった声も挙がっている。

前述したように、dXの基本ステップの3番目にあたる「Scale fast（一気に広げる）」が、各社の実力の違いが最も顕著にあらわれる最大の勝負どころである。PoC倒れ、PoC疲れと言われるような状況を克服し、「Start small（小さく始める）」で生み出された成果に基づき、APIなどにより他社のデジタルアセットを有効活用することも含めて、新事業の創造や変革機会の獲得を指数関数的に加速させたいと考える企業であれば、このプラットフォーム駆動型のアプローチが有効だ。ただし、テクノロジー先行で多岐にわたる取り組みが自己増殖的に肥大していくような事態は危険であり、絶対に避けなければならない。経営トップの旗振りのもとで、自社がdXを通じて目指すもの（Why）を明確化し、テクノロジーロードマップを見える化したうえで、取り組みを進めることが何よりも重要である。

【変革を加速するアプローチ④】カルチャーチェンジ駆動型
「Digital DNA」を組み込み、企業文化や風土、組織、組織の構えを変革する

図表4－1の下部の象限Eに光を当てて、第3章第9節「Talent」で解説したデジタル先進企業が持つ特徴である「Digital DNA」を組み込み、企業文化や風土、組織、組織の構えから変革を推進するアプローチもある。変革の担い手となるリーダーが圧倒的に不足

していて、そもそも組織横断的なdXの動きを展開する素地が整っていないようなケースであれば、こうした「カルチャーチェンジ駆動型」と呼ばれるアプローチでdXの本格展開を開始することが効果的である。

あるべき人材、組織、企業文化を見定め、Digital DNAで示す23の特徴のうち集中的に強化すべき要素を抽出・選定したうえで、それらを強化するための新たな制度や取り組みを前例にとらわれない形で導入していく。このようにして、必要なDigital DNAを企業の組織風土やカルチャーに埋め込むことができれば、業務の変革やビジネスの変革等の局面においてもdXを展開していける企業に生まれ変わることが可能になる。

4 未来の変化に耐え得るビジネスを目指すのがdXの本質

デジタル化の進展によって、テクノロジーの進化のスピードは増すばかりだ。スマホのアプリで言えば、バージョン1・0が翌日には1・01に、2週間後には1・1に進化するようなスピード感が、もはや当たり前になっている。

その一方で、両極化がますます加速していくことで、企業経営を取り巻く市場環境や社会環境の変化はさらに増幅され、これにコロナショックのような突発的な事態が加わることで、不確実性は増すばかりである。しかし、こうした状況のなかで、確実に成果が刈り取れそうな既存の業務の改善施策にばかり「デジタル活用」を進め、経営モデル自体の変革としてのｄＸに踏み込まなければ、将来への展望は得られず、視界不良が深刻化するばかりではないだろうか。

デロイトではｄＸについて説明するときに、よく“Future-proof a business”という言葉を使う。つまり、不確かで不連続な未来の変化にも耐え得るビジネスの道筋を描くことにこそｄＸの本質があるということだ。まさに、経営モデル自体の変革としてのｄＸの必要性を訴えるものである。

そして、そのようなｄＸを進めるうえで最初に求められるものは、数値目標などではなく、“ambition”だと言う。すなわち、それは、顧客や社会のために尽くしたいという大きな志であり、その企業としての大義のことだ。現在のような時代の転換点においては、既存の製品・サービスの漸進的な改良という次元を超えて、顧客や社会の課題解決に貢献していくという視点から、自らの存在意義（パーパス）を再定義することが不可欠だからである。

本章では、こうした本格的なｄＸを構想し、推進していくためのフレームワークを提供してきたが、必要とされる変革の第一歩をどのように踏み出すべきかというイメージを多少なりとも持っていただけただろうか。求められる変革は、自社の存在意義そのものに関わるものであり、また、スピードが重要であることから、誰かに「丸投げ」して済むような話ではない。人任せにせずに、Digital DNAを組織に植えつけ、変革能力を内在化させていくことが必要なのだ。

ただし、世界最高峰の頂を目指す際に的確な登頂ルートを示すシェルパのような存在が必要であるように、ｄＸをいち早く立ち上げて自社に最適なロードマップに沿って変革を進めるには、自走を促してくれるよき伴走者が求められる。どの山頂を目指すのかという“ambition”を明確にしたうえで、有能な伴走者（シェルパ）の客観的な視点も取り入れながら、自社の置かれているステージが登頂路のどのあたりにあるのかを正確に見極めることが先決である。

その際に、向かうべき山頂にばかり目を向けるのではなく、自らの足元にも目を配り、経営トップと現場との間で目指すべきｄＸのイメージがしっかり共有されているか、ＰｏＣ疲れと言われるような目詰まりを起こしていないか、顧客を中心とするステークホルダーからの声を真摯に受け止めてフィードバックループを正常に機能させられているかなど、自社を取り巻く状況を丹念かつ冷静に観察することが重要だ。このような精緻な分析を踏まえつつ、自社に最も相応しいロードマップをデザインすることが、何よりも重要な変革の第一歩になるのではないだろうか。

Chapter Final

日本の強みをどう昇華させるか

本書では、コロナショックの影響で両極化の流れがさらに増幅するなかで、一見相反する「両極的なるもの」から多面的・重層的なつながりを構築していくことが経営上ますます重要になってくるという時代認識の下で、dXを通じてこうした両極的なものをつなぎ合わせて価値を創出する「新たな経営モデル」を実現するうえで求められる変革の方向性について、さまざまな角度から検討してきた。

ここまで本書をお読みいただいた読者の皆さんは、どう思われたであろうか？　コロナショックの影響が長期化し、その対応に追われるなかで、経営モデル自体を入れ替えるなど到底無理だと思われた方もいらっしゃるかもしれない。

たしかに、両極化が加速するなかで足元の不確実性はよりいっそう増大している。しかし、先が見えないからといって手をこまぬいていては、コロナ終息後に想定される巨大な経済社会の変化の波にのまれ、ますます守勢に立たされるだけである。こうしたときこそ、不確実ななかでも変わらない自らの固有の強みに焦点を当て、そうした強みを存分に活用しつつ、求められる変革の方向性を大胆に指し示し、実行していく必要がある。

1　両極化の時代にこそ活かし得る日本企業固有の強みとは

一見相反するものを無理なくつなぎ合わせる現場の力

両極化が進む時代状況が、企業の経営にとって、多くの未体験の課題なりチャレンジなりを伴うものであることは間違いない。しかしながら、相反する「両極的なるもの」から多面的・重層的なつながりを構築していくことが求められる時代というのは、考えようによっては、日本企業や日本社会全体が持つ固有の強みを、あらためて戦略的に具現化する大きなチャンスと捉えることができるのではないだろうか。

日本企業、特に日本の製造現場は元来、異なる考え方を柔軟に吸収して一つにまとめ上げる「擦り合わせ」を強みにしてきた伝統を持つ。そして、この背景にあるのが、「世界一品質に厳しい日本の消費者」の存在である。しかも、日本の消費者はこれまでも、「廉価で高品質」や「和洋テイストの融合」など一見相矛盾する概念の融合に新たな価値を見出す傾向がある。昨今の日本のポップカルチャーや和食への世界的な人気の高まりといった現象も、こうした日本固有の消費者ニーズに起因するものと言える。このように生産と消費の双方で、複雑で相対立する概念に直面するたびに、それらを融合させ新たな価値に変えてきた創造的な経験の蓄積により、日本企業は鍛えられ、「ジャパンクオリティ（日本品質）」を生み出してきたのである。

こうしたことの背景には、「和魂洋才」と言われるような、異質なものを柔軟に受け入れて熟成し、独自の価値創造を行ってきた日本社会の伝統があると考えられる。このような点を捉え、経済同友会が前代表幹事の小林善光氏を中心にとりまとめた提言「Japan 2.0」のなかにおいても、日本には歴史や伝統・文化を継承しつつ環境変化とも柔軟に調和し、異なるものを融合して独創性を発揮する能力、すなわち「最適化能」という強みがある[1]、と指摘されている。

また、サッカー日本代表元監督のイビチャ・オシム氏も、日本人の特性について、「二律背反（アンビバレント）に見えるものを無理なく同居させる懐の深さ」にあると語っている[2]。前述の「最適化能」とも通じる見方だ。オシム氏は、2006年に日本代表監督に就任した際に抱負を尋ねられ、「日本を日本化したい」とも述べている[3]。一見相反するものを無理なくつなぎ合わせて共存させる日本人の特性に着目し、攻めと守りという二律やポジションごとの縦割り意識を超克した高度な機動性と柔軟性を備えたサッカーを、当時の日本代表の固有の強みとして意識的に打ち出し、チームに根づかせようとしていたのではないだろうか。

現場の強みを再定義し、経営全体の強みに昇華させるには

「最適化能」やオシム氏が指摘した日本人の特性などに裏打ちされた日本の現場固有の強みは、今後さらに加速すると予想される両極化のなかで、企業経営が直面するさまざまな課題やチャレンジを克服していくうえで大きな力になるはずだ。

ただ、グローバル化やデジタル化の流れのなかで、日本の製造業を中心とする伝統的な現場は、自前主義にこだわり、ともすると保守的になり、変化の流れに乗り遅れ、方向を見失いつつあるのも事実だ。いま求められているのは、旧来の現場の強みを、そのまま妄信することでも「時代遅れ」として葬り去ることでもない。両極化の時代の文脈のなかでそれらを再定義し、新たな成長の強みの源泉に変えていくことである

今後、本来の現場が有する強みを競争力に変えるためには、新たな経営モデルの構え(第2章)の下で、パーパスを基軸に多様なプレーヤーとの重層的なつながりに基づくコラボレーションを促すとともに、経営モデル全体の変革を視野に入れたイノベーション・エコシステムの構築を進めることで、現場に新たな活力を注ぎ込むことが求められる(第3

章第2節）。

こうしたエコシステムの形成を進めるうえにおいて、現場を支えるＩＴのマネジメントのあり方も、これまでの保守・管理に主眼を置く自前主義から脱却することが求められる。ＡＰＩを駆使して、企業や組織の壁を超えてデジタルインフラを機動的につなぎ合わせ、それによって集められた大量のデータや情報を価値あるインサイトに転換していく体制を築くことが肝要だ（第3章第4節および第3章第6節）。

また、個々の現場を「現場任せ」で運営させるのではなく、それらの現場をサプライチェーン全体にわたってつなぎ合わせて可視化することで、適時に的確な経営判断を下したり、有用なインサイトを抽出したりできるような態勢を整えることが急務である（第3章第5節）。現場と経営をデータを通じてより緊密につなぐことで、個々の現場の強みや課題を企業全体で受け止め、市場環境の変化に対して俊敏かつ一貫性のある対応を行うことが可能になるからである。

さらに、ｄＸを通じて個々の顧客の人間的体験や欲求・ニーズをより高い解像度で可視化するとともに、商品・サービスの開発や製造に関わる現場がそうした顧客データに直接アクセスできるようにすることで、現場がこれまで以上に高い精度と俊敏性を持って顧客に向き合うことを可能にするべきだ（第3章第3節）。

現場を支える人材についても、プロパー人材を自前の人事制度という「型」にはめ込んでいくようなやり方は、明らかに限界を迎えている。多様な人材を受容し、彼らのスキルや能力を柔軟かつ機動的にキュレーションして活用できるような「タレント・エコシステム」の構築に重点を移す必要がある。そのためには、Digital DNAを現場に埋め込むとともに、企業としてのパーパスを高く掲げ、個々人が常に自分の価値観とパーパスとのつながりを実感しながら、やりがいを感じて仕事ができる環境を整備する必要がある（第3章第9節）。

2 課題先進国から「課題解決先進国」へ

コロナショックを社会課題解決の好機と捉える

前節で見たように、dXを一見相反する両極的なるものをつなぎ合わせて新たな価値を創出するための手段として全面的に活用し、経営モデルの自己変革を推し進めれば、異なるものを一つにまとめ上げる「擦り合わせ」に代表される日本企業の現場の強みを、経営全体の強みに昇華させることも十分可能なはずだ。さらに、そうした企業同士が、個々の強みを活かしながらdXを通じてつながり合うことで、第2章で見たような社会課題解決型のエコシステムの形成が進めば、そこから、日本が抱えるさまざまな社会課題の解決に関わるイノベーションが生み出され、新たな内需創出にもつながることだろう。しかも、ジャパンクオリティをアピールできれば、世界進出への足掛かりもつかめる。

現下のコロナショックは、日本だけでなく全世界の経済社会の至るところに甚大な影響をおよぼす災禍であることは間違いない。しかし、見方を変えれば、コロナショックを契機に加速する人々の生活習慣やワークスタイルの変化は、これまで必要性を認められながら、さまざまなしがらみや関係者の心理的抵抗などで実行に踏み出せなかった変革を一気呵成に推し進めるうえでの触媒の働きをしてくれるものだ。これを千載一遇の好機と捉え、これまで無縁と思われていた異業種の企業や、さらに政府・自治体、NGOなども新たなつながりを戦略的につくりながら、さまざまな社会課題の解決を目指したイノベーションを加速するべきではないだろうか。

社会課題解決につながるイノベーションで新たな内需を生み出す

では、具体的にどのような分野で、イノベーションを通じた新たな内需の創出が考えられるのか。例として5つの分野を挙げておく。いずれの分野においても、「擦り合わせ」の生産技術や「世界一品質に厳しい消費者」といった日本の企業や市場の特性を活かしつつ、データとdXを通じて、新たなつながりを形成することが、課題解決の大きな鍵を握っている。

1つ目は、少子高齢化とも密接に関わる、医療・健康分野だ。ライフサイエンス領域や、介護などのシルバー需要まで視野に入れると巨大な市場であり、しかも、恒常的に人手不足に悩まされている。官民の緊密な連携の下で、デジタル技術を活用して、遠隔医療の本格展開や、地域包括ケアシステムの強化、疾病予防や衛生管理の仕組みの高度化などへの取り組みをさらに加速してはどうだろう。医療現場の人手不足の解消、国民医療費の最適化、社会的な安心・安全のレベルの向上などに寄与し得る、新たなビジネスを生み出せるはずだ。

2つ目は、非接触型社会への移行を見据えた物流分野の改革だ。今後、小売の現場などでも非接触型の顧客対応へのニーズが高まることも考えると、デジタルチャネルを通じて一人ひとりの顧客へのエンゲージメントを強化し、顧客体験をリアルタイムかつ高解像度で把握・解析することの重要性は、ますます高まっていく。さらに、こうして得られたデータを、個社はもとより、共通の目的の下に形成されたエコシステム全体でも適切に活用される仕組みがつくられれば、社会的な規模でサプライチェーン全体の物流・在庫を最適化し、人手不足の解消や生産性の向上に加え、環境負荷の低減などにもつながるはずだ。第2章第2節で紹介した「ループ」は、こうした取り組みの先行事例として注目すべきだろう。

3つ目は、環境・エネルギー分野だ。太陽光や風力発電などが将来的に主要なエネルギー源の一つとなることが期待される一方で、これら再生可能エネルギーは、発電量の時間変動が激しく、また、分散型電源であるため、需給調整を円滑に行えるかどうかが普及拡大の鍵を握る。エネルギーの生産、流通、消費に関わるあらゆるステークホルダーをつなぎ合わせ、AI、IoT、ブロックチェーンなども活用して予想される需要と供給を可視化するとともに高精度でかつ機動的にマッチングさせることを可能にする仕組みが実用化されれば、日本以外の国・地域への展開可能性も含め、ハードとソフトの両面で大きな需要創出につなげられる可能性がある。

4つ目は、災害対策に関わる分野だ。日本は、地震、豪雨、台風などの自然災害に見舞われる頻度の高い「災害大国」だ。また、今後は、非接触型社会を前提にした都市防災機能の再構築が急務となる。気候変動などの影響で激甚化する自然災害を見据え、高度な防災機能をビルトインした日本型スマートシティのモデル確立を目指してはどうだろう。社会インフラの強靭化はもとより、災害予知や発生状況把握機能の高度化、災害発生時の安否確認や地域間連携を通じた支援物資供給のあり方まで、行政や医療機関、ＩＴ系企業、メーカー、物流、小売、保険などを巻き込んで、データ連携を軸としたエコシステムを形成し、それをモデル化するのだ。日本国内はもとより、日本と同じく自然災害の影響を受けやすい東南アジアの国々などへも展開可能なものとなれば、ビジネスとしての拡張性も生まれてくる。

5つ目は、教育や労働の分野でのリモート化の推進だ。最先端の教育へのアクセスがバーチャルで実現できれば、居住地がどこであるかにかかわらず、また、仕事をしながらでも、意欲や興味・関心に応じて大学、大学院、専門学校などで学ぶことが可能になる。また、リモートワークが急速に普及するなかで、時間や場所の制約が取り払われ、よりいっそう多様な人材が多様な形態で労働に参加することが可能になってきている。こうした変化は、働き方改革や生産性向上につながる変革を進める機会を提供するだけでなく、「人生百年時代」を前提とした社会人の継続学習、スキル開発（リ・スキル）などの領域で巨大なマーケットを生み出す可能性を秘めている。

いずれの分野においても、社会課題解決を進めるうえにおいては、多様な分野のステークホルダーの関与が不可欠だ。「餅は餅屋」の精神で、自社のパーパスと固有の強みを深掘りしつつ、個別の産業の枠を超え、行政なども巻き込んで多面的かつ重層的なつながりを形成し、ｄＸを通じて得られる良質のデータを効果的に共有・活用することに焦点を当てて、課題解決と事業成長を両立させるエコシステムを形成するのだ。

より良い社会の実現に向けて多様な知恵や関係性が融合するオープンで活気溢れるエコシステムを構築することが、イノベーションを通じた新たな需要の創出につながり、日本企業の成長機会になっていくはずだ。「課題先進国」と言われる状況を逆手に取って新たな需要開拓に努めることで、日本が「課題解決先進国」として世界をリードするポジションを確立することが強く望まれる。

3　人間中心のデータの利活用のあり方を突き詰める

データを軸とした社会システムのアップグレード

すでにお気づきのように、前節で概観した社会課題解決につながるイノベーション機会は、すべてdXを通じて得られるデータを軸にして個別産業の枠を超えたエコシステムを形成し、それを通じて、需要と供給のミスマッチを解消したり、未開拓の潜在需要を可視化することで新たな市場を創出したりすることにより実現されるものだ。

医療、エネルギー、教育、ビジネスなどに関わる既存の社会インフラを、データを軸にして大幅に効率化し、高度化することで、20世紀に築き上げられてきた社会システム全体を、21世紀型にアップグレードすることが求められていると言うこともできる。そして、そこにこそ、さまざまなイノベーションを通じた新たな需要創出の機会が存在するのだ。dXを通じて経営モデルを変革することが、個々の日本企業の経営を超えた次元で、社会的な意味と必要性を有しているのは、まさにこのためである。

データの利活用を「人間中心」に考える

データを軸にして社会システム全体のアップグレードを図る、という考え方に立つ以上、データを誰のためにどのように使うのか、という点に対する考え方が重要になる。しかも、データを共通言語として、個別産業の枠を超えて多様なプレーヤーからなるエコシステムを形成して社会課題解決を進めるからには、異なるメンバー間でデータの利活用の考え方について一定の共通理解が必要だ。

この点に関して、第2章第2節で、トヨタ自動車とNTT（日本電信電話）の資本業務提携に関する記者会見の際に、スマートシティ領域で先行するグーグル等との違いについて尋ねられたトヨタ自動車代表取締役社長・豊田章男氏の発言を紹介した。同氏は質問に対して、「我々がこだわりたいのは人が中心であることとデータの使い方。データは使っていただく方が幸せになる方法を考えていきたい。いろいろな価値観、考え方があるが、そこがいちばん両社（トヨタ自動車とNTT）の関係を縮めた点だ」と語り、同席したNTT代表取締役社長の澤田純氏も「データは街の人を含め共通的なもの。我々自身、囲い込まずにオープンマインドで進めたい」と述べたと報じられている。[4]

グーグルの兄弟会社のサイドウォーク・ラボがカナダのトロントで進めようとしているスマートシティ構想は、そこで収集される住民に関するデータの取り扱いをめぐって大きな議論を呼び、計画の一部修正が求められていると伝えられている。[5] 前述の豊田氏と澤田氏の発言は、こうしたことを背景に、データを自社の利益のために独占的に使うことを否定し、それを地域住民を含むすべてのステークホルダーにとっての「公共財」的なものとして利活用していくことを宣明したものと読むこともできる。このような、いわば「人間中心主義」とでも言うべきデータ利活用の考え方は、今後、公共目的でのデータの利活用と個人のプライバシー保護の間で利害が衝突した場合のバランスをどう取るか、といった点を検討するうえでのベースラインとなるものと言えるだろう。

特に日本の場合、ＣＯＶＩＤ‐19への対応を見ても、行政は権力行使に対して概して抑制的で、他国政府のような強権的なロックダウンに踏み切ることを避け、協力要請という名の下に国民の自主的な対応を呼びかけてきた。民主主義や人権、プライバシー保護などに関する国民一人ひとりの意識が、欧米に比べても決して劣っておらず、行政による私的領域への介入に対して非常に敏感なところがある。[6] 社会課題解決を目的に掲げ、さまざまなエコシステム形成を通じて得られたデータを活用していく際においても、「人間中心主義」を基本とし、個人のプライバシーを最大限尊重しながら、ステークホルダー全体の利益に叶うような方法に徹することが求められるのだ。

4　両極化の時代を飛躍と繁栄の時代にするために

コロナショックを経て、今後、両極に位置する一見相反するように思える事象や価値観が顕在化し、よりいっそうその勢いを増していく両極化がますます進んでいくものと考えられる。その一方で、人々がこれまで以上に生命、安全、健康などの本源的な課題やテーマに関心を寄せるようになるのに伴い、国家や巨大組織が主導する最先端テクノロジー開発などに代わって、生身の個人としての人間一人ひとりの生活習慣やワークスタイルに関わるニーズや課題が、世の中を大きく変えていく起爆剤となる時代を迎えるのではないだろうか。日立製作所の社長兼ＣＥＯである東原敏昭氏も、「これからは人間の行動の変化が、技術革新をリードする時代になっていくだろう。技術先行でスマートフォンが人の生活を変えたのとは逆の人間中心の動きが始まる」と述べている。[7]

両極化の時代の本質は、中途半端なものがそぎ落とされるなかで、本来的に人間が必要とするものや将来に向けて人間が強く希求するものが顕在化することにある。しかし、「人間とは、パラドックスの体現であり、矛盾の塊である」（オーギュスト・コント）。デジタル化の進展と並行して、人間の欲求が増大して究極的な姿がむき出しになり、矛盾をはらんだ姿としてより鮮明に表出する現象がますます広がる可能性も否定できない。人間中心の時代とは、まさに、両極化がいっそう加速する時代であると覚悟を決めなければならないだろう。

日本企業は、今後ますます両極化する時代のなかで、異なる考え方を柔軟に吸収して一つにまとめ上げる「擦り合わせ」に長けた現場の強みを再定義し、dXを通じてさまざまな新たなつながりを縦横無尽に構築することで、現場の強みを企業全体としての経営モデルの強みへと昇華させるべきである。そして、個別の企業や産業の枠を超えて多様なプレーヤーと積極的にコラボレーションを進め、「課題先進国」と言われる状況を逆手に取って新たな需要開拓に努めることで、「課題解決先進国」として世界をリードするポジションを確立することを目指すべきだ。

このような視点からdXを自己変革の格好の機会として捉えて取り組むことができれば、多くの日本企業にとって、両極化の時代は、間違いなく新たな飛躍と繁栄の時代になることであろう。

おわりに

「両極化時代のデジタル経営」とは何か。それは、一見相反する事象や価値観が衝突しながら互いに勢いを増幅させる両極化の時勢に、組織がデータのもたらす力を最大活用し多面的・重層的なつながりを構築することで、持続的に価値を高める経営モデルに転換する自己変革の取り組みである。

すべての変革は危機感から始まる。コロナショックが生み出した危機意識、それは多くの日本企業に変革のきっかけを与えた。ネクストノーマルに向けた自己変革の始まりである。いつの時代も、自己変革は、「先と外」への危機感から始まる。将来の時間軸に対して健全な危機感を持つこと、外部のマーケットの変化に敏感になること、その「先と外」への危機感をトリガーにして、組織内が一枚岩で変革に立ち向かうことができること、これが自己変革できる組織の条件だ。両極化の時代に、「時間軸」「市場」「組織内」という「3つの連鎖（つながり）」をつくれる組織こそが、分断や断絶に陥らずに持続的に生き残っていく。

自己変革を促す根源的な力は、社会における存在意義、パーパスにある。世界や日本の社会課題解決に主体的に働きかけどのように貢献していく存在なのか、社会における自社の存在意義を明確にすることが絶え間ない変革の求心力になる。コロナショックを経て、ポストコロナにおいては、企業の存続意義が問われ、社会価値を追求する重要性がより広く認識されるようになっていく。

一方で、ポストコロナにおいては、よりいっそう両極化の流れが加速していく。しかし、この流れこそは、実は本来は日本社会や日本企業が有している強みが活かせる時代になるのではないだろうか。

「両極なるもの」から多面的・重層的なつながりを構築していくことは、日本社会や組織と個人が持つ固有の強みである。製造現場での「擦り合わせ」の強みや、和魂洋才を体現するさまざまな分野での「和洋テイストの融合」などに代表されるように、日本には歴史や伝統・文化を継承しつつ環境変化とも柔軟に調和し、異なるものを融合して独創性を発揮する能力、すなわち「最適化する能力（最適化能）」という強みがある。これは両極化する時代だからこそ、磨き方次第で世界のなかでも希少な価値になりうる特性だ。

こうした特性は、歴史と伝統を重ねて磨き上げてきた我々「人間」としての力、営みの集積である。デジタル化は、それを代替、拡張、加速させる、ある意味で人間の領域を奪い取る脅威も併せ持つ。だからこそ、データを誰のためにどのように使うのか、という人間の強い意志が求められる。これから目指すべきデジタル化はあくまで「人間中心」であるべきだ。

これからの両極化の時代においては、本来の「人間にとって幸せな社会とは何か」という根源的なテーマへの探求を通じて自らの価値観を明確にし、それが具現化された未来図を指し示すことがいっそう強く求められる。世界中がコロナショックにあがき、先の時代の光明を希求している今日、日本が、「課題先進国」として世界に先駆けて取り組めるテーマは数多く存在する。だからこそ日本にとって、「世界の進むべき道筋に『課題解決先進国』として光を照らしリードする」というビジョンを掲げ、その実現への想いを新たにすることは意義深い。

これからの日本企業は、そうした社会的大義（パーパス）を念頭に、ビジネスとしての未来図を描き、自己変革を加速させ、世界や日本社会が今後直面する最先端の諸課題の中心的解決者になっていくべきである。日本企業が本書で定義する本来の「ｄＸ（デジタル・トランスフォーメーション）」に取り組む意味は、まさにそこにある。ポストコロナの時代において、日本企業が社会的な大義のもとに率先して「ｄＸ」を推進していくことが、日本が世界で輝き続けるための未来への道筋を切り開くことにつながるのである。

本書を上梓するにあたり、私たち執筆者が所属するデロイト トーマツ グループの同僚の皆さんに心から感謝の意を表したい。グループ内の数多くのメンバーとの日ごろからの専門分野の違いを超えた真摯なディスカッションや切磋琢磨の積み重ねが、本書を形づくるうえでの大きな支えとなり拠りどころとなっている。特に、dXに関わる分野でのグループ横断型の価値創造を加速する原動力として、私が代表を務めるデロイト トーマツ インスティチュート(DTI)の事務局機能をリードしている渡辺博人さん、馬渕祥平さん、近末奈津子さん、川中彩美さんに、この場を借りて御礼申し上げたい。

また、デロイト トーマツ グループ全体のブランド・マーケティングを担当するClients & Industries / Brand Marketing部門の金山 亮さん、亀田慶子さん、中野圭一朗さんには、本書の企画・構想から制作・編集に至るまで終始一貫して積極的かつ献身的に関与し、多忙な執筆メンバーを力強く支えてくださったことに対して、格別の感謝を申し上げたい。さらに、最終的な出版に至る過程できめ細かいご支援をいただいた、株式会社ダイヤモンド社の音湘省一郎氏、株式会社ファーストプレスの上坂伸一氏に深く御礼申し上げたい。

以上の方々を含め、本書は、デロイト トーマツ グループ内外の数多くの方々からの有形無形のご支援を受けて誕生したものであり、さまざまな意味合いにおいて、私を含む執筆者一同にとって忘れがたい作品である。これらのすべての方々への心からの御礼と感謝の念をこめて筆を置きたい。

２０２０年７月

執筆者を代表して

デロイト トーマツ グループ ＣＳＯ　松江 英夫

22　第3章第5節「SCM」参照

23　東洋経済オンライン「トヨタ、副社長廃止で注目される3人のキーマン」(2020年3月11日)

24　『2019年 デロイト ミレニアル年次調査 日本語版』デロイト トーマツ グループ
https://www2.deloitte.com/jp/ja/pages/about-deloitte/articles/about-deloitte-japan/millennial-survey.html

25　"The future of Jobs report 2018," World Economic Forum, 2018.

26　『グローバル・ヒューマン・キャピタルトレンド2020』デロイト トーマツ グループ
https://www2.deloitte.com/jp/ja/pages/human-capital/articles/hcm/global-hc-trends.htm

27　『平成30年簡易生命表の概況』厚生労働省

28　『労働力調査(基本集計) 2020年(令和2年) 4月分結果』総務省統計局

終章◉日本の強みをどう昇華させるか

1　『Japan 2.0 最適化社会の設計―モノからコト、そしてココロへ―』公益社団法人経済同友会 (2018年12月11日)

2　日本経済新聞 朝刊 (2007年1月26日)

3　同上

4　第2章第2節参照

5　日経ビジネス(2020年1月6日号)

6　Diamond Online「東芝社長がコロナ禍でも『日本は面白いポジションにいる』と断言する根拠」(2020年5月14日)

7　日本経済新聞 朝刊 (2020年5月10日)

は？」(2018年7月31日）

2 PRESIDENT Online「脱プリンタに挑むブラザー"5度目の変身"」(2017年6月30日）

3 QRコードは株式会社デンソーウェーブの登録商標

4 日刊工業新聞Web「社説／トヨタのＨＶ関連特許無償開放　世界での標準化争いを優位に」(2019年4月23日）

5 『ジェフ・ベゾス 果てなき野望』ブラッド・ストーン著（日経ＢＰ社）

6 ビジネス＋IT「富士フイルムHDの会長 古森重隆氏が『GAFAに惑わされるな』と説く理由」(2019年7月31日）

7 日本経済新聞 朝刊(2020年5月2日)

8 第2章第2節参照

9 第2章第2節参照

10 日経ビジネス電子版「日本電産・永守重信社長×早大・入山章栄准教授 対談(2) 」(2016年4月21日）

11 日本経済新聞 朝刊(2017年9月20日)、日経産業新聞(2017年10月27日)、週刊東洋経済（2019年12月14日）等

12 『2020 Global Marketing Trends日本版』デロイト トーマツ グループ
https://www2.deloitte.com/jp/ja/pages/technology/articles/dd/global-marketing-trends.html

13 『AIがもたらす労働力と必要な人材像　-デロイトによる企業のAI利用に関する調査（第二版）』有限責任監査法人トーマツ
https://www2.deloitte.com/content/dam/Deloitte/jp/Documents/deloitte-analytics/jp-da-talent-and-workforce-effects-in-the-age-of-AI.pdf

14 “Investor update on quarterly guidance,” Apple Press Release, February 17, 2020.

15 第2章第2節参照

16 第2章第2節参照

17 第1章第2節参照

18 “Economic Impact of Cybercrime,” The Center for Strategic and International Studies(CSIS) and McAfee, 2018.

19 『AIガバナンス サーベイ 2019』デロイト トーマツ グループ
https://www2.deloitte.com/jp/ja/pages/about-deloitte/articles/news-releases/nr20200124.html

20 JETRO『次世代を担う「ミレニアル世代」「ジェネレーションZ」』(2018年10月）

21 第3章第2節「Innovation」参照

注記

第１章●両極化の時代が迫る経営モデルの大転換

1　日本経済新聞 電子版（2019年3月12日）

2　日本経済新聞 朝刊（2020年4月21日）

3　日経産業新聞（2020年1月31日）

4　『TMT Predictions 2019 日本版』デロイト トーマツ グループ（特に、「日本の視点：企業の競争力の源泉となるAPIマネジメント力」を参照）
https://www2.deloitte.com/jp/ja/pages/technology-media-and-telecommunications/articles/et/tmt-predictions-2019.html

5　『第四次産業革命における世界の経営者の意識調査(2020年版)』デロイト トーマツ グループ
https://www2.deloitte.com/content/dam/Deloitte/jp/Documents/about-deloitte/news-releases/jp-nr-nr20200121-1.pdf

第２章●両極化の時代に求められる新たな経営モデルの構え

1　"Zoom out / zoom in: An alternative approach to strategy in a world that defies prediction, " Deloitte Insights, 2018.
https://www2.deloitte.com/us/en/insights/topics/strategy/alternative-approach-to-building-a-strategic-plan-businesses.html

2　第3章第1節「Strategy」参照

3　「モビリティカンパニーへのフルモデルチェンジに向けて」トヨタ自動車株式会社 Website

4　プレスリリース「NTTとトヨタ自動車、業務資本提携に合意」トヨタ自動車株式会社 Website

5　日刊自動車新聞（2020年3月26日）

6　オルタナ online「リユース容器で買物「Loop」エコプロで13社参加表明」（2019年12月13日）

7　『SDGsが問いかける経営の未来』モニターデロイト著（日本経済新聞出版）

8　"Our purpose is to make sustainable living commonplace," Unilever Website.

9　"TerraCycle® is a social enterprise on a mission to eliminate the idea of waste," TerraCycle® Website.

10　PHILE Web ニュース「ソニーの存在意義は「クリエイティビティとテクノロジーの力で、世界を感動で満たす」こと」（2019年5月21日）

11　Biz/Zine「なぜソニーは新たにPurposeを掲げたのか――"多様性"を強みに変えるソニーの『存在意義』」（2019年11月25日）

第３章●新たな経営モデルを実現する「つながり」の創造

1　プロシェアリング「富士フイルムが構造転換を成功させた新規事業の取り組み方と

第3章｜第9節｜Talent

田中 公康 Tomoyasu Tanaka

デロイト トーマツ コンサルティング合同会社　アソシエイトディレクター

Digital HRとEmployee Experience領域のリーダーとして、デジタル時代に対応した働き方改革や組織・人材マネジメント変革、などのプロジェクトを多数手掛ける。直近では、HRテック領域の新規サービス開発にも従事。

全体構成

金山 亮 Ryo Kanayama

デロイト トーマツ コーポレート ソリューション合同会社　ディレクター

ブランド戦略、レピュテーションマネジメント、企業変革などの分野での豊富な経験に基づき、デロイト トーマツ グループ全体のブランド、マーケティング、Thought Leadership、社内外広報、CSRなどに関わる統合的なプログラムの企画・推進をリードしている。

第3章｜第6節｜IT Architecture

小山 義一 Yoshikazu Koyama

デロイト トーマツ コンサルティング合同会社　シニアマネジャー

製造および通信業界を中心に多様なインダストリーに対して、システム全体構想策定やクラウド導入支援等のプロジェクト推進に従事している。近年は、持続可能なデジタル変革を実現するためのプロジェクト推進やソフトウェアの内製化支援のコンサルティングサービスを提供。

第3章｜第7節｜Cyber Security

桐原 祐一郎 Yuichiro Kirihara

デロイト トーマツ サイバー合同会社　CSO

デロイト トーマツ サイバー合同会社（DTCY）立ち上げから参画。製造業、ハイテク、小売、金融、政府機関等の様々な業界に対してサイバービジョン策定、サイバー戦略立案・導入、サプライチェーン・製品セキュリティ戦略立案・導入、セキュリティガバナンス設計等の幅広い領域においてコンサルティングサービスを提供。

第3章｜第8節｜Governance

矢部 誠 Makoto Yabe

有限責任監査法人トーマツ　パートナー
Deloitte Analytics 日本統括責任者

Deloitte Analyticsを立ち上げ、先進分析手法やビッグデータ分析・活用基盤の研究開発部門をリードしている。多数の監査・コンサルティング業務に従事すると共に、監査・保証事業のデジタル化、新たな監査手法の開発・導入によるイノベーションを推進する。

第3章｜第8節｜Governance

中山 崇 Takashi Nakayama

有限責任監査法人トーマツ　シニアマネジャー

デロイト トーマツでのサードパーティリスクマネジメント（TPRM）サービスをリードし、サービス開発や様々なクライアントに対するプロジェクトや提案を手掛ける。リスク管理領域に加え、グローバルプロジェクトマネジメントや業務変革、情報システム構想・構築支援の経験も豊富。

第3章｜第9節｜Talent

小野 隆 Takashi Ono

デロイト トーマツ コンサルティング合同会社　パートナー

HR Transformation領域の組織責任者を務める。人事・総務領域の機能・組織・業務・人材の変革について、HRテクノロジー、デジタルHR、BPR、RPA、チェンジマネジメント等の観点からのコンサルティングを多数手掛ける。

第3章｜第4節｜Analytics／Column

神津 友武 Tomotake Kozu

有限責任監査法人トーマツ　パートナー
Deloitte Analytics

デロイト トーマツ グループのデータ分析基礎技術開発を行う研究開発部門をリードする。金融、エネルギー、製造、小売、医薬、公共等の領域で、アナリティクスを活用した監査およびコンサルティングサービスに従事。

第3章｜第4節｜Analytics

吉沢 雄介 Yusuke Yoshizawa

デロイト トーマツ コンサルティング合同会社　シニアマネジャー
Monitor Deloitte

データサイエンティストを経て現職。マーケティングセールス領域でのアナリティクスやデータ活用、デジタル化に関する戦略策定や実行支援に従事。企業活動における意思決定にサイエンスを適用する活動の中心メンバー。

第3章｜第5節｜Supply Chain Management

藤岡 稔大 Toshihiro Fujioka

デロイト トーマツ コンサルティング合同会社　パートナー

外資系ERPベンダーから、大手コンサルティング会社を経て現職。一貫してSCM領域の業務／組織／システム設計・導入に従事。S&OP構築、SCMのdX戦略企画・推進に関わるプロジェクトの経験を豊富に持ち、SCM領域のEnd to End改革の支援、マネジメントに強みを持つ。

第3章｜第5節｜Supply Chain Management／Column

溝口 史子 Fumiko Mizoguchi

デロイト トーマツ税理士法人　パートナー
間接税サービス

自治省勤務を経て、2001年からドイツ大手税理士法人にてドイツ法人の税務を担当。法人税、付加価値税、移転価格税制、組織再編税制に関するアドバイスや企業買収時のタックスデューデリジェンスに従事。2015年に帰国、海外の間接税と国際貿易自動化ツールを専門に扱う。

第3章｜第6節｜IT Architecture

根岸 弘光 Hiromitsu Negishi

デロイト トーマツ コンサルティング合同会社　パートナー

グローバル展開する製造業・通信業を中心に、デジタル時代のビジネス変革、およびクラウド活用視点からのシステムアーキテクチャ変革のコンサルティングに従事している。ビジネス改革構想立案から業務設計、システム導入推進、現場定着化まで一貫したサービス提供に強みを持つ。

第3章｜第2節｜Innovation（M&A）

前田 善宏 Yoshihiro Maeda

デロイト トーマツ ファイナンシャルアドバイザリー合同会社　CTO / CSO

多業種において、戦略、財務、M&A、再編等のアドバイザリー業務を手掛ける。M&A・再編においては、事業性調査、シミュレーション、事業デューデリジェンス、オペレーショナルデューデリジェンス、持株会社化、PMI（企業統合・分割支援）を中心に、幅広い業務に従事。

第3章｜第3節｜Marketing

宮下 剛 Go Miyashita

デロイト トーマツ コンサルティング合同会社　パートナー
Deloitte Digital Japan Lead

Customer & Marketing組織責任者。CRM領域全般において戦略立案からDigital変革まで業界横断で手掛ける。近年はCRMおよびDigital知見を活用した社会課題解決、NPO支援、スポーツビジネス、および元プロスポーツ選手のキャリアチェンジ開発等にも取り組む。

第3章｜第3節｜Marketing

熊見 成浩 Narihiro Kumami

デロイト トーマツ コンサルティング合同会社　パートナー
Deloitte Digital Japan Deputy Lead

Marketing & Customer Experience組織責任者。特にマーケティング領域を専門とし、マーケティング戦略・Digital変革・クリエイティブなどを手掛ける。早稲田大学院非常勤講師。デロイト トーマツ初代ビジネスコンテスト コンサル部門優勝。

第3章｜第3節｜Marketing

森 正弥 Masaya Mori

デロイト トーマツ コンサルティング合同会社　パートナー
Deloitte Digital

ECや金融における先端技術を活用した新規事業創出、大規模組織マネジメントに従事。世界各国の研究開発を指揮した経験からdX立案・遂行、ビッグデータ、AI、IoT、5Gのビジネス活用に強みを持つ。CDO直下の1,200人規模のdX組織構築・推進の実績を有する。

第3章｜第3節｜Marketing／Column

森松 誠二 Seiji Morimatsu

デロイト トーマツ コンサルティング合同会社　シニアマネジャー
Deloitte Digital　カスタマー・エクスペリエンス・デザイナー

CRMを中心に20年以上のコンサルティング経験を有する。現在は顧客体験（カスタマー・エクスペリエンス：CX）の向上のためのコンサルティングに注力し、特にスポーツにおける観戦体験、MaaSおよびヘルスマネジメント領域における顧客体験の分析・設計を担当する。

第3章｜第2節｜Innovation（Business Produce）

棚橋 智 Satoru Tanahashi

デロイト トーマツ コンサルティング合同会社　パートナー
Monitor Deloitte Business Produceリーダー

大学在学中の2005年に起業し、東京と上海のスタートアップの共同創業・経営者を経験した後2012年にデロイト トーマツ コンサルティング参画。多くの事業創造型コンサルティングで実績を挙げ、現在はデロイト トーマツ全体のBusiness Produceリーダーを務めている。

第3章｜第2節｜Innovation（Business Produce）

斎藤 祐馬 Yuma Saito

デロイト トーマツ ベンチャーサポート株式会社　代表取締役社長

有限責任監査法人トーマツ入社後、社内ベンチャーとして、現 デロイト トーマツ ベンチャーサポート株式会社の事業立ち上げに参画。世界中の大企業の新規事業創出支援、ベンチャー政策立案に従事。起業家が大企業100人にプレゼンを行う早朝イベントMorning Pitch発起人。

第3章｜第2節｜Innovation（M&A）

神山 友佑 Yusuke Kamiyama

デロイト トーマツ コンサルティング合同会社　パートナー
M&A / Reorganization Japan Leader

抜本的な産業構造変革期を迎える日本企業に対しM&Aを用いたビジネスモデル変革の専門家として、また分離・統合など組織再編の専門家として、構想・設計・実行の全体を取りまとめる。近年は特にM&Aのみならず、CX（Corporate Transformation）を起点とした変革に力点を置く。

第3章｜第2節｜Innovation（M&A）

藤田 欣哉 Kinya Fujita

デロイト トーマツ コンサルティング合同会社　パートナー

技術立社企業の再生（再成長）・合併・投融資案件等における事業戦略の構想策定からデューデリジェンス、実行支援のコンサルティングに従事している。近年では、戦略起点でM&A（アライアンス）ディールを数多く支援し、「目に見える成果」を生むためのValue Creation Planningに力点を置く。

第3章｜第2節｜Innovation（M&A）

白鳥 聡 Satoshi Shiratori

デロイト トーマツ コンサルティング合同会社　アソシエイトディレクター
Monitor Deloitte

Monitor Deloitteにて、外部企業との協業を通じた事業創造を支援するInnovation M&Aサービスをリード。外部環境の急変に直面する企業に対し、協業を活用した新事業開発や市場参入、Startup投資、提携・M&Aの推進、事業リモデリング等の支援を通じ、クライアント企業の変革を支える。

執筆者一覧

全体監修｜第1章、終章、あとがき

松江 英夫 Hideo Matsue

デロイト トーマツ グループ　CSO（戦略担当執行役）

経営戦略・組織改革／M&A、経済政策が専門。デロイト トーマツ グループに集う多様なプロフェッショナルの知見をグループ全体で共有し、より高い次元のインサイトやソリューションを継続的に創出・発信するためのグループ横断的なプラットフォームであるデロイト トーマツ インスティテュート（DTI）の代表も務める。中央大学ビジネススクール客員教授、事業構想大学院大学客員教授。フジテレビ「Live News α」コメンテーター。
経済同友会幹事、国際戦略経営研究学会理事。主な著書に『自己変革の経営戦略～成長を持続させる3つの連鎖』（ダイヤモンド社．2015年）など多数。

監修｜第2章

藤井 剛 Takeshi Fujii

デロイト トーマツ コンサルティング合同会社　パートナー
Monitor Deloitte Japan Leader

電機、通信、ハイテク、自動車、保険、不動産、消費財、ヘルスケア等幅広い業種において、経営/事業戦略、イノベーション戦略、デジタル戦略、組織改革等の戦略コンサルティングに従事。社会課題解決と競争戦略を融合した経営モデル(CSV)への企業変革に長年取り組み、モニター デロイト グローバルでのThought Leadershipを担う。『Creating Shared Value：CSV時代のイノベーション戦略』(2014年)、『SDGsが問いかける経営の未来』(2018年)、『Detonate：ベストプラクティスを吹き飛ばせ』(2019年:翻訳) 等、著書・寄稿多数。

監修｜第4章

森 亮 Ryo Mori

デロイト トーマツ コンサルティング合同会社　パートナー

デロイト トーマツ グループ dX推進室リーダー。外資系コンサルティングファームで20年超のキャリアを有し、「戦略×テクノロジー」領域でのコンサルティング経験に加え、クラウドビジネス、アドバンスト・アナリティクス、IoT等に関する豊富な見識と実績を持つ。近年では主に、企業のデジタルトランスフォーメーションを支援すべく活動を展開するほか、デジタル化やIoTの最新トレンド研究を踏まえ、戦略策定や変革テーマ導出のプロジェクトを数多く手がける。

第3章｜第1節｜Strategy

中村 真司 Shinji Nakamura

デロイト トーマツ コンサルティング合同会社　パートナー
Monitor Deloitte

シナリオプランニングに基づく全社長期戦略、海外事業戦略、マーケティング戦略、新規事業開発、M&Aなど、企業の成長にかかわる戦略立案プロジェクトを中心に手掛ける。戦略を立案するだけではなく、実行支援、組織能力向上に関するサポートの経験も豊富。

［著者］
デロイト トーマツ グループ（Deloitte Tohmatsu Group）
デロイト トーマツ グループは、日本におけるデロイトネットワークのメンバーであるデロイト トーマツ合同会社ならびにそのグループ法人（有限責任監査法人トーマツ、デロイト トーマツ コンサルティング合同会社、デロイト トーマツ ファイナンシャルアドバイザリー合同会社、デロイト トーマツ税理士法人、DT弁護士法人およびデロイト トーマツ コーポレート ソリューション合同会社を含む）から構成されています。

デロイト トーマツ グループは、日本で最大級のビジネスプロフェッショナルグループのひとつであり、各法人がそれぞれの適用法令に従い、監査・保証業務、リスクアドバイザリー、コンサルティング、ファイナンシャルアドバイザリー、税務、法務等を提供しています。また、国内約30都市以上に1万名を超える専門家を擁し、多国籍企業や主要な日本企業をクライアントとしています。詳細はデロイト トーマツ グループWebサイト（www.deloitte.com/jp）をご覧ください。

両極化時代のデジタル経営
——ポストコロナを生き抜くビジネスの未来図

2020年8月5日　第1刷発行

著　者——デロイト トーマツ グループ
発行所——ダイヤモンド社
〒150-8409　東京都渋谷区神宮前6-12-17
https://www.diamond.co.jp/
電話／03･5778･7220（編集）　03･5778･7240（販売）
装丁————遠藤陽一（DESIGN WORKSHOP JIN）
企画協力——金山亮、亀田慶子、中野圭一朗
編集協力——上坂伸一、中島万寿代、林美咲（以上、ファーストプレス）
校正————ディクション
製作進行——ダイヤモンド・グラフィック社
DTP ———インタラクティブ
印刷————勇進印刷（本文）・新藤慶昌堂（カバー）
製本————ブックアート
編集担当——音湘省一郎

ISBN 978-4-478-11027-0